BEITRÄGE ZUR HISTORISCHEN THEOLOGIE
HERAUSGEGEBEN VON GERHARD EBELING

45

Der Apostel Paulus und die sokratische Tradition

Eine exegetische Untersuchung zu seiner „Apologie“
2 Korinther 10-13

von

HANS DIETER BETZ

1 9 7 2

J. C. B. MOHR (PAUL SIEBECK) TÜBINGEN

Printed in Germany
Satz und Druck: Gulde-Druck, Tübingen
Einband: Heinrich Koch, Großbuchbinderei, Tübingen

ISBN 3 16 132601 6 (br.)
ISBN 3 16 132602 4 (Lw.)

VORWORT

Die vorliegende Untersuchung entstand im wesentlichen während eines „Sabbatsemesters“ im Frühjahr 1970 und wurde im Herbst desselben Jahres abgeschlossen. Im Blick auf die gegenwärtige Situation in Kirche und Theologie sei gesagt, daß die Arbeit zunächst auf eine historisch-exegetische Problematik, nämlich das Verständnis des schwierigen Abschnittes 2Kor 10–13, ausgerichtet ist. So wenig diese Zielsetzung eine Entschuldigung erfordert, so wenig darf den geistigen Problemen ausgewichen werden, die aus der historischen Arbeit erwachsen. Der provokative Titel soll darum den Leser von vornherein auf den zentralen theologischen Problemkreis aufmerksam machen, um den es in der Auseinandersetzung des Paulus mit seiner Gemeinde bzw. mit seinen Gegnern ging. Im Schlußkapitel soll der Versuch unternommen werden zu zeigen, daß Paulus gerade in der gegenwärtigen geistigen Lage zu einem Gesprächspartner werden kann, von dem wesentliche Einsichten zu erwarten sind.
Teile der Arbeit wurden bei verschiedenen Anlässen in Claremont, im Oktober 1970 an der *Emory University* in Atlanta (Ga.) und während der Jahrestagung der *American Society of Biblical Literature* in New York (N. Y.), sowie im Dezember 1970 an der *Graduate Theological Union* in Berkeley (Calif.) vorgetragen. Bei diesen und anderen Gelegenheiten haben mir so viele Kollegen, Studenten und Freunde in großzügiger Weise Anregungen und Kritik zuteil werden lassen, daß es nicht möglich ist, alle mit Namen zu nennen. Allen sei hiermit aufrichtig gedankt.

Für die Aufnahme des Buches in die „Beiträge zur historischen Theologie“ spreche ich dem Herausgeber, Herrn Professor D. Gerhard Ebeling, meinen aufrichtigen Dank aus. Ebenso sei Herrn Dr. Hans Georg Siebeck für die reibungslose Abwicklung der Drucklegung gedankt. Es ist mir auch ein Bedürfnis, an dieser Stelle Herrn Präsident Dr. Gordon E. Michalson und Herrn Dekan Dr. F. Thomas Trotter für die stete Förderung zu danken, die sie meinen Forschungsvorhaben angedeihen lassen.

Die Register hat meine Assistentin, Fräulein Ruth Dannemann, angefertigt. Ihr sei auch gedankt für die Mithilfe bei der Fertigstellung des Manuskriptes und beim Lesen der Korrekturen.

Claremont, Calif., USA
im November 1971

H. D. Betz

INHALTSVERZEICHNIS

Kapitel I

2Kor 10–13 INNERHALB DES PAULINISCHEN BRIEFKORPUS

1. Die Forschung seit Hausrath und Kennedy

Es gehört immer wieder zu den Überraschungen des Exegeten, daß dieser im Verlauf seiner Studien auf Texte gelenkt wird, die sich trotz ständiger Benutzung bei näherem Zusehen noch als wenig erforscht herausstellen. Ein solcher Text ist der sog. „Vierkapitel-Brief" 2Kor 10–13.

Man kann den Exegeten dabei nicht einmal den Vorwurf machen, sie hätten sich nicht um die Erklärung dieses Textes bemüht. Eher kann man zu dem Eindruck kommen, daß es nach einer Periode sehr intensiver Beschäftigung mit diesem Text am Ende des 19. und zu Anfang des 20. Jahrh. „um das Problem der letzten vier Kapitel des II Cor still geworden" ist. E. Käsemann[1] leitet mit dieser Bemerkung seinen bekannten Aufsatz „Die Legitimität des Apostels" ein und fährt fort: „Aber diese Stille entspringt der Erschlaffung, nicht der Klärung. An wenig Stücke des NT hat man im letzten Jahrhundert so viel Fleiß und Scharfsinn gewandt. Jeder Schritt Bodens ward hier umgepflügt. Neue Lösungen können nur noch Abwandlungen bereits vorliegender sein. Entbehrlich sind sie deshalb nicht. Denn die Fülle gewonnener Einzelerkenntnisse hat sich bis heute nicht in einen Rahmen spannen lassen, der allgemeinere Zustimmung erzielt hätte."

Zweifellos ist damit die allgemeine Situation der Forschung gekennzeichnet, und eine neue Untersuchung wird den verschiedenen Gesichtspunkten, die Käsemann geltend macht, Rechnung zu tragen haben.

Eine Klärung hat der Abschnitt gewiß nicht gefunden, trotz vieler Einzelbeobachtungen, die gemacht worden sind, die aber erst an ihren

---

[1] ZNW 41, 1942, S. 33–71. Der Aufsatz wurde verschiedentlich nachgedruckt: in der Reihe „Libelli", Band 33, 1956, und in dem Sammelband „Das Paulusbild in der neueren deutschen Forschung", hrsg. von K. H. Rengstorf, 1964, S. 475–521. Zur Kritik an Käsemann vgl. R. Bultmann, Exegetische Probleme des zweiten Korintherbriefes (Symb. Bibl. Upsal. 9, 1947; abgedruckt in R. Bultmann, Exegetica, 1967, S. 298–322), S. 313 ff.

Platz gestellt werden wollen. Selbst H. Windisch[2] ist es in seinem außerordentlich lehrreichen Kommentar nicht gelungen, den „Vierkapitel-Brief" wirklich zu verstehen. Er hat sich wohl von allen Exegeten am stärksten darum bemüht, den schwierigen Text zu erklären, aber auch er muß allzuoft nach Erwägung der verschiedenen Möglichkeiten der Auslegung resignieren oder es bei einer Vermutung verbleiben lassen.

Die von Käsemann genannte Erschlaffung hat gewiß viele Ursachen. Deren eine, vielleicht die wichtigste, ist wohl, daß die Exegeten in 2Kor 10–13 einen Text vor sich haben, der sich den gewohnten Methoden in eigentümlicher Weise entzieht. Es kommt hierbei eine Voraussetzung zum Tragen, die auch sonst die exegetische Arbeit beeinflußt und die hier deutlich ihre Grenze findet. Gewöhnlich tritt der Exeget neutestamentlicher Texte an diese mit der unbewußten oder ausgesprochenen Voraussetzung heran, es handele sich bei ihnen in irgendeiner Form um „Predigtliteratur", deren Erschließung im Rahmen „biblischer" Texte und im Kontext kirchlicher Vorstellungen und Ziele zu erfolgen habe. 2Kor 10–13 sperrt sich aber gegen ein solches hermeneutisches Vorverständnis und zeigt damit dessen Fragwürdigkeit auch für andere neutestamentliche Texte auf. Die Folge dieses Mißverhältnisses zum Text ist dann, daß gerade die Kommentare, die am meisten darauf bedacht sind, den im Sinne heutiger kirchlicher Verkündigung verwendbaren „Gehalt" herauszuarbeiten, den Text am wenigsten verstehen. Ein solches Vorverständnis kann mit schroffer Polemik, mit Ironie, Sarkasmus, Parodie, literarischen und rhetorischen Tricks ebensowenig anfangen wie mit den Argumenten und Gegenargumenten, die aus der damaligen Popularphilosophie entliehen sind. Geht manchem Theologen Philosophisches schon gegen den Strich, so läßt sich bei dem Worte Popularphilosophie rein gar nichts Gutes denken. Der Paulus, der uns in 2Kor 10–13 entgegentritt, ist ein unbekannter Paulus – selbst wenn man den Galaterbrief und das polemische Fragment des Philipperbriefes in Rechnung stellt. Er entspricht ganz und gar nicht dem Paulus, wie ihn die kirchliche Tradition erinnert. Er ist aber doch auch wieder ein sehr typischer Paulus, mit sehr scharf profilierten Zügen.

Gewöhnlich suchen die Exegeten, was ihnen unverständlich ist, durch besser verständliche Passagen aus anderen Teilen der paulinischen Korrespondenz aufzufüllen und auszugleichen. Hier wird auch einer der Gründe liegen, weshalb solche Kommentatoren, die mit 2Kor 10–13 wenig anzufangen wissen, auf der literarischen Einheit des 2Kor bestehen.

Die Erschlaffung, von der Käsemann spricht, entspringt auch der Erschöpfung der bisher geübten und üblichen Fragestellung. Früher war

---

[2] Der zweite Korintherbrief (Krit.-exeget. Kommentar, Abt. 6, 9. Aufl. 1924; Neudruck, hrsg. von G. Strecker, 1970). Vgl. die Besprechung von E. Klostermann, ThLZ 52, 1927, Sp. 341 f.

man fast ausschließlich mit der Diskussion darüber beschäftigt, ob 2Kor 10–13 ursprünglicher oder erst sekundärer Bestandteil des sog. 2Kor sei und wie dieser Abschnitt in die uns bekannte Geschichte paulinischer Briefstellerei einzuordnen ist. Die Methode bestand ziemlich einfach darin, Textstellen aus den verschiedenen Teilen des 1 und 2Kor so miteinander zu kombinieren, daß sich das eine oder andere daraus ableiten ließ. Dieses Verfahren hat erbracht, was es zu erbringen in der Lage war, hat jedoch nicht zu einer endgültigen Klärung geführt. In dieser Hinsicht kann man mit Käsemann sagen: „Jeder Schritt Bodens ward hier umgepflügt."

Hoffnung auf neue Erkenntnis kann nur aus neuen Fragestellungen und neuen methodischen Ansätzen erwartet werden. Windisch hatte damit bereits begonnen, aber sein Ansatz ist von der Forschung nicht aufgenommen worden. Möglicherweise lag der Grund dafür in der theologischen Gesamtsituation in der Mitte der zwanziger Jahre; bekanntlich hat die aufkommende dialektische Theologie Fragen dieser Art wenig Verständnis entgegengebracht. Windisch hatte, mehr als andere, versucht, den Text des 2Kor aus den literarischen, religiösen und philosophischen Traditionen des Hellenismus zu erklären[3]. Spätere Untersuchungen und Kommentare haben diesen Weg zumeist nicht eingeschlagen, sondern haben sich anderen Problemen des paulinischen Korpus und der Geschichte des Urchristentums zugewandt.

Bezeichnende Ausnahmen bilden zwei Beiträge klassischer Philologen. W. Jaeger stellte in seinem programmatischen Werk „Das frühe Christentum und die griechische Bildung", im Gegensatz zu weiten Kreisen der neutestamentlichen Wissenschaft, das Urchristentum entschlossen hinein in die Welt der hellenistischen Kultur. Dies gilt insbesondere für die paulinische Mission. „So war es die älteste christliche Mission, welche die Missionare oder Apostel dazu zwang, die Formen der griechischen Literatur und der Rede zu gebrauchen, wenn sie sich an die hellenisierten Juden als ihre ersten Hörer und ihre Partner in allen großen Städten der Mittelmeerwelt wendeten. Dies wurde noch viel nötiger, seitdem Paulus den Übergang zu den Heiden vollzog und den Anfang mit ihrer Bekehrung machte. Diese protreptische Tätigkeit war an sich schon eine charakteristische Eigenheit der griechischen Philosophie in hellenistischer Zeit. Die verschiedenen Schulen versuchten Anhänger durch protreptische Reden zu werben und empfahlen ihnen darin ihr philosophisches Wissen oder ihr δόγμα als den einzigen Weg zur Glückseligkeit. Wir begegnen dieser Art von Beredsamkeit zuerst in der Lehre der griechischen Sophisten und bei Sokrates, so wie er in den platonischen Dialogen erscheint."[4]

---

[3] In meinem Aufsatz „Eine Christus-Aretalogie bei Paulus (2Kor 12,7–10)", ZThK 66, 1969, S. 288–305, knüpfte ich methodisch an Windisch an.

[4] W. Jaeger, Das frühe Christentum und die griechische Bildung. Übers. von W. Eltester, 1963, S. 6. Auch Jaegers Schüler H. Langerbeck hat sich leiden-

Die Geschichte der Interpretation von 2Kor 10–13 kann hier nicht in allen Einzelheiten nachgezeichnet werden. Es genügt für unseren Zweck, sich die hauptsächlichen Stadien des bisherigen Weges vor Augen zu führen.

Die gelehrte Forschung wendet sich dem Abschnitt 2Kor 10–13 im 18. Jahrh. zu. J. S. Semler[5] stellte 1776 die These auf, daß der Abschnitt als ein selbständiger Brief oder als Fragment eines solchen anzusehen sei. Seine These wurde zu seiner Zeit und im 19. Jahrh. eifrig diskutiert[6]. A. Hausrath[7] hat dann die Debatte in seiner kleinen Abhandlung, die 1870 in Heidelberg erschien, zusammengefaßt. Er kommt zu dem Resultat, daß 2Kor 10–13 als selbständiger Brief aufzufassen sei, der, verglichen mit 2Kor 1–9, aus einem früheren Stadium des korinthischen Streites stammen müsse, also Kap. 1–9 vorausging und wohl aus Ephesus abgesandt worden sei. In seinem jetzigen Zustand sei er ein Fragment und mit dem sog. „Tränenbrief" gleichzusetzen. Die von Hausrath formulierte These leuchtete vielen Exegeten ein, jedoch ist seine Begründung nur zum Teil stichhaltig, ein Tatbestand, den seine Kritiker sich nicht haben entgehen lassen. Unabhängig von Hausrath war die gleiche Problematik von J. H. Kennedy[8] in England angefaßt worden, der auch zum gleichen Ergebnis kam und vor allem den fragmentarischen Charakter des neuen Briefes betonte.

---

schaftlich für diese Fragestellung eingesetzt, — zweifellos zu Recht, wenn ich auch seinen konkreten Vorstellungen im einzelnen nicht zustimmen kann (vgl. Langerbeck, Aufsätze zur Gnosis, 1967, bes. S. 82). Die ältere Auffassung wird charakteristisch von J. Geffcken, Sokrates und das alte Christentum, 1908, vertreten. Auf die Frage, wie sich das Urchristentum zu Sokrates verhalten hat, antwortet er: „Die Literatur des Urchristentums ignoriert ihn völlig. Wir möchten im Hinblick auf manche Erscheinungen der späteren Zeit sagen: gottlob! Denn für den, der den Stil und die literarischen Gepflogenheiten des späteren Heidentums kennt, ist und wird es stets eine Erquickung bleiben, das Neue Testament in seiner Unmittelbarkeit zu empfinden. Das gilt namentlich für Paulus, dessen literarische Bildung im letzen Grunde doch nicht stark genug entwickelt ist, um seine echte Natur überwuchern zu können." Die hier entwickelte Vorstellung setzt die „echte Natur" des Urchristentums, die dann später leider verlorengegangen sei, in Gegensatz zu einer „gewissen Unnatur der höher organisierten Menschen in ihrem Verkehre miteinander", d. h. zur hellenistischen Bildung und Kultur (S. 15). Darauf, daß dieses Schema weniger auf historische Beobachtungen als auf philosophische Voraussetzungen zurückgeht, macht jetzt E. Güttgemanns, Offene Fragen zur Formgeschichte des Evangeliums, 1970, aufmerksam (vgl. bes. §§ 7–8).

[5] J. S. Semler, Paraphrasis II. Epistolae ad Corinthios, 1776, Praefatio und Anm. 353 f.

[6] Vgl. C. F. G. Heinrici, Der zweite Brief an die Korinther (Krit.-exeg. Kommentar, Abt. 6, 8. Aufl. 1900), S. 19 ff.

[7] A. Hausrath, Der Vier-Capitel-Brief des Paulus an die Korinther, 1870; vgl. Heinrici, Zw. Kor., S. 20 ff.; Windisch, Zw. Kor., S. 12 ff.

[8] J. H. Kennedy, The Second and Third Epistles of St. Paul to the Corinthians,

In der Folgezeit wurden in Kommentaren, Einleitungen und Abhandlungen immer wieder die gleichen Gründe und Gegengründe, entsprechend der Einstellung der Verfasser zur Hausrath-Kennedyschen These, vorgetragen. Kritische Gelehrte bemühten sich, die Unvereinbarkeit von 2Kor 1—9 und 10—13 aufzuzeigen, während traditionsgläubigere unablässig solche Unvereinbarkeiten und Widersprüche auszugleichen versuchten[9]. Einen weiteren Einschnitt in die Debatte bringt erst der Kommentar von H. Windisch, der 1924 erschien. Nach dem Anhören der Argumente Hausraths und Kennedys sowie deren Kritiker fällt Windisch ein vorsichtiges und gut begründetes Urteil[10]. Mit Hausrath-Kennedy teilt er die Ansicht, daß 2Kor 10—13 vom Rest des Briefes literarisch abzutrennen ist, während er deren Kritikern darin zustimmt, daß das neue Fragment nicht mit dem sog. „Tränenbrief" identifiziert werden kann[11]. Vielmehr sei das Fragment „die Reaktion des P. [sc. Paulus] auf eine neue Verschärfung des Konfliktes, die ihm nach Abfertigung von AB [sc. Kap. 1—9] gemeldet wurde"[12].

Dieses Ergebnis ist aber durchaus nicht das einzig mögliche. Ist der Abschnitt 10—13 erst einmal vom Rest des Briefes abgetrennt, ist dessen zeitliche Ansetzung eine völlig offene Frage. Die im Fragment vorausgesetzte Situation kann sich zu verschiedenen Zeiten ergeben haben; dazu muß sie erst einmal von inneren Kriterien aus rekonstruiert werden. Erst

---

1900; ihm folgen A. Plummer, A Critical and Exegetical Commentary on the Second Epistle of St. Paul to the Corinthians, 1915, S. XXVII—XXXVI; R. H. Strachan, The Second Epistle of Paul to the Corinthians, 1935, S. XVI—XXII; C. H. Dodd, The Mind of Paul (1933, abgedruckt in dessen „New Testament Studies", 1953, S. 67—128), bes. S. 80 f.; T. W. Manson, The Corinthian Correspondence (1941/42, abgedruckt in dessen „Studies in the Gospels and Epistles", 1962, S. 190—209, 210—226); C. K. Barrett, Christianity at Corinth (Bulletin of the John Rylands Library 46, 1963—64, S. 269—297).

[9] Eindrucksvoll ist in dieser Hinsicht die Darstellung bei W. G. Kümmel, Einleitung in das Neue Testament, 1963. Nach minuziösen Aufstellungen aller Argumente und Gegenargumente kann Kümmel sich nur zu einem unbefriedigenden Kompromiß durchringen: „Obwohl es schwerlich möglich ist, daß II 1—9 und II 10—13 in unmittelbarem Zusammenhang diktiert worden sind, kann es nicht als undenkbar erklärt werden, daß Paulus nach einem gewissen zeitlichen Abstand dem Brief einen Schluß zugefügt hat, der seinen weiterhin bestehenden Sorgen um die Gemeinde schärferen Ausdruck gab..." (S. 215). Ähnlich hatte schon W. Bousset die literarische Einheit von 2Kor aufrechterhalten wollen. Paulus habe in 2Kor 10 selbst zur Feder gegriffen „mit der Absicht eines kurzen kräftigen Schlußwortes. Und dann ist der Zorn über die Niedertracht seiner Gegner über ihn gekommen, und er hat sich diesen Zorn von der Seele geschrieben" (Die Schriften des Neuen Testaments, II³, 1917, S. 172). Mit schwachen Gründen vertritt die Einheit auch B. Rigaux, Paulus und seine Briefe, 1964, S. 157 ff.

[10] Zw. Kor., S. 12 ff.

[11] Ib., S. 17.

[12] Ib., S. 17 f. Windisch kehrt also in diesem Punkte zur Semlerschen These zurück.

dann kann man versuchen, Beziehungen zu anderen Briefen bzw. Briefteilen des Paulus herzustellen; dabei muß auch in Rechnung gestellt werden, daß uns nicht der gesamte Bestand der paulinischen Korrespondenz überliefert ist.

Im Jahre 1942 erschien dann der schon genannte Aufsatz von Käsemann über „Die Legitimität des Apostels". Käsemann lenkte mit dieser Arbeit die Aufmerksamkeit auf die zentralen theologischen Gegenstände, die die Diskussion in 2Kor bewegen. Unsere Untersuchung bestätigt in vielen Punkten die Sicht der Dinge, wie sie von Käsemann vorgelegt wird, weicht aber in vielen anderen Punkten ab, wie die Diskussion im einzelnen zeigen wird. In der literarischen Analyse sowie in der Erweiterung des Begriffes der Legitimität in die Geschichte der Philosophie hinein gehen wir über Käsemann hinaus.

Während Käsemann in seinem Aufsatz die literarische Frage unberücksichtigt gelassen hatte, hat G. Bornkamm ihr eine Studie gewidmet, die 1961 der Heidelberger Akademie vorgelegen hat[13]. Bornkamms Hauptinteresse geht dahin, die Gründe dafür aufzufinden, warum 2Kor vom Redaktor so zusammengesetzt ist, wie wir ihn nunmehr vor uns haben. Innerhalb dieser Diskussion spielt der „Vierkapitel-Brief" selbst nur eine untergeordnete Rolle. Bornkamm nimmt ausdrücklich die These von Hausrath auf und verteidigt sie gegen ihre wichtigsten Kritiker[14]. Mit Recht betont er, daß die Gründe, die für die literarische Einheit des 2Kor geltend gemacht werden, samt und sonders nicht stichhaltig sind. Er versucht, die beiden Hauptargumente, die die Kritiker Hausraths gegen diesen vorbringen, zu entkräften.

Der erste Einwand gegen die Hausrathsche These lautet dahingehend, daß der in Kap. 2 und 7 erwähnte „Zwischenfall", der im „Tränenbrief" behandelt worden sein muß, im „Vierkapitel-Brief" nirgends genannt wird. Bornkamm meint das damit erklären zu können, daß wir vom „Tränenbrief" eben nur ein Fragment besitzen und daß der Redaktor gerade den Teil ausgelassen haben muß, der die Bemerkungen zum „Zwischenfall" enthielt[15]. Diese Erklärung, die schon vor Bornkamm von anderen vorgetragen worden war, ist aber ein reines argumentum e silentio und als solches nicht sehr überzeugend.

Der zweite Einwand gegen die These Hausraths richtet sich ebenfalls gegen die Zuordnung des „Vierkapitel-Briefes" zum „Tränenbrief" und macht geltend, daß „der eigentliche Inhalt des letzten Briefteiles, die Abschüttelung der Rivalen in dem Versöhnungsbrief (2Kor 2 und 7) mit Stillschweigen übergangen wird"[16]. Auch hier bleiben die Erklärungen

---

[13] Die Vorgeschichte des sogenannten Zweiten Korintherbriefes (SBH, philos.-hist. Kl., Jg. 1961, Abh. 2). Vgl. Ders., Paulus, 1969, S. 246–248.

[14] Ib., S. 17 ff.

[15] Ib., S. 19.

[16] Ib.

Bornkamms bestenfalls Möglichkeiten. Es sei wahrscheinlich, daß die Gegner, unter denen man sich umherziehende Wanderapostel vorzustellen habe, nach dem sog. „Zwischenbrief" und dem Besuch des Titus Korinth wieder verlassen hätten und daß daher kein Anlaß bestanden habe, sie noch wieder zu erwähnen. Im „Versöhnungsbrief" gehe es ja nicht mehr um die Gegner, sondern um die Rückgewinnung der Gemeinde. Unter dem „ἀδικήσας" (2Kor 7,12) habe man sich nicht einen der falschen Apostel, sondern „ein von ihnen verführtes Gemeindeglied" vorzustellen, gegen das nach Beendigung der eigentlichen Auseinandersetzung ein disziplinäres Verfahren durchgeführt worden sei[17].

Bornkamm meint abschließend, es sei nicht nötig, „die Vier-Kapitel-Hypothese in ihrer ersten Gestalt aufzugeben und mit Krenkel, Windisch und Jülicher durch eine andere zu ersetzen"[18]. Die Argumente Bornkamms sind jedoch, wie angedeutet, nur teilweise überzeugend. Überzeugend ist die nötige Abtrennung des Abschnittes vom Rest des Briefes. Das Gewicht der Argumente gegen eine Gleichsetzung mit dem „Tränenbrief" bleibt jedoch bestehen. Der „Zwischenfall", mit dem sich der „Tränenbrief" befaßt hat, wird in Kap. 10—13 tatsächlich nirgends erwähnt; es handelt sich hier um einen anderen Sachverhalt und um eine Gruppe von Gegnern, nicht um einen einzelnen. Die Abschüttelung der Gegner, die das Thema des „Vierkapitel-Briefs" ist, wird im „Versöhnungsbrief" auch nicht erwähnt; daß der „ἀδικήσας" ein von den Pseudoaposteln verführtes Gemeindeglied ist, ist eine reine Vermutung. Aus diesem Sachverhalt wird man eher schließen, daß es sich bei beiden Briefen, dem Fragment 10—13 und dem „Tränenbrief", um zwei verschiedene Angelegenheiten handelte.

Bornkamms Schüler D. Georgi[19] teilt die Ansichten seines Lehrers über die Abtrennung von Kap. 10—13 und die Identität des Fragments mit dem „Tränenbrief". Georgis Untersuchung treibt die Forschung weiter dadurch, daß er die von Käsemann wieder in den Mittelpunkt gestellten Gegner des Paulus näher zu beschreiben sucht. Die literarischen Fragen werden von Georgi nur am Rande erwähnt. Sind die Kap. 10—13 ein eigenständiges Fragment, so beobachtet Georgi dessen eigentümliche Nähe zu dem Abschnitt 2Kor 2,14—7,4, der im Tone zwar anders ist, jedoch in (noch) konzilianter Form den gleichen Gegenstand wie 10—13 behandelt, nämlich die in Korinth arbeitenden Gegner des Paulus[20]. Georgi meint, mit guten Gründen, daß 2,14—7,4 ein Fragment eines anderen Briefes sei, der dem vorausging, aus dem 10—13 entnommen ist. Das frühere Fragment zeige die Debatte in einem noch gemäßigten Stadium, während das spätere den Bruch mit der Gemeinde voraussetze und den Konflikt auf dem Höhepunkt zeige. Georgi meint auch, daß die Gegner und die Ge-

[17] Ib., S. 19 f.; Ders., Paulus, S. 93. [18] Ib., S. 20.
[19] Die Gegner des Paulus im 2. Korintherbrief (WMANT, 11, 1964), S. 16 ff.
[20] Ib., S. 22 ff.

meinde in 10,10 den Brief verspotten, aus dem 2,14–7,4 stammt[21]. Diese Annahme hat jedoch wenig Wahrscheinlichkeit, weil 10,10 nicht nur von *einem* Brief redet und zudem keine Verspottung darstellt, sondern, wie wir zeigen werden, aus einem „Gutachten" stammt[22].

Auch W. Schmithals[23] hält die These von Hausrath für „geradezu zwingend". Bedenken gegen die Gleichsetzung von „Vierkapitel-Brief" und „Tränenbrief" „beruhen auf präjudizierten Meinungen von den Verhältnissen in Korinth ..."[24]. Schmithals bezweifelt andererseits auch, daß uns dieser Brief vollständig erhalten sei, und erklärt das Fehlen der Behandlung des „ἀδικήσας" in Kap. 10–13 wie Bornkamm dadurch, daß sein Fall im nichtüberlieferten Briefteil gestanden habe.

Die gegenwärtige Lage der Forschung im Blick auf den „Vierkapitel-Brief" wird man also wie folgt beurteilen können. Der konservative Flügel lehnt Teilungshypothesen nach wie vor ab[25]. Der kritische Flügel[26] hat die literarische Abtrennung von Kap. 10–13 allgemein akzeptiert. Die Gleichsetzung dieser Kapitel mit dem sog. „Tränenbrief" wird ebenfalls von vielen Gelehrten vertreten. Wir stimmen jedoch mit Windisch darin überein, daß diese Gleichsetzung nicht als erwiesen gelten kann[27].

Nun ist die Frage, welche Gegner Paulus bekämpft, von Georgi neu untersucht und dahingehend beantwortet worden, daß es sich bei diesen um judenchristliche Missionare gehandelt hat, die die christliche Botschaft und Existenz in den Kategorien einer „θεῖος ἀνήρ"-Frömmigkeit verstanden haben und für die Paulus kein legitimer Apostel Jesu Christi gewesen ist. Auf Grund meiner form- und religionsgeschichtlichen Analyse von 2Kor 12,7–10 glaube ich in der Beurteilung der Gegner des Paulus Georgi zustimmen zu müssen[28].

Aber in seinen wie in allen anderen exegetischen Bemühungen fehlt noch völlig eine literarische und religionsgeschichtliche Analyse des Fragmentes 10–13. Windisch hatte dazu den Anfang gemacht. Im folgenden

---

21 Ib., S. 24.

22 Vgl. unten S. 44 ff.

23 Die Gnosis in Korinth (FRLANT, NF 48, 1965²), S. 90.

24 Ib.

25 Repräsentativ ist W. Michaelis, Einleitung in das Neue Testament, 1954², S. 180 f.; vgl. auch J. Munck, Paulus und die Heilsgeschichte (Acta Jutlandica, XXVI, 1), 1954, S. 165.

26 Repräsentativ ist E. Dinkler, Art. Korintherbriefe (RGG IV³, Sp. 17–23); vgl. auch W. Marxsen, Einleitung in das Neue Testament, 1963, S. 72 ff.; A. F. J. Klijn, An Introduction to the New Testament, 1967, S. 87 f.

27 Windisch, Zw. Kor., S. 17 f.; vgl. auch E. Osty, Les Epîtres de S. Paul aux Corinthiens, 1949, S. 80 f.; R. Batey, Paul's Interaction with the Corinthians, JBL 84, 1965, S. 139–146.

28 Vgl. oben S. 3. Zustimmend auch D. Lührmann, Das Offenbarungsverständnis bei Paulus und in paulinischen Gemeinden (WMANT, 16, 1965), S. 45 ff.; M. Rissi, Studien zum zweiten Korintherbrief (AThANT, 56, 1969), passim.

werden wir den Versuch machen, diese Analyse weiter voranzutreiben. Die Notwendigkeit dazu ergibt sich nicht nur daraus, daß Windischs Versuch in vielen Punkten der Berichtigung und Ergänzung bedarf, sondern vor allem aus der Behinderung der weiteren Forschung, die sich aus dem Fehlen einer solchen Analyse ableitet. Methodisch ist ja eine literarische Analyse eines Textes der erste Schritt zu seiner Erschließung.

2. *Die der Abfassung von 2Kor 10—13 vorausgehenden Ereignisse*

Bei der Rekonstruktion der Ereignisse, die der Abfassung des Fragmentes 10—13 vorausliegen, ist mit großer methodischer Vorsicht vorzugehen[29]. Zunächst sind die Angaben zu prüfen, die sich innerhalb des Fragmentes selbst finden.

Sicher ist im Grunde nur folgendes: beim zweiten Besuch des Paulus in Korinth, dem sog. Zwischenbesuch, muß es zu schweren Auseinandersetzungen und zum Bruch zwischen ihm und der Gemeinde gekommen sein. Die von ihm ausgesprochene Hoffnung, daß der dritte Besuch besser verlaufen möchte, macht die Annahme unausweichlich, daß der Bruch während des zweiten Besuches erfolgt ist (12,14; 13,1—2). Natürlich muß man beachten, daß Paulus den Sachverhalt so darstellt, wie er ihn sieht, und daß andere Beteiligte vermutlich zu anderen Urteilen gelangt sind. Nach dem Verhalten des Paulus ist es zum letzten Schritt, zum völligen Abbruch der Kommunikation, noch nicht gekommen. Denn auch nach dem zweiten Besuch wendet sich Paulus noch wieder an die korinthische Gemeinde, freilich in Formen, die auf einen vorausgegangenen, definitiven Bruch schließen lassen. Paulus befindet sich in der Situation, daß er seine Gemeinde verloren hat. Er wird nicht bloß einen Eventualfall, sondern tatsächlich Geschehenes beschreiben, wenn er in 11,4 zugeben muß, daß die Gemeinde seine Gegner aufgenommen und ihre Lehren angenommen hat, d. h. sich unter ihrer Herrschaft befindet[30]. Das wird richtig sein, selbst wenn die Darstellung des Paulus drastisch übertrieben ist. Zweifellos hat er die üblen Erfahrungen („ταπεινεῖν“, „πενϑεῖν“), die er 12,21 bei einem künftigen Besuch befürchtet, auch beim vorhergehenden Besuch über sich ergehen lassen müssen[31]. Auch befürchtet Paulus nicht umsonst, daß die Gemeinde dem Satan zum Opfer gefallen sein möchte (11,3; vgl. 12,20).

---

[29] Vgl. die Skizzen bei Manson, Studies, S. 210 ff.; Bornkamm, Vorgeschichte, S. 8 ff.; Ders., Paulus, S. 85 ff.; Georgi, Gegner, S. 25 ff.; Schmithals, Gnosis, S. 94 ff.

[30] Vgl. die Diskussion der Frage bei Windisch, Zw. Kor., S. 325 ff.

[31] Soviel ist klar, ganz gleich worauf „πάλιν“ zu beziehen ist; vgl. Windisch, Zw. Kor., S. 409 f.; H. Lietzmann, An die Korinther I/II (Handb. z. NT 9⁴, ergänzt von W. G. Kümmel, hrsg. von G. Bornkamm, 1949), S. 159 f.

Er kann nur noch hoffen, daß sich ihre gegenwärtige Einstellung ihm gegenüber ändert (13,6; 10,15; vgl. auch 10,8; 13,10). Alles Weitere ist hypothetisch und hängt von der Frage ab, wie sich das Fragment 10—13 zu anderen Bestandteilen der paulinischen Korrespondenz verhält[32].

Nun lassen sich freilich weitere Einzelheiten erkennen. Der erste Besuch des Paulus in Korinth galt der Gründung der Gemeinde[33]. Er erwähnt selbst einen vor dem 1Kor liegenden Brief nach Korinth (1Kor 5,9), Anfragen der Korinther bei Paulus (1Kor 7,1), Nachrichten seitens der Gruppe um Chloe (1Kor 1,11). Danach schreibt er aus Ephesus den 1Kor und kündigt darin am Ende den Besuch des Timotheus an (16,5 ff.; vgl. 4,17). Er selber plant, über Makedonien für längere Zeit nach Korinth zu kommen (16,5 ff.). Diese Angaben lassen auf eine lebhafte Korrespondenz schließen; es kann darum auch nicht davon ausgegangen werden, daß wir in den überkommenen Briefen und Angaben in irgendeiner Weise Vollständigkeit erwarten können. Die uns zugänglichen Daten sind zufällig überliefert. Auch über die Gründe für diese Korrespondenz erfahren wir einiges aus 1Kor: es sind die Spaltung der Gemeinde in Fraktionen (1,11 ff.), Unsicherheit in den Fragen des Verhaltens und die Notwendigkeit der Klärung von Lehrfragen.

Die auf die Absendung des 1Kor folgenden Ereignisse müssen, soweit möglich, aus dem 2Kor rekonstruiert werden. Jedoch lassen sich die hier vorliegenden Daten in verschiedener Weise interpretieren.

In 1Kor 16,10 spricht Paulus die Erwartung aus, daß Timotheus von den Korinthern gut aufgenommen werden und mit guten Nachrichten zurückkehren möge. Ob diese Hoffnung sich erfüllt hat, wie Bornkamm[34] annimmt, oder ob die Mission des Timotheus scheiterte, wie Conzelmann[35] schließt, läßt sich nicht mit Sicherheit sagen. Umstritten ist weiterhin, ob Titus, dessen Reise nach Korinth in 2Kor 12,17 f. als erfolgreich vorausgesetzt ist, vor oder nach dem sog. „Zwischenbesuch" nach Korinth gereist ist. Bornkamm ist der Ansicht, Titus habe bald nach dem Besuch des Timotheus in Korinth die Kollektensammlung beginnen können[36]. Jedoch

---

[32] Es ist schwer zu entscheiden, ob die Wendung „ὁ ἐρχόμενος" (11,4) auf eine konkrete Person abzielt oder verallgemeinernd gemeint ist. Vgl. die gleichfalls unbestimmten Bezeichnungen der Gegner in 2Kor 10,11; Gal 5,10; Phil 1,28; (Kol 2,8) und dazu Windisch, Zw. Kor., S. 326. Jedenfalls kann der konkrete Gegner 2Kor 2,5—7; 7,12 nicht mit dem „ὁ ἐρχόμενος" identifiziert werden (vgl. unten S. 13).

[33] Vgl. Act 18,1—17 und dazu J. Hurd, The Origin of I Corinthians, 1965, S. 43 ff.

[34] Bornkamm, Vorgeschichte, S. 9 unter Hinweis darauf, daß 2Kor 1,1 Timotheus wieder bei Paulus ist; vgl. Ders., Paulus, S. 91.

[35] H. Conzelmann, Geschichte des Urchristentums, 1969, S. 87.

[36] Bornkamm, Vorgeschichte, S. 9 unter Hinweis auf die sog. „Kollektenbriefe" (2Kor 8,9; 9,2). Vgl. Ders., Paulus S. 94.

läßt sich 2Kor 12,17 f. auch so auffassen, daß Paulus Titus erst nach dem „Zwischenbesuch" nach Korinth schickte[37].

Eindeutig ist hingegen, daß sich die Situation für Paulus in Korinth nach dem Absenden des 1Kor sehr verschlechtert haben muß und ihn veranlaßte, seine Reisepläne zu ändern und direkt von Ephesus nach Korinth zu fahren (2Kor 1,15 f.); ursprünglich hatte er geplant, den Weg über Makedonien nach Korinth zu nehmen (1Kor 16,5 ff.). Paulus hatte auch zunächst nicht geglaubt, daß man ihm später die Änderung seiner Pläne zum Vorwurf machen könne (2Kor 1,17 f.)[38].

Ohne daß wir über Einzelheiten verfügen, kann doch soviel gesagt werden, daß sich die Lage zuungunsten des Paulus verändert hatte und daß es dieser Umschwung gewesen sein muß, der Paulus bewog, den zweiten Besuch in Korinth schnell vorzunehmen (2Kor 1,17). Er endete mit einem Fehlschlag für ihn. Leider erfahren wir aus dem Rückblick auf dieses Ereignis keine Einzelheiten, da Paulus deren Kenntnis bei seinen Lesern voraussetzen kann (2Kor 2,1 ff.). Aus der Wendung „ἐν λύπῃ" geht so viel hervor, daß der Besuch vergeblich war und daß Paulus als geschlagener Mann wieder abreisen mußte, und zwar wohl zurück nach Ephesus[39].

Nach der Abreise hat er dann den, wie wir meinen, verlorenen „Tränenbrief" geschrieben (vgl. 2Kor 2,4; 7,8–12). Auch ist dann wohl Titus nach Korinth gereist (2Kor 7,13), um von dort aus mit Paulus in Makedonien, wohin dieser ihm aus Troas entgegenkam, zusammenzutreffen. Titus konnte ihm die Nachricht überbringen, daß die Gemeinde zur Versöhnung bereit sei und den „Übeltäter" bestraft habe (2Kor 2,12 f.; 7,5 ff.). In der Freude über diesen Wechsel schrieb Paulus dann den sog. „Versöhnungsbrief", der uns wohl in 2Kor 1,1–2,13; 7,5–16 erhalten ist. Paulus verwendet sich darin zugunsten seines ehemaligen Widersachers (2,5 ff.; 7,8 ff.).

Eine Reihe von gewichtigen Fragen bleibt bestehen, ohne daß einige Aussicht besteht, eine wahrscheinliche Lösung zu finden. Um was für eine Person handelt es sich bei dem sog. „ἀδικήσας", und worin bestand sein Vergehen? Offenbar ist an eine Einzelperson innerhalb der Gemeinde gedacht[40], nicht aber an eine von außen hineingekommene Person. In welcher Weise hat ihn die Gemeinde bestraft? Wohl kaum mit Exkommunikation, denn dann hätte sich Paulus wohl kaum in der Weise, wie er es tut, für die Person eingesetzt. Paulus nennt auch die Tatsache, daß die Mehrheit der Gemeinde auf seiner Seite steht (2,6). Heißt das, daß eine Minderheit

[37] So Conzelmann, Urchristentum, S. 87.

[38] Man legte es als einen Beweis für seinen Wandel „κατὰ σάρκα" aus (vgl. 2Kor 10,2).

[39] Conzelmann, Urchristentum, S. 87; Bornkamm, Paulus, S. 93.

[40] Auf eine Einzelperson deuten die Bezeichnungen „τις", „ὁ τοιοῦτος" (2Kor 2,5–7), „ὁ ἀδικήσας" (7,12) sowie die Tatsache der Bestrafung des Mannes und des Paulus Bitte um seine Schonung.

in der Opposition geblieben ist? Blieb also die Spaltung der Gemeinde bestehen? Wodurch hat sich der „Übeltäter" schuldig gemacht? Ging es um eine bloße „Beleidigungsaffäre"?[41] Eine letzte Verdammung hat der Apostel nicht für notwendig gehalten. Man darf, wie allgemein heute zugestanden wird, den „Übeltäter" auch nicht mit dem „Sünder" von 1Kor 5,1 ff. identifizieren; dort ging es ja nicht um einen Angriff gegen Paulus, noch war das Verhältnis des Apostels zur Gemeinde betroffen[42]. Der „Übeltäter" von 2Kor kann aber auch kaum mit den in Kap. 10—13 bekämpften Gegnern in Zusammenhang gebracht werden. Diese Frage führt uns zum formgeschichtlichen Problem, das es zuerst zu bedenken gilt.

[41] Vgl. G. Schrenk, ThW I, S. 160 Anm. 9; Lietzmann-Kümmel, S. 198: „Der ἀδικήσας muß ... durch seine Handlungsweise die Beziehung zwischen Paulus und der Gemeinde fast ganz unmöglich gemacht haben." Ähnlich Bornkamm, Paulus, S. 93: „... ein Verhetzter aus ihrer Mitte hat ihm ein solches Unrecht angetan (2Kor 2,5; 7,12) — sicher nicht nur im Sinne einer persönlichen Beleidigung, sondern einer Schmähung seines apostolischen Auftrages überhaupt — ... "

[42] Darüber ist sich die kritische Forschung heute einig; vgl. z. B. Kümmel, Einleitung, S. 209.

Kapitel II

DAS FORMGESCHICHTLICHE PROBLEM VON 2Kor 10–13

Die im vorigen Abschnitt angestellten Erwägungen hatten uns bereits zu der Frage geführt, ob sich der sog. „Tränenbrief" oder ein Fragment desselben unter den uns erhaltenen Teilen der korinthischen Korrespondenz befindet und ob das Fragment 10–13 damit identifiziert werden kann. Wir hatten die Frage verneint und machen für diese Entscheidung folgende Gründe geltend:

a) Die in 2Kor 11,4 mit „ὁ ἐρχόμενος" angesprochene Person kann nicht, selbst wenn es sich um eine konkrete Person gehandelt hat – was auch nicht eindeutig ist –, einfach mit dem in 2Kor 2,5–7; 7,12 genannten „Übeltäter" gleichgesetzt werden. Der zuletzt Genannte war sicher eine konkrete Person und ein Gemeindeglied, während „ὁ ἐρχόμενος" auf eine von außen eingedrungene Person schließen läßt. Wenn Paulus sonst auf seine Gegner zu sprechen kommt, nennt er eine Gruppe (vgl. 2Kor 11,5.15 usw.).

b) Der in 2Kor 10–13 vorausgesetzte Angriff gegen Paulus ist so schwerwiegender Natur, daß er an Intensität nur mit den analogen Vorgängen im Galaterbrief verglichen werden kann. Eine Versöhnung mit der Gemeinde ist wohl denkbar und sogar Zweck des Fragmentes. Über die Gegner kann aber Paulus nur wie im Galaterbrief die Verfluchung ausgesprochen haben[1]. Bei der Versöhnung mit dem „ἀδικήσας" muß es sich folglich um eine ganz andere Angelegenheit gehandelt haben.

c) Von entscheidender Bedeutung ist die formgeschichtliche Frage: Kann das in Kap. 10–13 vorliegende Fragment zu dem sog. „Tränenbrief" gehört haben, was auch immer dessen Inhalt gewesen sein mag? Wir meinen die Frage verneinen zu müssen. Zunächst ist einfach darauf aufmerksam zu machen, daß in 2Kor 10–13 von „Tränen", „Trauer" und „Betrübnis" keine Rede ist. Im Gegenteil, der Ton des Fragmentes schließt diese geradezu aus. Paulus setzt schonungslos die Mittel der Ironie und des Sarkasmus ein, um seine Gegner als Gehilfen des Satans zu entlarven. Dieses Vorgehen gehört aber grundsätzlich hinein in die antike Rhetorik, wie uns aus den folgenden Darlegungen deutlich werden wird.

[1] Vgl. Gal 1,9; 2Kor 11,13–15.

Was uns in Kap. 10–13 vorliegt, ist ein Fragment einer sehr bewußt und kunstvoll komponierten „Apologie“ in Briefform. Paulus kommt selbst auf das, was er dort vorträgt, unter dem Stichwort „ἀπολογεῖσθαι“ zu sprechen. Freilich tut er dies in einer sehr merkwürdigen Weise, so als wolle er jedwedes Sichverteidigen als unangebracht von sich weisen: „πάλαι δοκεῖτε ὅτι ὑμῖν ἀπολογούμεθα“ (2Kor 12,19)[2].

Auf den hier vorliegenden Problemzusammenhang hat zuerst Windisch aufmerksam gemacht: „Warum will P. (sc. Paulus) nicht zugeben, daß er sich ‚verteidige‘? Tatsächlich hat er doch eine Verteidigung geliefert...“[3] Windisch stellt auch Vermutungen über die Gründe an: „Möglicherweise hat aber ἀπολογούμεθα auch einen anrüchigen Sinn: sich verteidigen, sich reinzuwaschen suchen, sein Auftreten beschönigen, mit sophistischen Mittelchen, die doch jeder Scharfsichtige sofort durchschaut ...“[4] Windisch erkennt richtig die antisophistische Tendenz der paulinischen Argumentation. Im folgenden werden wir zu zeigen versuchen, daß Paulus hiermit in einer bis auf Sokrates zurückgehenden Tradition steht.

Zuvor ist aber noch die Beobachtung festzuhalten, daß die paulinische Weigerung, sich verteidigt zu haben, merkwürdig mit einer anderen Aussage verbunden ist. Er empfindet das „ἀπολογεῖσθαι“ als unvereinbar mit einem „Reden vor Gott“: weil er vor Gott in Christus rede, könne er sich nicht verteidigt haben wollen[5]. Diese Alternative ist auch zunächst rätselhaft. Windischs Mutmaßungen weisen wiederum in die richtige Richtung: „Lag der Ton auf einem sophistisch verstandenen ἀπολογεῖσθαι, dann bezeugt er (d. h. Paulus) mit κατ. ϑ. wie mit ἐν X. die Wahrheit seiner Auseinandersetzung.“[6]

Paulus hatte schon im 1Kor eine Verkündigung seiner Botschaft mit den Mitteln der Rhetorik deswegen abgelehnt, weil diese „Kunst der Überredung“ insgesamt dem gottfeindlichen Äon zugehört und damit als Mittel der Verkündigung des Evangeliums nicht in Betracht kommen kann. Zugleich ist damit also auch die Möglichkeit einer „Apologie“ für die Botschaft des Paulus im Sinne rhetorischer Überredungskunst abgewiesen[7].

---

[2] So liest Nestle-Aland, 1963[25]. Der Satz kann auch mit vielen Exegeten als Frage aufgefaßt werden, was den ablehnenden Sinn nur noch unterstreichen würde. Vgl. Plummer, Second Cor., S. 367.

[3] Windisch, Zw. Kor., S. 406; vgl. auch Heinrici, Zw. Kor., S. 312; R. Drescher, Der zweite Korintherbrief und die Vorgänge in Korinth seit Abfassung des ersten Korintherbriefs, ThStKr 70, 1897, S. 43–111; Osty, Corinthiens, S. 105. Plummer, Second Cor., S. 367 nennt Kap. 10–12 „the vigorous *apologia pro vita sua*“.

[4] Windisch, Zw. Kor., S. 406.

[5] 2Kor 12,19: Πάλαι δοκεῖτε ὅτι ὑμῖν ἀπολογούμεθα.

[6] Windisch, Zw. Kor., S. 407.

[7] Vgl. z. B. 1Kor 1,20 ff.; 2,1 ff. und E. Kamlah, Art. Apologetik und Polemik im NT (RGG I[3]), Sp. 478.

Der Verzicht auf die Apologie, d. h. auf die rhetorische, geht auf die Darstellung des Sokrates bei den Sokratikern und darüber hinaus wohl auf den historischen Sokrates selbst zurück. Xenophon[8] überliefert zwei Anekdoten, die er von Hermogenes übernommen haben will. Die erste dieser Anekdoten berichtet, daß Sokrates nach der Anklageerhebung alle möglichen Themen im Kreise der Schüler erörtert habe, nur nicht den bevorstehenden Prozeß. Hermogenes habe ihn daraufhin gefragt, ob es nicht angebracht sei, Vorbereitungen für die Verteidigung zu treffen. Sokrates habe geantwortet, dies sei nicht nötig, denn er habe sich sein ganzes Leben für diese Verteidigung vorbereitet. Er habe niemals etwas Unrechtes getan, und das sei die beste Apologie. In der anderen Anekdote macht Hermogenes ihn darauf aufmerksam, daß die athenischen Gerichte sehr leicht durch Eloquenz zu beeinflussen seien und daß dadurch schon mancher Unschuldige zum Tode verurteilt wie auch mancher Übeltäter freigelassen worden sei. Sokrates habe entgegnet, er habe schon zweimal versucht, eine Verteidigungsrede zu konzipieren, aber das Daimonion habe sich dem entgegengestellt. Worum es hier eigentlich geht, hat Plato in seiner „Apologie" des Sokrates herausgearbeitet[9]. Er begründet die Ablehnung des Sokrates, sich vor Gericht zu verteidigen, mit der Auseinandersetzung mit der Sophistik. Schon im Proömium unterscheidet Plato zwei Arten von „Apologien": die mit rhetorischen Mitteln arbeitende Gerichtsrede und die dieser diametral entgegengesetzte, nach Wahrheit strebende philosophische Verteidigungsrede.

Plato läßt Sokrates bezeichnenderweise so beginnen: „Was wohl euch, ihr Athener, meine Ankläger angetan haben, weiß ich nicht: ich meinesteils hätte ja selbst beinahe über sie meiner selbst vergessen; so überredend haben sie gesprochen. Wiewohl Wahres, daß ich das Wort heraussage, haben sie gar nichts gesagt."[10] Seine eigene Verteidigungsrede, so kündigt Sokrates an, werde ohne rhetorische Künsteleien, Schmuck und Tricks auskommen, dafür aber bekämen die Athener von ihm „die ganze Wahrheit" zu hören[11].

Zu den von Sokrates abgewiesenen rhetorischen Mitteln gehört nun

---

[8] Xenophon, Apol. 2–4; mem. 4,8,4–5; auch apol. 8 f.

[9] Zum folgenden vgl. die wichtige Untersuchung von Th. Meyer, Platons Apologie (Tübinger Beiträge zur Altertumswissenschaft, 42, 1962), S. 115 ff.; ferner P. Friedländer, Platon II[3], 1964, S. 143 ff.

[10] Ὅτι μὲν ὑμεῖς, ὦ ἄνδρες Ἀθηναῖοι, πεπόνθατε ὑπὸ τῶν ἐμῶν κατηγόρων, οὐκ οἶδα· ἐγὼ δ'οὖν καὶ αὐτὸς ὑπ' αὐτῶν ὀλίγου ἐμαυτοῦ ἐπελαθόμην, οὕτω πιθανῶς ἔλεγον. καίτοι ἀληθές γε ὡς ἔπος εἰπεῖν οὐδὲν εἰρήκασιν. Die Übersetzung ist von F. Schleiermacher (hrsg. von W. F. Otto u. a.), I, 1957, S. 9.

[11] Apol. 17 B: ὑμεῖς δέ μου ἀκούσεσθε πᾶσαν τὴν ἀλήθειαν – οὐ μέντοι μὰ Δία, ὦ ἄνδρες Ἀθηναῖοι, κεκαλλιεπημένους γε λόγους, ὥσπερ οἱ τούτων, ῥήμασί τε καὶ ὀνόμασις οὐδὲ κεκοσμημένους, ἀλλ' ἀκούσεσθε εἰκῇ λεγόμενα τοῖς ἐπιτυχοῦσιν ὀνόμασιν –. Vgl. Apol. 18 A.

auch, daß er auf das Klagen, Flehen und Weinen verzichtet. Seine Verteidigung kann nicht darauf ausgehen, Mitleid zu erregen[12] und so die Richter emotional zu beeinflussen[13]. Seine Weigerung, auf derartige Mittel zurückzugreifen, beruht, so versichert er am Schluß, auf philosophischen Erwägungen[14]: nicht eine ἀπορία λόγων τοιούτων halte ihn davon ab, sondern eine ἀπορία τόλμης καὶ ἀναισχυντίας („καὶ τοῦ μὴ ἐθέλειν λέγειν πρὸς ὑμᾶς τοιαῦτα οἷ'ἂν ὑμῖν μὲν ἥδιστα ἦν ἀκούειν ...")[15]. In Platos Apologie dagegen wird am Beispiel des Sokrates eine „sachgemäße" Verteidigungsrede vorgeführt. Es gibt also grundsätzlich auch für den Philosophen die Möglichkeit, sich zu verteidigen, aber diese Verteidigung kann nicht in der Form der üblichen Gerichtsrede erfolgen, sondern muß die Form des „sokratischen Dialogs" annehmen. Die platonische Apologie des Sokrates ist deshalb auch nur scheinbar eine vor Gericht gehaltene Rede. In Wirklichkeit ist sie ein literarischer Dialog, in den der platonische Sokrates den Leser (!) verwickelt. Die Gerichtsrede wird von Plato also faktisch auf die Ebene des philosophischen Gesprächs hinaufgehoben[16]. „Die ‚Apologie' weist also hin ... auf das *sokratische Gespräch.* Es steht hoch über der ‚wahren Rhetorik', vielmehr: es ist ihre höchste Form."[17]

Wie man im Hellenismus über die Verteidigung des Sokrates dachte, macht eine von Diogenes Laertius überlieferte Anekdote anschaulich. Der Rhetor Lysias hatte für Sokrates eine Verteidigungsrede geschrieben. Der Philosoph las sie durch und meinte, die Rede sei zwar gut gemacht, passe aber nicht für seinen Fall. Lysias versteht das nicht: wenn die Rede schön ist, wie Sokrates selbst sagt, warum soll sie dann für ihn nicht passen? Sokrates entgegnete, schöne Kleider und Schuhe seien für ihn ebenso unpassend (Diog. L. 2,40).

Maximus von Tyrus hat den hier mehr vorausgesetzten Sachverhalt in

---

[12] Apol. 34 C charakterisiert diese Methode: ... ἀγωνιζόμενος ἐδεήθη τε καὶ ἱκέτευσε τοὺς δικαστὰς μετὰ πολλῶν δακρύων, παιδία τε αὑτοῦ ἀναβιβασάμενος ἵνα ὅτι μάλιστα ἐλεηθείη ...

[13] Zu diesem beliebten Mittel vgl. MEYER, Platons Apologie, S. 10 ff.; F. SOLMSEN, Aristotle and Cicero On the Orator's Playing Upon the Feelings, Class. Philol. 33, 1938, S. 390–404; abgedruckt in Ders., Kleine Schriften, II, 1968, S. 216–230.

[14] Vgl. den ganzen Abschnitt Apol. 38 Cff. mit der Beurteilung des Prozesses durch Sokrates.

[15] Apol. 38 D.

[16] Vgl. MEYER, Platons Apologie, S. 128: „So erscheint die in Auseinandersetzung mit der üblichen Rhetorik ausgesprochene Forderung der ‚Apologie' nach einer wahren Rhetorik *implicite* in diesem Werk schon erfüllt."

[17] MEYER, Platons Apologie, S. 126. Zum platonischen Dialog vgl. FRIEDLÄNDER, Platon, I³, 1964, S. 164 ff.; H. GUNDERT, Der platonische Dialog, 1968; A. DIHLE, Studien zur griechischen Biographie (Abh. der Akad. d. Wiss. in Göttingen, philol.-hist. Kl., 3. Folge, Nr. 37, 1956), S. 13 ff., stellt die Bedeutung der Apologie Platos für die Entstehung der Biographie heraus.

einem Vortrag erörtert, der den bezeichnenden Titel trägt: „Tat Sokrates Recht daran, sich nicht zu verteidigen?"[18] Es ist anzunehmen, daß die Frage öfter verhandelt worden ist und daß Maximus weniger eigene Erkenntnis als die philosophische communis opinio wiedergibt; die Abhängigkeit von Platos Apologie ist auf Schritt und Tritt evident.

Sokrates wird von Maximus als Idealphilosoph geschildert, der völlig über die menschlichen Schwächen erhaben ist. Für die Angriffe der Dichter, besonders des Aristophanes, für die sophistischen und sykophantischen Ankläger sowie für das in philosophischen Dingen völlig inkompetente[19] Gericht hat der Philosoph nur Verachtung übrig. Die Athener wollen zwar nicht, daß Sokrates stirbt, aber er zwingt sie faktisch dazu, ihn zu verurteilen. Natürlich geht er freiwillig in den Tod[20]. Nur so, urteilt Maximus, konnte er sie zur Reue und Umkehr zwingen[21]. Ohne Zweifel hätte sich Sokrates, wenn er gewollt hätte, mit allen Mitteln der Rhetorik verteidigen können. Maximus zählt die in Frage kommenden rhetorischen Tricks auf, die Sokrates hätte anwenden können: auf dem Gipfel des Dramas hätte er die jammernde Xanthippe und die weinenden Kinder in den Gerichtssaal führen lassen können. Kein Zweifel – Sokrates hätte als Sieger den Gerichtssaal verlassen! Zwar wäre er dann als großer Philosoph gefeiert worden, aber was hätte „die Philosophie" dann mit einem solchen Mann noch anfangen sollen?[22]

Maximus meint nun weiter, Sokrates habe sich auch gar nicht verteidigen können, weil es zwischen ihm und den Männern des Gerichts keinen aufrichtigen Dialog habe geben können. Es wäre doch absurd gewesen, wenn sich Sokrates, der „κρείττων Ἀθηναίων ἁπάντων"[23], vor den dummen, unfähigen und korrupten Richtern hätte rechtfertigen wollen[24]. Es gab nichts, worüber er zu diesen Leuten hätte reden können[25]. Hätten die Richter Verständnis für die Philosophie gehabt, so wären sie ohnehin im Einverständnis mit Sokrates gewesen, und die Verhandlung hätte gar nicht stattgefunden. Jedoch ist eine Apologie vor Leuten sinnlos, die von der Sache der Philosophie nichts verstehen. Im Prinzip heißt das: eine rhetori-

---

18 Maximus Tyrius, Philosophumena, ed. H. Hobein, 1910, III (S. 30 ff.): Εἰ καλῶς ἐποίησεν Σωκράτης μὴ ἀπολογησάμενος. Vgl. dazu K. Meiser, Studien zu Maximos Tyrios (SB der kgl. bayr. Akad. d. Wissensch., philos.-philol. und hist. Kl., Jg. 1909, 6. Abh.), S. 26 ff.; I. Hadot, Seneca und die griechisch-römische Tradition der Seelenleitung, 1969, S. 184 f.

19 Die platonische „Apologie" unterscheidet zwischen denen, die Sokrates verurteilten, und denen, die für Freispruch stimmten (39 B ff.).

20 Max. Tyr. III, S. 32, Z. 7 f.

21 Ib., Z. 11 f.: μετέγνωσαν γὰρ εὐθύς.

22 Ib., S. 34, Z. 17 f.: Καὶ πῶς ἂν ἠνέσχετο φιλοσοφία σπάνιον τὸ πρὸς ἑαυτὴν τοῦτον τὸν ἄνδρα;

23 Ib., S. 32, Z. 5 f.

24 Ib., S. 35, Z. 6: καὶ τίς κρείττων χείρονι ἀπελογήσατο;

25 Ib., S. 35, Z. 6 ff.

sche Apologie ist sinnlos, wenn es um die Philosophie und um die Wahrheit geht[26].

Maximus reflektiert dann über die Frage, ob Sokrates vor Gericht nicht hätte Kompromisse schließen sollen, um wenigstens sein Leben zu retten. Er schließt, ein derartiges Verhalten verstoße im tiefsten gegen die „ἀρετή“ und hätte den Philosophen kompromittiert[27]. So habe Sokrates das einzig Angemessene und Mögliche getan, habe geschwiegen und auf seine Verteidigung überhaupt verzichtet[28]. Er habe das Urteil freiwillig auf sich genommen und es dadurch in eine Verdammung des Gerichtes selbst verwandelt, wie das Schicksal der Richter und der Ankläger nach seinem Tode ja gezeigt habe[29].

Mit seinem Verzicht auf das „ἀπολογεῖσθαι“ nimmt Paulus also eine Tradition auf, die von Sokrates ausgeht und die ihm auf dem Wege über die zeitgenössische Philosophie zugeflossen sein muß. Natürlich hat er sie in sein eigenes Denken integriert. Er weist den Gedanken an das „ἀπολογεῖσθαι“ deshalb zurück, weil sich für ihn mit diesem Begriff die rhetorisch-sophistische Überredungskunst verbindet. Die „Wahrheit“[30], um die es in seiner Verkündigung geht, ist natürlich die christliche Botschaft, aber es ist eben die Wahrheit, die sich nicht mit den Mitteln der Rhetorik verteidigen läßt — ebensowenig, wie sie sich mit diesen Mitteln „empfehlen“ und „propagieren“ läßt[31]. Abgesehen von der inhaltlichen Füllung des Begriffes „Wahrheit“ stimmt also Paulus ganz der sokratischen Tradition zu.

Dennoch liegt uns in 2Kor 10—13 eine „Apologie“ vor, nun aber eine Apologie der Art, die grundsätzlich auf die Mittel der Rhetorik und Sophistik verzichtet. Im Stil entspricht sie der Apologie, wie sie dem Philosophen zusteht.

Die innere Möglichkeit zu einer solchen Apologie ergibt sich für Paulus aus seiner besonderen Situation. Die Gemeinde besteht aus Christen, die eben glauben und etwas von diesem Glauben verstehen; es liegt also eine andere Situation vor als für den Sokrates des Maximus, der den Athenern jegliches Verständnis für die Sache der Philosophie abspricht. Von der Sache des Glaubens versteht die Gemeinde eben doch etwas, trotz allen Mißverstehens, und in Hoffnung darauf kann Paulus zu seiner Apologie ansetzen. Andererseits ist diese „Apologie“ nichts anderes als ein *Dialog*

---

[26] Ib., S. 36 f.

[27] Ib., S. 37 f.; vgl. schon Plato, Apol. 38 E ff.

[28] Ib., S. 38.

[29] Ib., S. 39, Z. 19—21: καὶ Σωκράτης μὲν ἀπέθνησκεν, 'Αθηναῖοι δὲ κατεδικάζοντο, δικαστὴς δὲ ἦν αὐτοῖς θεὸς καὶ ἀλήθεια (vgl. Plato, Apol. 39 B—D). In Diatr. VIII (S. 92) heißt es, das Daimonion habe Sokrates bedeutet, sich nicht zu verteidigen; es habe ihn aber nicht gehindert zu sterben (vgl. Plato, Apol. 40 A—C).

[30] Vgl. 2Kor 11,10; 12,6; 13,8.

[31] 2Kor 10,12.18; 12,11; vgl. auch 3,1; 4,2; 5,12; 6,4.

mit der Gemeinde über die Frage des Apostolates und der christlichen Existenz.

Wogegen richtet sich die paulinische Apologie? Sie richtet sich offenbar gegen die durch seine Gegner erhobene Anklage, er habe sich sein apostolisches Amt unrechtmäßig angeeignet und übe es also auch unrechtmäßig aus[32]. Sie wendet sich damit gegen die Gegner im Hintergrund[33], ist aber an die korinthische Gemeinde und nur an sie gerichtet, denn mit den Gegnern selber kann es wohl kein Gespräch geben. Wie die Apologien, die für Sokrates geschrieben wurden, vor allem die des Plato, so übt auch die paulinische eine elenktische Funktion aus; jene richteten sich an die Athener oder an die Leser überhaupt, während diese sich zunächst nur an die Korinther wendet, dann aber, wie der Redaktor des 2Kor wohl gesehen hat, an den christlichen Leser überhaupt.

Die Analogien gehen freilich noch weiter. Antik gesprochen ist die gegen Paulus von seinen Gegnern erhobene Anklage eine Anklage auf „γοητεία", d. h. auf Betrug und Scharlatanerie in religiösen Dingen. Bevor wir auf Einzelheiten eingehen, müssen wir uns diesen hier vorliegenden Sachverhalt näher vor Augen führen.

Der ungeheure Aufschwung, den Aberglaube und religiöse Scharlatanerie in der Kaiserzeit nahmen, ist bekanntlich oft beschrieben worden[34]. Verständlich ist, daß zur gleichen Zeit sich auch die Stimmen derer verstärkten, die sich dieser Entwicklung entgegenstemmten und die bekannte Scharlatane und ihr Treiben zu entlarven suchten. Solche Entlarvung konnte verschiedene Formen annehmen. Es sind Fälle bekannt, in denen Persönlichkeiten, die der Zauberei verdächtig waren, öffentliche Prozesse gemacht wurden[35]. Freilich war „γοητεία" allein nicht Grund genug, um einen Kriminalprozeß einzuleiten: eine „γραφὴ μαγείας" oder „γοητείας" gab es nicht[36]. Die bekannten, gleich zu besprechenden Fälle erstrecken sich darum zugleich auf Mordverdacht, Schadenzauber („φάρμακα") oder „ἀσέβεια". Bezeichnend ist dabei, daß sich der Verdacht der „γοητεία" vorwiegend auf „Philosophen" richtete und daß die Verklagten sich unter Berufung auf die Philosophie zu verteidigen versuchten.

Es ist nun sehr aufschlußreich, solche Verteidigungsreden näher in Augenschein zu nehmen. Wir werden daher auf einige solcher Reden, die

---

[32] Vgl. Käsemann, Legitimität, passim; Bornkamm, Vorgeschichte, S. 10.

[33] Über die Hintermänner des Prozesses gegen Sokrates vgl. Meyer, Platons Apologie, S. 138 ff.

[34] Vgl. Th. Hopfner, Griechisch-ägyptischer Offenbarungszauber (Studien zur Palaeographie und Papyruskunde, XXI, XXIII, 1922, 1924); Ders., Art. Mageia (PW XIV, 1928, Sp. 301 ff..); M. P. Nilsson, Geschichte der griechischen Religion, II², 1961, S. 218 ff.

[35] Vgl. Eusebius, Praep. evang. IV,2,10–11.

[36] Vgl. Th. Hopfner (PW XIV), Sp. 383–386; F. Pfister, Art. Epode (PW Suppl. IV, 1924, Sp. 341 ff.).

uns aus Goetieprozessen der Antike erhalten sind, zunächst näher eingehen[37].

Die erste dieser Verteidigungsreden findet sich in der Vita Apollonii des Philostratus: Apollonius ist wegen Goetie angeklagt. Philostrat beschreibt den Prozeß, der unter dem Vorsitz des Kaisers Domitian steht, ausführlich in VII, 17–VIII, 5 und schaltet, nachdem er die Freilassung seines Helden beschrieben hat, noch die gelegentlich der Verteidigung von Apollonius selbst gehaltene Rede ein (VIII, 7). Diese Rede ist wohl mit E. Rohde[38] Philostrat zuzuschreiben; sie ist ein sorgfältig komponiertes Beispiel einer Verteidigungsrede im Stile der Zweiten Sophistik. Als Vorbild ist wieder die Apologie des Plato genommen. Die Rede selbst bezieht sich nur gelegentlich auf den konkreten Prozeß des Apollonius. Auch der Bericht über den Prozeß idealisiert ihn dadurch, daß er den Angeklagten ständig die Rolle des Sokrates spielen läßt[39]. Tritt diese Tendenz innerhalb des Prozeßberichtes besonders hervor, so ist sie doch nicht auf ihn beschränkt. Schon in der Einleitung weist Philostrat den Vorwurf zurück, daß Apollonius ein „μάγος" gewesen sei. Mache man dem Apollonius diesen Vorwurf, müsse man ihn auch gegenüber dem Empedokles, Pythagoras, Demokrit, Plato und vor allem gegenüber Sokrates erheben[40].

Auch die Anklagepunkte müssen auf dem Hintergrund des Prozesses gegen Sokrates gesehen werden. Apollonius' Kleidung und seine Lebensweise stehen zur Verhandlung. Dann ist es die Tatsache, daß er sich hat kultisch verehren lassen, daß er den Ephesern ein Orakel erteilt hat und daß er politisch gegen die Machthaber tätig geworden ist[41]. Apollonius betont, daß, wenn er wolle, ihm die Möglichkeit zur Flucht gegeben sei, daß er aber nicht dem Prozeß sich entziehen wolle, sondern ihn durchzustehen beabsichtige[42]. Im Gefängnis lehrt er Philosophie und betätigt sich als Seelsorger der Mitgefangenen[43].

Zu beachten sind auch folgende Einzelheiten: Domitians Anklage ist unbeherrscht, unsachlich und ergeht sich in Schimpfkanonaden. Er bezeichnet den Angeklagten als „γόης", „ἴτης", „ἀλαζών", „φιλοχρήματος", „φρονῶν ὑπὲρ τοὺς νόμους"[44]. Dagegen verteidigt sich Apollonius in großer Sachlichkeit, aber auch im Tone beißender Ironie, wie es eben einem

[37] Zur Verteidigungsrede allgemein vgl. H. Lausberg, Handbuch der literarischen Rhetorik, I, 1960, § 61, 1 b; J. Bompaire, Lucien écrivain, 1958, S. 242 ff.

[38] E. Rohde, Kleine Schriften, II, 1901, S. 165; vgl. W. Schmid – O. Stählin, Geschichte der griechischen Litteratur, II/2, 1924, S. 777.

[39] Das hat mit Recht R. Hirzel, Der Dialog, II, 1895, S. 341 f., herausgestellt.

[40] Philostrat, Vita Apoll. (ed. C. L. Kayser) I, 2; vgl. VII, 16; VIII, 7; 19.

[41] Vita Apoll. VII, 20.

[42] Ib., VII, 19; vgl. 37.

[43] Ib., VII, 22 ff.

[44] Ib., 33.

Philosophen zukommt. Er geht davon aus, daß er im Grunde nicht sich verteidigt, sondern die Philosophie selbst[45].

Als Hauptpunkt der Verteidigung erwartet Domitian, daß Apollonius ein Wunder vollbringt. Er soll sich in Wasser oder in ein Tier verwandeln[46], sich auf diese Weise seiner Fesseln entledigen und vor aller Augen beweisen, daß er kein religiöser Betrüger ist. Apollonius lehnt aber eine solche Demonstration kategorisch ab. Zwar könne er jederzeit ein Wunder, wie das verlangte, vollbringen, er werde es dennoch unterlassen, um die auf dem Spiele stehende „δίκη" nicht zu verletzen, die von ihm erwarte, daß er so, wie er ist, durch den Prozeß hindurchgeht[47].

Philostrat hebt hervor, daß er die Verteidigungsrede aus apologetischen Gründen eingesetzt habe, um den Feinden des Apollonius, die üble Darstellungen über den Weisen verbreiten, entgegenzuwirken[48].

Wie schon bemerkt, ist die Abhängigkeit des Philostrat von der Apologie des Plato offensichtlich. Er selbst gibt zu bedenken, daß die Rede, wie er sie bringt, eigentlich nicht dem Stil eines Philosophen, sondern eines Rhetors entspricht und daß diese Diskrepanz Stoff für neue Verleumdungen liefern kann. Dem Weisen stehe es nun einmal nicht an, sich mit bombastischem Wortschwall, rhetorischen Tricks und Verstellungskünsten verteidigen zu wollen. Zwar müsse selbst der Weise seine Verteidigung gut vorbereiten, aber der Rede solle man diese Vorbereitung nicht anmerken. Vielmehr solle sie in der Haltung von souveräner Überlegenheit sein und auf keinen Fall etwa emotional an das Mitleid der Richter appellieren. Diese Gesichtspunkte sieht Philostrat in der Rede des Apollonius gewahrt, d. h. er hat sie bei der Komposition beachtet[49].

Die Rede führt sogleich zwei Hauptpunkte ins Treffen. Als „wahrer" Hintergrund für den ganzen Prozeß wird die Situation des Domitian aufgedeckt, der sich in einen für ihn gefährlichen Haß gegen die Philosophie hineingesteigert hat. Die Situation des Apollonius sei gegenüber der des Sokrates eigentlich noch schlimmer, denn Sokrates habe man wegen Einführung neuer Dämonen angeklagt, aber ihn nicht selbst wie Apollonius als Dämon bezeichnet. Die Verteidigung stellt also eine Solidarität

---

[45] Ib., VIII, 2. Zu Cicero als „Anwalt der Philosophie" vgl. J. Graff, Ciceros Selbstauffassung, 1963; H. Rahn, Morphologie der antiken Literatur, 1969, S. 161 ff.

[46] Der Topos ist verbreitet: vgl. A. Abt, Die Apologie des Apuleius von Madaura und die antike Zauberei (RVV 4,2, 1908), S. 125 ff. Paulus spielt ironisch in 2Kor 11,13–15 darauf an.

[47] „ταυτὶ μέν", ἔφη, „οὐδ' εἰ δυναίμην, γενοίμην ἄν, ὡς μὴ προδοίην ποτὲ τοὺς οὐδεμιᾷ δίκῃ κινδυνεύοντας, ὢν δ', ὅσπερ εἰμί, πᾶσιν ὑποθήσω ἐμαυτὸν οἷς ἂν περὶ τὸ σῶμα τουτὶ πράττῃς, ἔστ' ἂν ὑπὲρ τῶν ἀνδρῶν ἀπολογήσωμαι". Vgl. 2Kor 10,7; 12,6.

[48] Ib., VIII, 6; VII, 35.

[49] Ib., VIII, 6; rhetorischer Überschwang wird VIII, 7,12 (S. 320) ausdrücklich entschuldigt.

her zwischen der Gefahr, die dem Apollonius und zugleich dem Kaiser droht dadurch, daß beide in Verleumdungen seitens der Ankläger verwickelt seien[50]. Die Anklage habe die lächerliche Behauptung aufgestellt, daß dem mächtigen Autokrator von einem ohnmächtigen Philosophen her Gefahr drohe. Apollonius stellt fest, es gehe in dieser Situation nicht um ein „ἀπολογεῖν", sondern sachgemäß sei allein das „ἐπιτιμᾶν"[51] insofern, als der Philosoph für die Gesetze einzutreten hat, die ja auch wiederum die Autorität des Kaisers garantieren. Demgegenüber seien die Gegner verleumderische Sykophanten, die sich geradezu als Übermenschen aufspielten und vorgäben[52], daß sie wie die Götter auf das Wohl des Kaisers bedacht seien, während sie in Wirklichkeit nur ihren eigenen Vorteilen nachjagten.

Die Verteidigung des Apollonius gegen den Vorwurf der Goetie braucht hier nicht in allen Einzelheiten verfolgt zu werden[53]. Nur einige wesentliche Punkte seien noch unterstrichen.

Apollonius zieht ein Testimonium aus der Vergangenheit heran: sein Zusammentreffen mit dem Vater des Domitian in Ägypten und die dort geführten Gespräche, bei denen einer seiner gegenwärtigen Feinde anwesend war, bezeugen schlüssig, daß er damals als wahrer Philosoph anerkannt war und — das folgt daraus — auch jetzt zu Unrecht angeklagt werde[54].

Ein weiteres Argument ist, wie wir später sehen werden, traditionell[55]. Apollonius legt auseinander, daß alle von den Menschen betriebenen Berufe auf das Geldverdienen aus seien, nur der wahre Philosoph nicht. Der wahre könne deshalb vom falschen Philosophen[56] dadurch unterschieden werden, daß der erste arm und der zweite wohlhabend sei. Als Beweis dafür, daß er arm sei, kann Apollonius einen Brief des Vespasian vorlegen, der diesen Punkt ausdrücklich bezeugt. Die Gegner des Apollo-

---

50 Ib., VIII 7,1.

51 Den Begriff ἐπιτιμία führt auch Paulus 2Kor 2,6 ein, um die „Bestrafung" seines Gegners durch die korinthische Gemeinde zu kennzeichnen. Zur Bedeutung dieses Begriffes vgl. E. Stauffer, ThW II, S. 620–623; Windisch, Zw. Kor., S. 86.

52 Philostr., Vita Ap. VIII, 7,1: ὑπὲρ τοὺς ἀνθρώπους φρονεῖν.

53 Hinzuweisen ist an dieser Stelle auch auf den von V. Martin herausgegebenen Kynikerpapyrus, der ein Gespräch zwischen Alexander d. Gr. und dem indischen Weisen Dandamis enthält. Dandamis vertritt einen platonisierenden Kynismus und entwickelt die Grundzüge dieser Lehre vor Alexander, um diesen dann zur Bekehrung aufzufordern. Vgl. V. Martin, Un recueil de diatribes cyniques: Pap. Genev. inv. 271, Mus.Helv. 16, 1959, S. 77–115; J. Th. Kakridis, Zum Kynikerpapyrus (Pap.Genev. inv. 271), ib. 17, 1960, S. 34–36; G. Ch. Hansen, Alexander und die Brahmanen, Klio 43/45, 1965, S. 351–380; Ders., Gnomon 41, 1969, S. 344 f.

54 Philostr., Vita Ap. VIII, 7,2. Mit einem ähnlichen Beweismittel arbeitet auch Paulus in Gal 1–2; vgl. 2Kor 12,18.

55 Vgl. unten S. 106. 56 Vita Ap. VIII, 7,3: τοὺς γοήτας ψευδοσόφους φημί.

nius hätten dagegen durch ihre Geldgier bewiesen, daß sie ihrerseits Goeten seien. Werde er, Apollonius, aber der Goetie verklagt, so sei seine Goetie eine Goetie ohne Bezahlung, was ein Widerspruch in sich sei. Sehr dramatisch führt Apollonius dies aus, indem er den „Einladungsruf" des Diatribepredigers parodiert[57].

Ein weiterer Zug der Verteidigung besteht darin, daß Apollonius die gegen ihn vorgebrachten Anklagen nicht in Abrede stellt. Er läßt sie gelten und stellt nur ihre Deutung durch die Gegner in Zweifel. Sein angeblich goetenhafter Lebenswandel sei in Wahrheit nichts Goetenhaftes, sondern entspreche den Lebensregeln des Pythagoras[58]. In dieser Weise werden nacheinander alle Anklagepunkte entkräftet oder als absurd erwiesen. Beweis für seine Integrität ist immer wieder, daß er bei allem, was er tat, arm blieb und nie Geschenke annahm und selbst von Domitian nichts annehmen würde. Von einer solchen Haltung unterscheide sich das offensichtliche finanzielle Interesse seines Gegners Euphrates, dessen „κολακεύειν" er dann mit scharfem Sarkasmus schildert[59].

Apollonius versteht es, das ganze Verfahren so zu drehen, daß am Schluß nicht mehr über die konkreten Anklagepunkte verhandelt wird, sondern daß Domitian entscheiden muß, ob Apollonius oder Euphrates der wahre Philosoph bzw. der Goet ist[60]. Die Rede schließt mit einer Empfehlung der Philosophie und einer Verdammung der Verleumdung als des Grundes allen Übels.

Die zweite der hier zu besprechenden Verteidungsreden ist, wenn auch wesentlich umfangreicher, ähnlich angelegt. Sie ist in der Schrift des Apuleius von Madaura „Apologie (De Magia)" erhalten[61]. Der vorausgesetzte Prozeß hat in den Jahren 155–160 n. Chr. stattgefunden[62]. Die Rede gibt sich als Teil des Verfahrens, was ihre schriftstellerische Bearbeitung nicht ausschließt[63]. P. Vallette hat ihre Komposition eingehend untersucht und die zahlreichen Exkurse herausgelöst und auf ihre Herkunft analysiert[64].

Wie Apollonius so ist auch Apuleius, der sich als Platoniker bezeichnet,

---

[57] Ib.: ἴτε, ὦ ἀνόητοι, γοητεύω γάρ, καὶ οὐδ' ὑπὲρ χρημάτων, ἀλλὰ προῖκα, κερδανεῖτε δὲ ὑμεῖς μὲν τὸ ἀπελθεῖν ἕκαστος ἔχων, ὅτου ἐρᾷ, ἐγὼ δὲ κινδύνους καὶ γραφάς. Vgl. 2Kor 11,23 ff.

[58] Ib., VIII, 7,4–6.

[59] Ib., 11: die scharfe Zunge des Gegners verdiene herausgeschnitten zu werden. Vgl. Gal 5,12.

[60] Ib., 16: ... σύ, ὦ βασιλεῦ, δικάζοις, ὁπότερος ἡμῶν φιλοσοφεῖ μᾶλλον·

[61] Ed. R. Helm, 1959. Der wertvolle Kommentar von P. Vallette, L'Apologie d'Apulée, 1908, ist jeweils zu den Fragen der Komposition heranzuziehen (bes. S. 115 ff.).

[62] Vgl. M. Schanz – C. Hosius – G. Krüger, Geschichte der römischen Litteratur, III³, 1922, S. 116.

[63] Vgl. M. Bernhard, Der Stil des Apuleius von Madaura (Tüb. Beitr. z. Altertumswiss., II, 1927), S. 304 ff. weist Nachahmung Ciceros nach.

[64] L'Apologie d'Apulée, passim.

wegen Magie im Zusammenhang mit der Ermordung seines Stiefsohnes angeklagt. Die Widerlegung dieser Anklagen ist weitläufig und detailliert. Im ersten Teil ist sie besonders darauf abgestellt, die Lächerlichkeit der Anklage und die philosophische Überlegenheit des Verfassers darzutun. Hierbei werden allerlei Mittel verwendet, die mit dem konkreten Fall wenig zu tun haben; mancher dieser Topoi findet sich auch in der Rede des Apollonius bei Philostrat.

Schon in der Einleitung behauptet Apuleius, es gehe ihm nicht bloß um die eigene Verteidigung, sondern um die der Philosophie: „sustineo enim non modo meam, uerum etiam philosophiae defensionem ...“[65] „Was dem Gegner Magie ist, ist in Wirklichkeit Philosophie, und sie hat er das Recht zu verteidigen.“[66]

An zahlreichen Stellen zitiert Apuleius die Anklageschrift, um die dort vorgebrachten Dinge von allen Seiten zu beleuchten und sie solange hin- und herzudrehen, bis ihre Absurdität erwiesen ist. Wie er dabei vorgeht, läßt sich gleich zu Anfang gut beobachten. Er zitiert den in höflichen Worten abgefaßten Eingang der Anklageschrift: „accusamus apud te philosophum formonsum et tam Graece quam Latine ... disertissimum.“[67] Diese durchaus harmlos gemeinten Worte werden im folgenden unter die philosophische Lupe genommen. Zunächst, so argumentiert Apuleius, sei es durchaus kein Verbrechen, wenn ein Philosoph angenehme Gesichtszüge aufweise; Pythagoras, Zeno und Plato werden dafür als Zeugen aufgeführt. Jedoch treffe eine solche Beschreibung auf ihn keinesfalls zu, denn er sei von Natur aus durchschnittlichen Aussehens und überdies von der dauernden wissenschaftlichen Arbeit ausgezehrt und heruntergekommen[68]. Vorausgesetzt ist, daß das wenig ansehnliche Äußere eher dem philosophischen Stande zukommt als körperliche Schönheit. Das gleiche gilt von dem zweiten Punkte, der so hingedreht wird, als teilten ihm seine Gegner „eloquentia“ zu[69]. Leider, so bedauert Apuleius ironisch, besäße er trotz aller Anstrengung von dieser Fähigkeit nichts, so daß seine Gegner in diesem Punkte wenig von ihm zu befürchten hätten. Die einzige Redefertigkeit, die er vorzuweisen habe, sei seine „innocentia“[70]. Freilich ist all dies reine Untertreibung, denn die Rede ist eben, wie R. Helm urteilt, „ein Meisterwerk der zweiten Sophistik“[71].

Überhaupt sind Ironie und Sarkasmus die Hauptwaffen des Apuleius. Wieder geht die Tendenz dahin, die gegen ihn erhobenen Anklagen als die gleichen hinzustellen, die auch gegen Sokrates vorgebracht wurden[72],

[65] 3, S. 3, Z. 21 f.; 4, Z. 2 f.; vgl. 103, S. 113 f. Helm.
[66] Schanz-Hosius-Krüger, S. 116. [67] 4, S. 5, Z. 4–5.
[68] 5, S. 6, Z. 4–15. [69] 5, S. 6, Z. 16 ff. [70] Ib., Z. 25.
[71] R. Helm, Apuleius' Apologie – ein Meisterwerk der zweiten Sophistik (Das Altertum I, 1955, S. 86–108).
[72] Zur Vorbildlichkeit des Sokrates vgl. 15, S. 17, Z. 14 ff.; 18, S. 22, Z. 12; 27, S. 31, Z. 25.

um dann großzügig seine Bereitschaft zu erklären, sich mit Plato zusammen schuldig sprechen zu lassen[73].

Ein weiterer Anklagepunkt bezog sich auf die Freilassung von Sklaven; er wird von Apuleius so hingedreht, als werde ihm die Armseligkeit seiner Haushaltsführung zur Last gelegt. Natürlich ist es absurd, einen Philosophen wegen seiner Armut zu beschimpfen, ist Armut doch der einzig ihm zustehende Ruhm[74]. Einmal bei diesem Thema angekommen, schöpft Apuleius reichlich aus traditionellen Vorräten. Wir bekommen eine Laudatio auf die „paupertas" vorgesetzt[75] und werden auf die vorbildliche Armut des Homer und des Sokrates verwiesen[76]. Vallette[77] hat mit breitem Material bewiesen, daß es sich hier um einen weit bezeugten Topos der kynischen Popularphilosophie handelt, der mit Sokrates[78] in Verbindung gebracht ist: „eadem est enim paupertas apud Graecos in Aristide iusta, in Phocione benigna, in Epaminonda strenua, in Socrate sapiens, in Homero diserta."[79] Solche und andere kynische Einflüsse finden sich bei Apuleius reichlich, wie Vallette zeigt[80], obwohl der Philosoph ausdrücklich bekennt[81], er sei Platoniker und nicht Kyniker. Die ganze Abhandlung über die „paupertas" stammt aber aus kynischer Quelle[82]; zur Zeit des Apuleius sind die Grenzen der philosophischen Schulen eben so verwischt, daß Stoffe hin- und herwandern können.

Unmittelbar darauf folgend muß Apuleius freilich zugeben, daß er keineswegs arm, sondern im Besitze eines stattlichen Vermögens ist. Jedoch beteuert er, daß er sich dennoch von seinen geldgierigen Gegnern dadurch unterscheidet, daß er sein Vermögen im Dienste der Philosophie verzehrt[83].

Ohne wirklichen Anlaß sieht sich Apuleius dann gezwungen, seine Herkunft aus Numidien zu verteidigen. Diese Herkunft könne in keinem Falle ein „pudendum" sein, denn die Menschen seien von Natur aus gleich und unterschieden sich nur durch ihre Tugenden[84]. Überdies könne er mit dem, was er erreicht habe, durchaus unter seinen Zeitgenossen bestehen. Man versteht diese merkwürdige Verteidigung nur, wenn man berücksichtigt, daß es sich um einen bekannten Topos[85] handelt, der wohl

[73] 13, S. 15, Z. 7.

[74] 17, S. 20, Z. 18–20.

[75] 18, S. 21, Z. 17 ff. Stilistisch ist 1Kor 13 zu vergleichen.

[76] 18, S. 22, Z. 12. Zur Armut Homers vgl. J. Koehm, Zur Armut Homers (Apuleius, Apol. 18), Philol. Wochenschrift 36, 1916, Sp. 1158 f.

[77] L'Apologie d'Apulée, S. 129 ff.

[78] Vgl. Xenophon, Symp. 4,34 ff., sowie unten S. 108 ff.

[79] Apuleius, Apol. 18, S. 22, Z. 10–12.

[80] L'Apologie d'Apulée, S. 152 ff.

[81] Apol. 39, S. 44, Z. 12 ff.

[82] Kap. 18–22, S. 21–26.

[83] Ib., 23, S. 27.

[84] Ib., 24, S. 27–28.

[85] Vgl. Vallette, L'Apologie, S. 156 f., sowie unten S. 97.

an Sokrates anschließt und jedenfalls bereits bei Bion vorliegt[86]. Im 25. Kapitel kommt Apuleius dann auf den Hauptanklagepunkt, das „crimen magiae", zu sprechen. Die Verteidigung wird eingeleitet mit einer kleinen Abhandlung über die Magie, in der Apuleius wiederum auf eine stattliche Anzahl berühmter Philosophen[87] verweisen kann, deren „curiositas"[88] ebenfalls als Magie ausgelegt wurde. Er kann sich selbst gratulieren, in eine solch prominente Gesellschaft eingereiht zu werden[89].

Aus dem bisher Dargelegten wird man einen genügenden Eindruck davon bekommen können, welcher Art diese „Apologien" gewesen sind. Offenbar hat es sie aber nicht nur im 2. Jahr. n. Chr., sondern bereits früher gegeben.

In eine frühere Zeit führt uns ein weiteres Beispiel einer Apologie. Der jüdische Historiker Josephus verteidigt in der Schrift „Contra Apionem" Mose gegen den von dem Rhetor Apollonius Molon erhobenen Vorwurf, Mose sei ein Scharlatan (γόης) gewesen[90]. Er bezieht sich dabei auf des Apollonius Schrift „κατὰ Ἰουδαίων", in der nicht bloß dieser Vorwurf aufgebracht, sondern auch das gesamte Judentum der Gottlosigkeit, des Menschenhasses, der Dreistigkeit und des Wahnwitzes angeklagt wurde[91]. In seiner Apologie[92] stellt Josephus Mose, damit natürlich auch sich selbst, auf die Seite der Philosophen, indem er die griechischen Philosophen zu den Nachfolgern des Mose erklärt und indem er diesen gegen den Rhetor verteidigt[93]. Apollonius und seinesgleichen gehörten dagegen auf die Seite der aufgeblasenen Sophisten[94].

Aus dem rabbinischen Judentum haben wir keine vergleichbaren Texte. Hinzuweisen ist aber im Rahmen unseres Problems auf den rätselhaften und vieldiskutierten Bericht über die Exkommunikation

---

86 Bion bei Diog. L. 4,46; vgl. O. Hense, Telet. reliq., 1909², S. LXXXV ff., sowie 2Kor 11,22 ff. (s. dazu unten S. 97).

87 Darunter Sokrates wegen seines Daimonions (Apol. 27, S. 31, Z. 25 f.).

88 Vgl. zu diesem Begriff Vallette, L'Apologie, S. 322 ff.; S. Lancel, „Curiositas" et préoccupations spirituelles chez Apulée, Revue de l'Histoire des Religions 160, 1961, S. 25–46; H. D. Betz, ZThK 63, 1966, S. 168.

89 Apol. 27, S. 31: gratulor igitur mihi, cum et ego tot ac tantis uiris adnumeror.

90 Josephus, contra Ap. II, 145 (ed. Niese): ... ὡς γόητα καὶ ἀπατεῶνα ... Vgl. E. Schürer, Geschichte des jüdischen Volkes, III⁴, 1909, S. 400–403; G. Hölscher (PW IX, 1916, Sp. 1994–1997).

91 Ib., 148: ... ὡς ἀθέους καὶ μισανθρώπους λοιδορεῖ, ποτὲ δ' αὖ δειλίαν ἡμῖν ὀνειδίζει, καὶ τοὔμπαλιν ἔστιν ὅπου τόλμαν κατηγορεῖ καὶ ἀπόνοιαν.

92 Ib., 147: οὐ γὰρ ἐγκώμιον ... ἀλλὰ πολλὰ καὶ ψευδῆ κατηγορουμένοις ἡμῖν ταύτην ἀπολογίαν ...

93 Ib., 168; 255; 257; 281. Bemerkenswert ist, daß Apollonius Molon eine Schrift κατὰ φιλοσόφων geschrieben hat, in der Kritik am Orakel des Sokrates geübt wurde (Schol. Aristoph. Nubb. 144, bei Jacoby, FGH, III C 2, S. 689, Z. 25–28).

94 Ib., 236: ... ἀδόκιμοι σοφισταί, μειρακίων ἀπατεῶνες, ὡς πάνυ ἡμᾶς φαυλοτάτους ἀνθρώπων λοιδοροῦσιν. Vgl. 255; 295.

des R. Eliezer b. Hyrkanus. Dieser Bericht befaßt sich eigenartigerweise mit dem Problem, ob eine bestimmte Toraauslegung durch Wunder beweisbar ist oder nicht. Es ist damit zu rechnen, daß dieses Problem wie auch die Wunderfrage überhaupt eine größere Rolle im 1. Jahrh. gespielt hat. Jedoch bewirkt der Mangel an überliefertem Material, daß wir über die Einstellung der Rabbinen des 1. Jahrh. zum Wunder und den damit zusammenhängenden Fragen wenig wissen. A. Guttmann[95] bemängelt darüber hinaus in einer diesem Problem gewidmeten, interessanten Studie: „There has been hardly any study on the significance of miracles in Judaism of the Talmudic period." Das von Guttmann zusammengestellte Material bietet denn auch für unsere Fragestellung fast nichts. Der Grund mag darin liegen, daß — wie Guttmann meint — im rabbinischen Judentum die Skepsis gegenüber Wundern desto stärker wurde, je mehr im Urchristentum diese Wunder geschätzt wurden[96]. Das karge talmudische Material läßt darum auch keinen entsprechenden Schluß zu auf die Verhältnisse im Judentum des 1. Jahrh.; es ist damit zu rechnen, daß im 1. Jahrh. Wunder eine ungleich größere Rolle spielten und deshalb auch in so starkem Maße von der christlichen Missionspropaganda in Anspruch genommen werden konnten.

Eine Ausnahme macht in dieser Hinsicht eben das talmudische Traditionsmaterial, das von der Exkommunizierung des R. Eliezer b. Hyrkanus handelt[97]. Es ist bekannt, daß der Rabbi dem Christentum nahestand[98] und daß er trotz seiner hervorragenden Stellung in den Bann getan wurde. Den Grund für diese Maßnahme lassen die Quellen in einem merkwürdigen Dunkel, entweder weil dieser im Laufe der Zeit in Vergessenheit geriet oder weil er absichtlich unterdrückt wurde[99]. Kann diese Frage wohl nie mehr mit einiger Sicherheit entschieden werden, so ist dennoch ein Passus in B. Baba Mezia 59 a—b für unsere Frage von einiger Bedeutung. Dieser Passus[100] ist im Talmud einzigartig und enthält viele unerklärte Einzelheiten; er macht den Eindruck eines Fragmentes, das ursprünglich in einem anderen Zusammenhang gestanden hat.

Es geht um eine Auseinandersetzung zwischen R. Eliezer auf der einen Seite und den „Gelehrten" („החכמים") auf der anderen Seite hinsichtlich

---

[95] A. Guttmann, The Significance of Miracles for Talmudic Judaism, HUCA XX, 1947, (S. 363—406), S. 364.

[96] Ib., S. 397 ff.; vgl. Strack-Billerbeck, I, S. 726 f.; II, S. 480.

[97] Vgl. B. Z. Bokser, Pharisaic Judaism in Transition: R. Eliezer the Great and Jewish Reconstruction after the War with Rome, 1935. Wertvolle Beratung verdanke ich an dieser Stelle meinem Kollegen Dr. M. Sands, der mir auch Einblick gewährte in seine ungedruckte Dissertation über „R. Eliezer ben Hyrcanus: His Life and Teachings", 1966.

[98] Vgl. Guttmann, Significance, S. 386.

[99] Ib.

[100] Vgl. die Analysen bei Guttmann, S. 374 ff.

der Reinheit oder Unreinheit des „Ofens von Aknai“[101]. R. Eliezer erklärt ihn für rein, die Gelehrten für unrein. Es heißt, daß R. Eliezer jedes erdenkliche Argument für seine Auffassung vorbrachte, ohne jedoch die Gelehrten überzeugen zu können. „Hierauf[102] sprach er: Wenn die Halakha wie ich ist[103], so mag dies jener Johannisbrotbaum beweisen! Da rückte der Johannisbrotbaum hundert Ellen von seinem Orte; manche sagen: vierhundert Ellen. Sie aber erwiderten: Man bringt keinen Beweis von einem Johannisbrotbaume. Hierauf sprach er: Wenn die Halakha wie ich ist, so mag dies dieser Wasserarm beweisen! Da trat der Wasserarm zurück. Sie aber erwiderten: Man bringt keinen Beweis von einem Wasserarme. Hierauf sprach er: Wenn die Halakha wie ich ist, so mögen dies die Wände des Lehrhauses beweisen! Da neigten sich die Wände des Lehrhauses [und drohten] einzustürzen. Da schrie sie[104] R. Jehošuȧ an und sprach zu ihnen: Wenn die Gelehrten einander in der Halakha bekämpfen, was geht dies euch an! Sie stürzten hierauf nicht ein, wegen der Ehre R. Jehošuȧs, und richteten sich auch nicht gerade auf, wegen der Ehre R. Eliȅzers; sie stehen jetzt noch geneigt. Hierauf sprach er: Wenn die Halakha wie ich ist, so mögen sie dies aus dem Himmel beweisen! Da erscholl eine Hallstimme und sprach: Was habt ihr gegen R. Eliȅzer; die Halakha ist stets wie er. Da stand R. Jehošuȧ (auf seine Füße) auf und sprach: *Sie ist nicht im Himmel*[105]. — Was heißt: sie ist nicht im Himmel? R. Jirmeja erwiderte: Die Tora ist bereits vom Berge Sinaj her verliehen worden. Wir achten nicht auf die Hallstimme, denn bereits hast Du am Berge Sinaj in die Tora geschrieben: *nach der Mehrheit zu entscheiden.*“[106]

Im Anschluß an diese Ereignisse habe man R. Eliezer in den Bann getan.

Obwohl R. Jehošua diese dramatische Szene eine Halakha-Debatte nennt, geht das Erzählte doch beachtlich darüber hinaus und sieht eher nach einem Ketzerprozeß aus. Das für uns Interessante ist, daß R. Eliezer seine Auffassung durch spektakuläre Wunder beweist, von denen das eindrucksvollste das Erschallen der Bat-Kol ist. Der völlig klaren Überlegenheit R. Eliezers steht nun aber die scharfe Ablehnung aller Wunder durch die Gelehrten entgegen, die sich nicht scheuen, gegen den erklärten Spruch der Bat-Kol abzustimmen. Sie berufen sich darauf, daß selbst ein in ihrer Gegenwart geschehendes Wunder die am Sinai erlassene Torabestimmung nicht außer Kraft setzen könne. Diese Torabestimmung aber legt fest, daß rabbinische Diskussionen durch Mehrheitsbeschluß, nicht aber durch Wunderzeichen entschieden werden.

---

[101] Was es damit auf sich hat, versucht M. Sands in seiner Anm. 97 genannten Arbeit zu klären.

[102] Zitiert ist die Übersetzung von Goldschmidt, VII, S. 637.

[103] D. h.: mit meiner Auffassung übereinstimmt.

[104] D. h.: die Wände. [105] Dt 30,12. [106] Ex 23,2.

Was bedeutet diese eigenartige Szene? Man wird mit aller Vorsicht sagen können, daß sie das Vorgehen der Gelehrten rechtfertigen soll. Vorausgesetzt wird dabei, daß es um eine theologische Entscheidung geht, in der das von R. Eliezer vorgenommene Verfahren verworfen wird. Verworfen wird damit auch die in der Szene implizit enthaltene Synkrisis-Vorstellung[107]: es hätte ja für die Gelehrten nahegelegen, die Wunder des R. Eliezer durch noch größere Wunder zu überbieten. Jedoch verzichten die Gelehrten auf jede Synkrisis! Im Gegenteil: der ausgesprochene Bann besagt nicht, daß die Gelehrten etwa aufhörten, Eliezer als den im Grunde Größeren zu verehren.

Es ist wahrscheinlich, daß in dieser Szene Historisches in Legendenform überliefert ist, obwohl beides durchaus unklar bleibt. Man wird aber soviel sagen können, daß sich innerhalb des rabbinischen Judentums zwei Richtungen gegenüberstehen: die dem Wundertun positiv zugetane Richtung des R. Eliezer und die Mehrheit unter R. Jehošua, die Wunder als Beweismittel radikal ablehnt. Man wird vermuten können, daß es im 1. Jahrh. beide Richtungen gegeben hat und daß die wunderkritische Richtung, vielleicht in Reaktion gegen das wundergläubige Christentum, sich schließlich durchgesetzt hat. Versetzen wir den Apostel Paulus in eine analoge Szene, so hätte man von ihm verlangt, was R. Eliezer zu wirken bereit war. Paulus aber hätte derartige Wunderbeweise abgelehnt und, natürlich in christlicher Form, die Haltung der Gelehrten eingenommen. Möglicherweise geht die Einstellung der Gegner des Paulus auf eine entsprechende jüdische Richtung zurück, während der ehemalige Pharisäer Paulus den Gelehrten nahesteht. Leider läßt sich der Hintergrund des Ausschlußverfahrens gegen R. Eliezer nicht mehr erkennen; so können wir auch nicht mehr erkennen, ob noch weitere Beziehungen zwischen dem Verfahren gegen den Rabbi und dem Verfahren gegen Paulus vorliegen.

Was läßt sich nun aus unseren bisherigen Beobachtungen entnehmen?

Die Parallelen, die trotz aller Unterschiede zwischen den einzelnen Apologien und sogar dem rabbinischen Text bestehen, lassen sich nicht übersehen. Die besonders bei Apuleius deutliche Tendenz, Verteidigungsreden mit Topoi aus der Popularphilosophie anzureichern, läßt darauf schließen, daß bestimmte Topoi in solchen Apologien üblich waren. Parallel ist die Tendenz in den Reden, die Verteidigung des Philosophen zugleich als Verteidigung der Philosophie hinzustellen, die Anklagepunkte so zu drehen, daß sie zu Anklagepunkten werden, wie sie gegen berühmte Philosophen erhoben wurden, und natürlich die Rolle des Sokrates als des schlechthinnigen Vorbildes für alle Prozesse gegen „Philosophen". Unter den Augen des Hörers oder Lesers gestaltet sich der Prozeß gegen den

---

[107] Vgl. unten S. 119 ff.

„Philosophen“ unversehens zu einer Wiederholung des Prozesses gegen den großen Athener. Damit ist zugleich auch die Absurdität des Prozesses erwiesen und die Freilassung des Angeklagten sichergestellt!

Eine eigentliche Widerlegung erübrigt sich nämlich, sobald die „wahre“ Natur der Anklage erwiesen ist. Der Philosoph kann dem Richter bzw. dem Leser überlassen, die Konsequenz aus der Rede zu ziehen. Der Mechanismus ist derselbe: der Philosoph wird wegen „γοητεία“ angeklagt; er verteidigt sich im Namen der Philosophie, indem er zeigt, daß die Anklagen unsinnig und die Ankläger Sophisten sind, die sich an einem „wahren“ Philosophen vergreifen wollen. Beweis ist allemal, daß der Philosoph arm und ohnmächtig ist, während die Sophisten über Wohlstand, politischen Einfluß und das ganze Arsenal rhetorischer Spiegelfechterei verfügen. Wir werden den Schluß nicht umgehen können, daß dieses Schema weiter verbreitet war, und werden daher nicht erstaunt sein, wenn wir es in der Apologie des Paulus wiederfinden.

Es soll schließlich auf die Notwendigkeit aufmerksam gemacht werden, sorgfältig zwischen tatsächlichen Anklagepunkten und ihrer Verdrehung durch den Verteidiger zu unterscheiden. Beide sind, wie wir sahen, keinesfalls identisch. Besonders bei Apuleius fallen Anklage auf Zauberei und Mord einerseits und Verteidigung des Philosophen andererseits auseinander. Das läßt die Vermutung zu, daß beides ursprünglich selbständig bestanden hat und nur künstlich miteinander verbunden ist. Diese Vermutung bestätigt sich durch Josephus in c. Apionem. Dort geht es nicht um einen öffentlichen Prozeß, sondern um eine literarische Fehde, die Josephus so behandelt, als sei diese eins mit dem Kampf zwischen Rhetorik und Philosophie; selbstverständlich läßt Josephus das Judentum auf die Seite der Philosophen und die antijüdischen Schriftsteller auf die Seite der Sophisten zu stehen kommen.

In den Schriften Philos findet sich die gleiche Tendenz. Der „γόης“ ist zunächst der falsche Prophet, der vorgibt, inspiriert zu sein, und falsche Logien und Orakel produziert, um die Gläubigen zu verführen[108]. Darüber hinaus setzt Philo im Einklang mit hellenistischem Sprachgebrauch „γοητεία“ mit Pseudophilosophie gleich, d. h. mit der „Sophistik“, und stellt ihr den „königlichen Weg“ der „wahren“ Philosophie entgegen[109]. Auch bei Philo ist Mose der, der den „sophistischen“ Weg als „γοητεία“ ablehnt[110].

---

[108] De spec. leg. I, 315; De somn. I, 220; vgl. auch Josephus, Ant. XX, 97, wo der selbsternannte Prophet und Wundertäter Theudas ein γόης genannt wird. Das entspricht der hellenistischen Vorstellung: vgl. Plutarch, De superst. 165 F; De Pyth. orac. 407 C; Cicero, De div. I, 85,132. Siehe auch Josephus, Bell. IV, 85; 2Makk 12,24 in politischer Bedeutung.

[109] De post. Caini 101; De praem. 25; Quis rer. 302–306.

[110] De opif. 2; 8. Auch bei Philo wird die Gestalt des Sokrates im Grunde positiv beurteilt (vgl. De somn. I, 58; De vita contempl. 57). Der hellenistische

Philo und Josephus sind jedoch nicht die ersten, die das Judentum als „wahre Philosophie" bezeichnet haben; schon seit dem 4. Jahrh. v. Chr. nennt man auf griechischer Seite die Juden „Philosophen"[111], eine Bezeichnung, die von der späteren jüdisch-hellenistischen Apologetik gern aufgegriffen wurde[112]. Es ist daher verständlich, wie Philo und Josephus ihren Kampf gegen den Antijudaismus mit dem der „wahren Philosophie" gegen die Sophistik gleichzusetzen vermochten. Der Prolog[113] von Justins Dialogus c. Tryphone zeigt dann, wie dieses Schema in die christliche Apologetik übernommen wurde: die „wahren" Philosophen sind die Propheten[114], während insbesondere die gegenwärtige „vielköpfige" Philosophie sich als bloße Pseudophilosophie und Sophistik herausstellt[115]. Wenn Justin berichtet, wie er als wahrheitssuchender Mensch von einer philosophischen Schule zur anderen läuft, um immer wieder zu entdecken, daß sich deren Vertreter als Pseudophilosophen entpuppen, so ist auch dies ein bekannter Topos aus der Philosophenverspottung[116].

Aber auch das Gegenstück zur Verteidigungsrede, nämlich die Anklagerede zum Zwecke der Überführung von Goeten, findet sich in der philosophischen Tradition kynischer Richtung[117].

R. Reitzenstein[118] hatte zuerst auf eine Gruppe literarischer Texte aufmerksam gemacht, die sich die Bekämpfung und Entlarvung des Goetentums zur Aufgabe gemacht haben. Er nennt vor allem eine Reihe von Schriften des Lukian: De morte Peregrini, Alexander, Philopseudes, Verae

---

Gebrauch von γοητεία zeigt sich auch in den bei Philo zusammengestellten Schimpfwortkatalogen (vgl. Quis rer. 302; De sacr. 32; De decal. 125; De somn. I, 220; II, 40; Leg. 162; De praem. 8; De plant. 106; De opif. 165.

[111] Vgl. M. Hengel, Judentum und Hellenismus (WUzNT, 10, 1969), S. 464 ff. Hingewiesen sei auch auf den lehrreichen Aufsatz von E. Bikerman, La chaîne de la tradition pharisienne (RB 59, 1952, S. 44—54).

[112] Hengel, S. 482.

[113] Vgl. zur Umgestaltung des Prooemiums in ein Rahmengespräch G. Zoll, Cicero Platonis Aemulus, 1962, S. 87 ff.

[114] Justin, Dial. 7. Man könnte vermuten, daß der unbekannte Alte, der plötzlich auftaucht und diese Lehre vorträgt, um dann wieder zu verschwinden, den Sokrates spielt (vgl. Dial. 3); nach den Angaben bei I. C. Th. Otto, Iustini Opera, I/2[3], 1877, S. 11 Anm. 3 handelt es sich aber um ein weiter verbreitetes Motiv, zu dem wohl auch der Greis Pherekrates in den Dialogen des Dikaiarch gehört. Vgl. dazu Cicero, Tusc. I,21; F. Wehrli, Die Schule des Aristoteles, I, 1944, Fragm. 7; Zoll, Cicero, S. 33.

[115] Justin, Dial. 2, vgl. 7.

[116] Vgl. unten S. 34 ff.

[117] Zur Anklagerede allgemein vgl. Lausberg, Handbuch, I, § 61, 1 a; Bompaire, Lucien, S. 242 ff.

[118] R. Reitzenstein, Hellenistische Wundererzählungen, 1963[2], S. 35 ff. Vgl. auch den Exkurs bei Philostrat, Vita Ap. VII, 39, auf den Reitzenstein (S. 39 Anm. 1) hinweist und der eine Parallele bei Apuleius, De magia 25, S. 29, Z. 25 ff. hat. Vallette, L'Apologie, S. 55, macht auch auf Plato, Alcib. I, 121 E und Dio Chrys. 36,41; 49,7 aufmerksam.

historiae. Bei allen diesen Schriften handele es sich um parodistische Nachbildungen von „Propheten-Aretalogien" bzw. philosophischer Praxeisliteratur. Religiöses Goetentum und philosophische Praxeisliteratur sind zu dieser Zeit längst ineinander übergegangen, so daß im lukianischen Schrifttum „γόης" und Pseudophilosoph zumeist identisch sind. Daß es sich bei diesen Schriften um „eine feste Literaturgattung" handelt, ist mit Recht anzunehmen, selbst wenn man zwischen den einzelnen Formen dieser Gattung stärker unterscheiden wird als Reitzenstein[119].

Mit dieser Literatur hängt in irgendeiner Weise die Schrift des Kynikers Oenomaus von Gadara (um 120 n. Chr.) mit dem Titel „Überführung von Goeten" („Γοήτων φωρά") zusammen[120]. Aus dieser Schrift hat Eusebius[121] längere Zitate überliefert, aus denen deutlich wird, daß die Schrift eine scharfe Widerlegung des Orakelglaubens zum Inhalte hatte. I. Bruns[122] zeigt Berührungen auf zwischen Oenomaus und den Satiren des Lukian (Iupiter trag. und Iup. confut.)[123].

Lukian selbst ist, wie R. Helm[124] nachgewiesen hat, stark von dem schriftstellerisch einflußreichen Kyniker Menipp von Gadara in Phönikien (3. Jh. v. Chr.) angeregt worden. Von dessen Lebensumständen ist nur Legendäres erhalten; von seinem literarischen Wirken können wir uns jedoch eine bessere Vorstellung machen. Seine Schriften hatten satirischen Charakter und arbeiteten stark mit den Mitteln kynischer Ironie und Parodie.

Bekannte Themen[125] sind die Nekyia, die Himmelfahrt, Götterversammlungen, Himmelsbriefe. Daneben werden die philosophischen Schulen in „Philosophenversteigerungen" (als Parodien der bekannten Versteigerung des Diogenes) und „Symposien" verspottet. Menipps Leistung besteht in der Verbindung verschiedener Elemente: des älteren Mimus[126], der sokratischen Ironie, Parodien dramatischer Stoffe und des philosophischen Dialogs[127]. Aus diesen schuf er, wie es scheint, als erster die satirische Form der Diatribe. Im Mittelpunkt dieser Diatriben stand nun der

---

119 Reitzenstein, Wundererzählungen, S. 39 Anm. 1; vgl. Bompaire, Lucien, S. 457 ff., 471 ff.; Lausberg, Handbuch, I, § 376.

120 Über Oenomaus vgl. H. J. Mette (PW XVII/2, 1937, Sp. 2249–2251).

121 Eusebius, Praep. evang. V, 19 ff.; vgl. Hirzel, Dialog, II, S. 261.

122 I. Bruns, Lucian und Oenomaus, Rh.M. 44, 1889, S. 374–396.

123 Vgl. auch die Beschimpfung des delphischen Apollo als hungerleidenden γόης, der Orakel um Geldes willen gibt, in einer „Apollon-Aretalogie" aus Delphi (2. Jh. n. Chr.), über die W. Schubart gehandelt hat: Aus einer Apollon-Aretalogie, Hermes 55, 1920, S. 188–195.

124 R. Helm, Lucian und Menipp, 1906 (Neudr. 1967); Ders., PW XV, 1931, Sp. 888–893; vgl. Bompaire, Lucien, S. 350 ff.

125 Diog. L. 6,99–101.

126 Vgl. auch H. Reich, Der Mimus, I/1, 1903, S. 388 ff.

127 Hirzel, Dialog, I, S. 380 ff.; vgl. A. Gerhard, Phoinix von Kolophon, 1909, S. 228 ff.

scharfe Kampf gegen den religiösen Aberglauben, aber auch vor allem gegen alle Formen religiösen und philosophischen Goetentums. Nicht nur Lukian, sondern auch die römischen Satiriker Seneca, Varro, Horaz und Petronius sind von Menipp bestimmt worden; einzelnes ist vielleicht auch in die Schriften Philos und Epiktets eingegangen[128]. Menippische Satiren schrieb auch der Kyniker Meleagros (1. Jahrh. v. Chr.), der ebenfalls aus Gadara stammte; erhalten sind davon nur Titel[129].

Bestrebungen zur Entlarvung von Goeten müssen weit verbreitet gewesen sein. Nur so läßt sich erklären, warum in den Biographien der „θεῖοι ἄνδρες" diese regelmäßig gegen den Vorwurf der Goetie verteidigt werden[130]. Der Kampf gegen das Goetentum ist sicher nicht auf den Kynismus beschränkt gewesen, obwohl er hier seine größte Kraft entfaltete[131]. Die bedeutendste Schrift dieser Gattung war wohl der „'Αληθὴς λόγος" des Celsus. Vorher aber schon fand der antigoetische Kampf Eingang auch in das Judentum und Urchristentum[132]. Bevor wir aber darauf eingehen, soll zunächst ein Blick auf den Begriff des „γόης" selbst geworfen werden.

W. Burkert[133] hat ihn zuletzt in seinem schon genannten Aufsatz untersucht. Im Anschluß an K. Meuli[134] und E. R. Dodds[135] sieht er den „γόης" im ursprünglichen Zusammenhang mit dem sog. „Schamanentum". Schon bei Plato ist der ursprünglich positiv gemeinte Begriff des „γόης", analog dem des „μάγος"[136], zum Schimpfwort entartet. Mit ihm bezeichnet man allgemein den Lügner und Betrüger, den Scharlatan; als Synonyme erscheinen „ψεύστης", „ἀπατεών", „ἀλαζών", „μάγος", „φέναξ" und „σοφιστής"[137]. Burkert kann darum den späteren Gebrauch allgemein so kennzeichnen: „... das Wahre, Gesunde ist diametraler Gegensatz zur γοητεία. Wenn etwas als γοητεία entlarvt ist, dann ist das Urteil gespro-

---

128 Helm, Lucian und Menipp, S. 241 ff.

129 Vgl. J. Geffcken, PW XV, 1931, Sp. 481–488. Die kulturelle Bedeutung der Stadt Gadara wird besonders von Hengel herausgestellt (Judentum und Hellenismus, S. 153 ff.).

130 Vgl. Th. Hopfner, Offenbarungszauber, II, S. 27 ff.; L. Bieler, ΘΕΙΟΣ ΑΝΗΡ, I, 1935, S. 83–87; H. D. Betz, Lukian von Samosata und das Neue Testament (TU, 76, 1961), S. 111 ff.; G. Petzke, Die Traditionen über Apollonius von Tyana und das Neue Testament (Studia ad Corpus Hellenisticum Novi Testamenti, 1, 1970), S. 194.

131 Daß der Kynismus der Mantik feindlich gegenüberstand, zeigt J. Bernays, Lucian und die Kyniker, 1879, S. 30 ff.

132 Vgl. W. Burkert, ΓΟΗΣ. Zum griechischen „Schamanismus", Rh.M. 102, 1962, (S. 36–55), S. 50.

133 S. die vorige Anm.; vgl. auch G. Delling, ThW I, S. 737 f.

134 K. Meuli, Scythica, Hermes 70, 1935, S. 121–176.

135 E. R. Dodds, The Greeks and the Irrational, 1951, S. 135 ff.

136 Vgl. G. Delling, ThW IV, S. 360–363.

137 Burkert, ΓΟΗΣ, S. 38, 50 ff.

chen."[138] Besonders wichtig ist für unsere Fragestellung die frühe Gleichsetzung des „γόης" mit der aus der Alten Komödie bekannten Figur des „ἀλαζών"[139]. Als „ἀλαζόνες" gelten vorwiegend religiöse Scharlatane, Orakelverkäufer usw., aber auch Sophisten, Naturphilosophen und Rhetoren[140]. So wird verständlich, wie in diese Begrifflichkeit der alte Gegensatz zwischen Philosophen und Sophisten bzw. Rhetoren hineinprojiziert werden konnte.

Diese Auseinandersetzung ist, wie wir bereits bemerkten, seit Beginn mit der Person des Sokrates verbunden[141]. Im platonischen Menon muß Sokrates sich sagen lassen, im Grunde sei er ein „γόης"; Menon scheint mit diesem Urteil nur eine verbreitete Meinung wiederzugeben[142]. Freilich könnte dahinter letztlich nur platonische Tendenz stecken. Aber nun wird Sokrates auch bei Xenophon, wohl mit apologetischer Abzweckung, betont von der „ἀλαζονεία" abgerückt[143]. In die Zeit des historischen Sokrates weisen die „Wolken" des Aristophanes. Hier ist aller Wahrscheinlichkeit nach eine Figur aus den frühen Philosophenkomödien, die des „Alazon doctus", des kahlköpfigen Narren („μωρὸς φαλακρός"), „des abstrus gelehrten Meteorologen, des unverschämten Hungerleiders und des zynischen Aufklärers in seiner Sokratesfigur zu einer widerspruchsvoll lebendigen Einheit verschmolzen ..."[144]. Wie es um die historische Frage des aristophanischen Sokrates auch bestellt sein mag, so hat diese Figur doch in der Folgezeit zu der die Sokratesliteratur bestimmenden Tendenz geführt, einen Sokrates zu schildern, der das Gegenteil des aristophanischen ist[145]. Wenn Sokrates in den „Wolken" den Typ des „Alazon doctus" verkörpert[146], so werden sich dahinter Vorstellungen der Zeitgenossen verbergen,

---

138 Ib., S. 50 unter Berufung auf Plato, Resp. 584 A.

139 Ib., S. 51; vgl. O. Ribbeck, Alazon, 1882, der unter den synonymen Ausdrücken auch σπερμολόγος nennt, ein Schimpfwort, das Act 17,18 von den athenischen Philosophen auf Paulus angewendet wird. Vgl. G. Delling, ThW I, S. 227 f.

140 Vgl. Burkert, S. 50 ff.

141 Vgl. H. Maier, Sokrates, 1913, S. 183 ff.; O. Gigon, Sokrates, 1947, S. 58 ff., 209 ff.

142 Plato, Menon 80 AB. Plato selber ordnet das γοητεύειν dem Verbot der Asebie unter, worauf Burkert aufmerksam macht: Leg. 907 D ff., 932 E ff. (Burkert, Rh.M. 102, S. 53).

143 Mem. I, 1,5 im Abschnitt über das Daimonion (vgl. dazu Gigon, Sokrates, S. 42 f.); in I, 7 predigt Sokrates gegen die ἀλαζονεία. Zur Analyse vgl. O. Gigon, Kommentar zum Ersten Buch von Xenophons Memorabilien, I, 1953, S. 6 ff., 165 ff.

144 Gigon, Sokrates, S. 19.

145 Ib., S. 20.

146 Vgl. Reich, Mimus, S. 42, 66, 354 ff.; W. Süss, De personarum antiquae comoediae Atticae usu atque origine, 1905, S. 8 ff.; Schmid-Stählin, Geschichte der griechischen Litteratur, I/4, S. 188 f., 402 f., 406 f., 415 Anm. 9, 417; H. Erbse, Sokrates im Schatten der aristophanischen Wolken, Hermes 82, 1954, S. 385–420; dazu Gigon, Gnomon 27, 1955, 260 Anm. 2; Th. Gelzer, Aristo-

die ihn als „γόης" betrachteten. So wird er denn auch von seinen Gegnern beschimpft. Timon von Phleius betitelt ihn „Possenreißer" und „Tugendschwätzer"[147]. Der Name „attischer Gaukler" bürgert sich ein[148], „ἀδολεσχεῖν" wird des Sokrates hauptsächliche Beschäftigung[149]. Demgegenüber stellen ihn die Sokratiker als leidenschaftlichen Gegner der „ἀλαζονεία" dar[150].

Die Verspottung des Sokrates setzt sich fort in den Philosophenkomödien, die den Philosophen als ständigen Typ führen[151]. Von hier aus ist der Typ dann in die Satiren des Menipp und des Lukian gelangt[152]. Auch diesen Schriftstellern gelten alle Philosophen, abgesehen von den Kynikern, die zumeist glimpflicher davonkommen, als „γόητες"[153]. Beliebt ist wieder Sokrates, der im kynischen Material aber durchaus positiv und manchmal zusammen mit Diogenes dargestellt ist[154]. Das eigentliche Geschäft des kynischen Philosophen ist es, die „γοητεία" der Scheinphilosophen bloßzustellen.

Als auf ein besonders eindrucksvolles Beispiel dieser Art sei auf die Gerichtsverhandlung vor der „Philosophie" in Lukians Piscator hingewiesen. Das Gericht tagt unter dem Vorsitz der personifizierten Philosophie und urteilt nacheinander alle philosophischen Schulen wegen „γοητεία" ab[155]. Lukian sieht denn hier auch eine seiner vielfältigen Aufgaben, wie seine Pamphlete gegen den Propheten Alexander von Abonuteichus und gegen Peregrinus Proteus zeigen. In diesen Schriften verfolgt Lukian die erklärte Absicht, diese Zeitgenossen der Scharlatanerie zu überführen; beide sind zugleich religiöse und philosophische Goeten: Alexander gibt

---

phanes und sein Sokrates, Mus. Helv. 13, 1956, (S. 65–93), S. 76, 91 f.; L. Breitholtz, Die dorische Farce im griechischen Mutterland vor dem 5. Jh., 1960, S. 95 ff.; zusammenfassend V. de Magalhães-Vilhena, Le problème de Socrate, 1952, S. 231 ff.; dazu Gigon, Gnomon 27, 1955, S. 259–266.

147 ἠθολόγος, ἐννομολέσχης oder „Bezauberer der Griechen" (Ἑλλήνων ἐπαοιδός); s. die Stellenangaben bei Reich, Mimus, S. 354 f.

148 scurra Atticus; vgl. Reich, Mimus, S. 354 Anm. 2.

149 Vgl. I. Bruns, Das literarische Porträt der Griechen im fünften und vierten Jahrh. vor Christi Geb., 1961², S. 183–196, 206–208; Reich, Mimus, S. 354 ff., dagegen E. Wüst, PW XV/2, 1932, Sp. 1738; Schmid-Stählin, Geschichte der griechischen Litteratur, I/3, S. 275 ff.

150 Vgl. Gigon, Sokrates, S. 20 ff.

151 Zur Philosophenverspottung in der Komödie vgl. Helm, Lucian und Menipp, S. 372 ff.; Bompaire, Lucien, S. 162 ff., 485 ff.

152 Vgl. Schmid-Stählin, Geschichte der griechischen Literatur, II/1⁶, 1920, S. 87 ff.; Bompaire, Lucien, S. 205 ff.

153 Vgl. Helm, Lucian und Menipp, passim; Ders., Lucian und die Philosophenschulen (N. Jahrb. f. d. class. Altert. IX, 1902, S. 188–213, 263–278, 351–369); M. Caster, Lucien et la pensée religieuse de son temps, 1937, S. 9 ff.

154 Zu Sokrates bei Lukian vgl. Helm, N. Jahrb. IX, S. 198 ff.

155 Vgl. Lukians Vit. auct., Iup. trag., Iup. conf., fugit., sowie Th. Beaupère, Lucien, Philosophes à l'encan. 2 Bde., 1967.

sich als Pythagoreer, Peregrinus als Kyniker aus, beide sind zugleich auch Orakelpropheten, Wundertäter und Kultstifter[156].

Ist der Gegensatz von Philosophie und Sophistik griechischen Ursprungs, so gibt es hier auch den wohl noch älteren Gegensatz von „wahrer“ und „falscher“ Prophetie[157]. Beides ist im Hellenismus miteinander verschmolzen. Wie das Verhältnis im einzelnen gesehen wird, hängt natürlich von der philosophischen Schule ab. Während bei den Stoikern[158] und bei Plutarch[159] die „wahre“ Prophetie und Mantik als durchaus mit der Philosophie vereinbar gilt, wird die Mantik überhaupt bestritten von Kynismus[160] und Skepsis[161].

Auf jüdischem Boden ist die Situation ähnlich. Schon die Propheten Jeremia[162] und Ezechiel haben einen scharfen Kampf gegen das „falsche“ Prophetentum geführt. Besonders Ezechiel kommt in seiner Zusammenordnung von fabrizierten Orakeln und niederer Magie der Kennzeichnung dessen nahe, was der Grieche „γοητεία“ nennt[163]. Die Warnung vor Zauberei und Wahrsagerei[164] ist charakteristisch verbunden mit der Unterscheidung zwischen „wahrem“ und „falschem“ Prophetentum[165]. Typisch ist die Gegenüberstellung des „wahren“ Propheten Micha mit den „falschen“ Propheten, seinen Gegnern, in 1Kg 22,5 ff.[166].

Trotz der Verbote im Pentateuch[167] und des Kampfes der Propheten waren Wahrsagerei, Orakel, Beschwörungen und Magie im Judentum,

---

156 Alex. 1 kennzeichnet diese Schrift als einen γόητος βίος; 61 deren Zweck als διεξελέγχειν; ähnlich Peregr. 1; 13; 42. Zum literarischen Pamphlet vgl. Bompaire, Lucien, S. 471 ff.

157 Vgl. den Überblick bei H. Krämer, ThW VI, S. 784 ff.; Nilsson, Geschichte der griechischen Religion, I³, 1967, S. 164 ff., 625 ff., 791 ff.

158 Vgl. Nilsson, Geschichte, II², S. 254 ff.

159 Ib., S 409 ff.

160 Vgl. oben S. 33.

161 Zusammenfassendes Werk dieser Richtung ist Ciceros De Divinatione (vgl. die mit Kommentar hrsg. Ausg. von A. S. Pease, University of Illinois Studies in Language and Literature, VI, 1920, S. 161–500; VIII, 1923, 153–474; Neudruck 1963).

162 Vgl. Jer 2,8–11; 2,26 ff.; 6,13 ff.; 14,13 ff.; 18,18 ff.; 23,9–22; 23,30 ff.; 26,7 ff. 27–28; 1Kg 13; 22.

163 Ez 13, vgl. dazu W. Zimmerli, Ezechiel (Biblischer Kommentar, XIII, 1958), S. 281 ff. In LXX begegnet der Begriff γόης nicht.

164 Vgl. A. Oepke, ThW III, S. 577 f.

165 Vgl. auch Ex 22,17; Lev 20,6.27; Dt 18,9 ff.; 1Sam 28; 2Kg 9,22. Zur Sache s. G. Fohrer, Prophetie und Magie, ZAW 78, 1966, S. 25–47; abgedr. in Ders., Studien zur alttestamentlichen Prophetie (1949–1965), BZAW 99, 1967, S. 242–264.

166 Vgl. G. Quell, Wahre und falsche Propheten (Beitr. z. Förderung christl. Theol., 46/1, 1952); E. Jacob, Quelques remarques sur les faux prophètes, ThZ 13, 1957, S. 479–486; E. Osswald, Falsche Prophetie im Alten Testament, 1962.

167 Ex 22,18; Lev 20,27; Dt 18,10–13.

besonders der neutestamentlichen Zeit, weit verbreitet[168]. Der hier bestehende Konflikt wurde so gelöst, daß man die Geltung der Torabestimmungen einschränkte, da man sie ja nicht außer Kraft setzen konnte. Die Anwendung der Todesstrafe erstreckte sich danach nur auf den wirklichen Zauberer, nicht aber auf den, der „nur eine Augentäuschung vorführt“[169]. Mit anderen Worten, der „γόης“ ging frei aus, und der niedere Zauber wurde praktisch geduldet, wenn er auch im Prinzip illegitim war[170]. Dieser Sachverhalt ergibt sich auf Grund der großen Anzahl überlieferter Zeugnisse, zu denen in neuester Zeit noch die Qumran-Texte zu rechnen sind[171]. Dagegen gibt es für den falschen Propheten, der zum Götzendienst verführen will, keine Gnade[172]. An dieser Stelle ist vor allem der Kampf der Qumran-Gemeinschaft gegen den „Lügenpropheten“ oder den „Mann der Lüge“ zu nennen, über den Näheres freilich nicht zu ermitteln ist[173]. Ganz in griechischen Begriffen dagegen redet Josephus[174], wenn er sich bemüht, die messianischen Prätendenten seiner Zeit als Goeten bloßzustellen; polemisch nennt er sie: „σοφισταί“, „γόητες καὶ ἀπατεῶνες“, „ψευδοπροφῆται“, „φενακίζοντες“ usw.[175]. Angebracht sind solche Ausdrücke deshalb, weil diese Messiasprätendenten eindrucksvolle Wunder in Aussicht stellen, sie aber, wenn sie gefordert sind, nicht vollbringen können[176]. So erging es auch dem Bar-Kochba, der zunächst von R. Akiba als Messias begrüßt und dessen Name als „Sternensohn“ gedeutet wurde; nach seiner Niederlage jedoch deutete man ihn als „Sohn der Lüge“[177]. Die Polemik

---

168 Grundlegend ist immer noch L. Blau, Das altjüdische Zauberwesen, 1914². Vgl. auch E. Schürer, Geschichte des jüdischen Volkes, III⁴, 1909, S. 407–420; Strack-Billerbeck, IV/1, S. 501 ff.; W. Bousset, Die Religion des Judentums im späthellenistischen Zeitalter, hrsg. von H. Gressmann (Handb. z. NT, 21, 1966⁴), S. 331 ff., 339 f.

169 Sanh. 67a, vgl. Blau, Zauberwesen, S. 20.

170 Vgl. etwa Orac. Sibyll. 218–233.

171 Vgl. das von Hengel zusammengestellte Material: Judentum und Hellenismus, S. 438 ff.

172 Vgl. Sanh. 67a und die Schilderung des Verfahrens in der Gemara. S. auch oben S. 30 zu Philo, De spec. leg. I, 315.

173 Vgl. dazu G. Jeremias, Der Lehrer der Gerechtigkeit, 1963, S. 79 ff.

174 Vgl. oben S. 30.

175 Vgl. terminologisch Bell. II, 118; 259; 261; 433; VII, 438; Ant. XX, 167; 169–172; 188.

176 Typisch in Ant. XX,167 f.: ... οἱ δὲ γόητες καὶ ἀπατεῶνες ἄνθρωποι τὸν ὄχλον ἔπειθον αὐτοῖς εἰς τὴν ἐρημίαν ἕπεσθαι· δείξειν γὰρ ἔφασαν ἐναργῆ τέρατα καὶ σημεῖα κατὰ τὴν τοῦ θεοῦ πρόνοιαν γινόμενα. Vgl auch M. Hengel, Die Zeloten (Arb. zur Gesch. des Spätjudentums u. Urchristentums, 1, 1961), S. 235 ff.; S. G. F. Brandon, Jesus and the Zealots, 1967, S. 100 Anm. 2; 108–113; 362 ff.

177 Vgl. S. A. Birnbaum, Bar Kokhba and Akiba, Palestine Exploration Fund Quarterly 86, 1954, S. 23–32; J. T. Milik (Discoveries in the Judaean Desert, II: Les Grottes de Murabbaʿ ât, par P. Benoit u. a., 1961), S. 126.

gegen „falsche“ Messiasse geht dann auch in das Urchristentum über[178]. Die Bekämpfung Jesu als eines Magiers und Zauberers ist hier zuerst zu nennen[179].

Programmatisch ausgebaut sehen wir die Bekämpfung der Goetie durch Lukas in seiner Apostelgeschichte[180]. In apologetischer Abzweckung schildert er, wie die Ausbreitung der urchristlichen Mission Hand in Hand geht mit der Entlarvung von religiösen Scharlatanen. Dabei sind es die Apostel, vor allem Paulus, die solche Entlarvungen vornehmen. Paulus wird zwar von den athenischen Philosophen auch als Goet betrachtet, worauf die verächtliche Bezeichnung „σπερμολόγος“ hindeutet[181], aber er ist ja nicht der erste, über den ein solches Urteil ausgesprochen worden ist. Es ist tatsächlich die Frage zu stellen, ob Lukas nicht Paulus, ohne es frei heraus zu sagen, als den „neuen Sokrates“ empfehlen will[182]. Jedenfalls zeigt er ihn auf seinen Reisen ständig damit befaßt, religiöse Schwindler zu entlarven.

Der erste große Zusammenprall zwischen Apostel und Goet ereignet sich jedoch zwischen Philippus und Simon Magus (Act 8,5–25)[183]. Für Lukas ist die Wundertätigkeit Simons „μαγεύειν“[184]; er zeigt, daß diese Wunder im Grunde nur vorgespiegeltes Blendwerk sind und daß Simon in dem Augenblick entlarvt ist, als er dem wirklichen „θεῖος ἀνήρ“ Philippus begegnet[185]. Als besonders verwerflich sieht Lukas es an, daß Simon versucht, Philippus die Wunderkraft mit Geld abzukaufen[186]. Selbst-

---

178 Vgl. Mk 13,22; Mt 24,24 (ψευδόχριστοι καὶ ψευδοπροφῆται); Mt 7,15; 24,11; Lk 6,26; Act 13,6; 2Petr 2,1; 1Joh 4,1; Apoc 16,13; 19,20; 20,10; Did 11; 16; Hermas, Mand 11. Zur Sache s. G. FRIEDRICH, ThW VI, S. 857 f.; 862 f.; C. DANIEL, „Faux Prophètes“: surnom des Esseniens dans le Sermon sur la Montagne, Revue de Qumran 7, 1969, S. 45–79.

179 Vgl. R. T. HERFORD, Christianity in Talmud and Midrash, 1965², S. 35 ff., 54 ff.; BETZ, Lukian von Samosata, S. 111 f. Im Neuen Testament sind Mk 3,22 ff. par.; Joh 7,20; 8,48.52; 10,20 zu nennen. S. zur Sache C. H. KRAELING, Was Jesus Accused of Necromancy?, JBL 59, 1940, S. 147–157; L. R. FISHER, „Can This Be the Son of David?“ (Jesus and the Historian, ed. by F. T. TROTTER, 1968, S. 82–97).

180 Vgl. G. KLEIN, Der Synkretismus als theologisches Problem in der ältesten christlichen Apologetik, ZThK 64, 1967, S. 40–82.

181 Act 17,18; vgl. oben S. 34.

182 Vgl. A. HARNACK, Sokrates und die alte Kirche, in: Ders., Reden und Aufsätze, I², 1906, S. 27 ff.; SCHMID-STÄHLIN, Geschichte der griechischen Litteratur, I/3,1, S. 278 Anm. 8; H. D. BETZ, Lukian von Samosata und das Christentum, Nov. Test. III, 1959, (S. 226–237), S. 231.

183 Vgl. außer den Kommentaren von E. Haenchen und H. Conzelmann zu Act noch KLEIN, ZThK 64, 1967, S. 67 ff.

184 Act 8, 9 und 11.

185 Act 8,13 ff.

186 Act 8,18 f. und dazu H. CONZELMANN, Die Apostelgeschichte (Handb. z. NT, 7, 1963), S. 55 z. St. Die Ablehnung des Geschäftemachens mit der Religion ist traditionell: Act 16,16 ff.; 19,23 ff. und dazu BETZ, Lukian, S. 112 ff., sowie unten S. 100 ff.

verständlich geht Philippus auf diesen Antrag nicht ein, sondern stellt den Magier bloß und bekehrt ihn zum christlichen Glauben. Lukas verurteilt als Goetie die unberechtigte Anmaßung, Wunder zu tun und insofern Blendwerk vorzuspiegeln, sowie den Mißbrauch religiösen Glaubens zum Zwecke des Geschäftemachens. Die christlichen Apostel sind für ihn deswegen keine Goeten, weil ihre Wunder wirkliche Wunder und kein Blendwerk sind und weil sie nicht um Geldes willen getan werden. Die christlichen Wunder sind also religiös und moralisch einwandfrei; bei ihnen entsprechen sich Anspruch und Wirklichkeit.

Die gleichen Tendenzen zeigen sich bei dem Zusammenstoß zwischen Paulus und dem Zauberer Bar-Jesus (Act 13,6–12)[187], der Befreiung der Sklavin vom wahrsagenden Geist (Act 16,16 ff.) und der Bestrafung der jüdischen Exorzisten in Ephesus (Act 19,11–20)[188]. Diesen Goeten stellt Lukas die Apostel als wirkliche und echte „θεῖοι ἄνδρες" gegenüber. Sie erweisen sich dadurch als „echt", daß sie die Goeten zu entlarven imstande sind, daß sie selbst arm sind und auch keine Geschenke anzunehmen bereit sind[189].

Lukas verschweigt, daß es zu seiner Zeit bereits christliche Goeten gibt, die die Gemeinden bedrohen. Schon die Didache[190] stellt Regeln auf, wonach man zwischen „wahren" und „falschen" christlichen Propheten und Aposteln zu unterscheiden hat. Das hauptsächliche Unterscheidungsmerkmal ist wiederum, ob der durchreisende Prophet die Gemeinde finanziell auszunutzen versucht und ob bei ihm „Lehre" und „Leben" in Übereinstimmung sind; beide Kriterien sind traditionell. Ähnliche Unterscheidungsmerkmale von „wahren" und „falschen" Propheten werden in Hermas, mand XI, und zwar als Offenbarung mitgeteilt[191].

Das formgeschichtliche Problem von 2Kor 10–13 muß auf dem bisher skizzierten Hintergrunde gesehen werden. Wenn Paulus in 2Kor 12,19 den Gedanken verwirft, daß sein Brief als eine „Apologie" zu verstehen sei, so schließt er damit eine bestimmte Form der Apologie, die rhetorische, aus. Dieser Ablehnung steht gegenüber, daß Paulus seinen Brief sehr wohl als eine Apologie ansieht, freilich eine von der sophistisch-rhetorischen fundamental verschiedene. Im Blick auf 2Kor 10–13 läßt sich dieser Schluß nur negativ ziehen; es kommt aber als Positives hinzu, daß Paulus seine Verteidigung in 1Kor 9,3; Phil 1,7.16 sehr wohl als „ἀπολογία" bezeichnen kann[192]. Weitere Argumente werden sich aus der Analyse der Anklage und der Verteidigung im einzelnen ergeben.

---

[187] Vgl. Klein, ZThK 64, 1967, S. 61 ff.

[188] Ib., S. 50 ff. [189] Vgl. Act 3,6; 20,33. [190] Did 11–13.

[191] Dieselben Kriterien werden später auf die montanistischen Propheten angewendet; vgl. G. Friedrich, ThW VI, S. 862 f.

[192] 2Kor 7,11 bezieht sich auf die Verteidigungsgründe der Korinther gegen-

Nun erhebt sich die weitere Frage, ob eine solche Apologie, wie sie nach unserer Auffassung in Kap. 10—13 vorliegt, in Form eines Briefes verfaßt sein konnte. Abgesehen von den oben genannten Paulusstellen liegen Parallelen aus der antiken Briefliteratur vor, die die Frage im bejahenden Sinne beantworten lassen.

Das Problem fällt in das Gebiet der antiken Brieftheorie. So gewichtig die Bedeutung dieses Gebietes ist, so spärlich sind jedoch die literarischen Quellen, die auf uns gekommen sind. Die uns überkommenen Texte lassen aber darauf schließen, daß es im Hellenismus Lehren über die formale Seite der Epistolographie gegeben hat. Die Forschung hat hier noch die Hauptarbeit zu leisten. H. Koskenniemi, der eine wichtige Vorarbeit geleistet hat, beginnt mit der Feststellung: „Die Darstellung der Geschichte des griechischen Briefes ist eine Aufgabe, die immer noch ihrer Lösung harrt.“[193]

Kann diese Situation nur zur Vorsicht mahnen, so sind wir doch in der Lage, die Möglichkeit einer brieflichen Apologie durch eine Parallele zu belegen. Eine der wichtigsten Quellen stellt eine Art Handbuch für Briefsteller dar, in dem Brieftypen aufgezählt sind, von denen einige unserem Fragment 2Kor 10—13 wenigstens nahekommen[194]. Es handelt sich um die „Τύποι ἐπιστολικοί“ des „Demetrius“, die aus der Zeit des 1. Jahrh. v. Chr. oder des 1. Jahrh. n. Chr. zu stammen scheinen. Der Verfasser ist unbekannt[195]. Die Schrift nennt 21 Brieftypen und gibt für jeden Typ eine Definition sowie ein Briefmuster. Als 18. Typ ist der „Verteidigungsbrief“ genannt und folgendermaßen definiert: „'Απολογητικὸς δέ ἐστιν ὁ πρὸς τὰ κατηγορούμενα τοὺς ἐναντίους λόγους μετ' ἀποδείξεως εἰσφέρειν“[196]. Der beigegebene Musterbrief enthält alle die Ausdrücke, die ein solches Schreiben verwenden sollte.

über Paulus. Vgl. weiter 2Tim 4,16; Act 22,1; 24,10; 25,8 und 16; 26,1 f. und 24 — an allen Stellen ist Paulus in der Selbstverteidigung gezeigt.

193 H. Koskenniemi, Studien zur Idee und Phraseologie des griechischen Briefes bis 400 n. Chr. 1956, S. 15. Vgl. auch J. Schneider, RAC II, 1954, S. 564—585.

194 Schon Windisch, Zw. Kor., S. 8 f., weist auf diese Texte hin. Vgl. weiter Plato, Ep. 3, sowie J. A. Goldstein, The Letters of Demosthenes, 1968, S. 97 ff.: „The Form of Ancient Apology and Polemic, Real and Fictitious.“ Diese Angaben verdanke ich Herrn Prof. M. L. Stirewalt (Springfield, Ohio).

195 Vgl. A. Brinkmann, Der älteste Briefsteller, Rh. M. 64, 1909, S. 310—317; Koskenniemi, S. 19 ff. Zitiert ist hier die Ausg. von V. Weichert, Demetrii et Libanii qui feruntur Τύποι ἐπιστολικοί et 'Επιστολιμαῖοι χαρακτῆρες, 1910, mit ausführlicher Einleitung.

196 Ed. Weichert, S. 9, Z. 17 f. In der 41 Typen umfassenden Liste des Ps.-Libanius (wahrscheinlich byzantinisch) fehlt dieser Typ, wird aber mit einem anderen zusammengebracht: 15. Θεραπευτικὴ δι' ἧς θεραπεύομέν τινα λυπηθέντα πρὸς ἡμᾶς περί τινος. ταύτην δὲ καὶ ἀπολογητικὴν τινες καλοῦσιν (ed. Weichert, S. 16 f.). Hier ist er also zum Entschuldigungsbrief geworden, wie die anders lautenden Lesarten noch unterstreichen, die statt ἀπολογητικήν lesen: συγχαριτικήν, συγχαριστικήν, εὐγχαριτικήν oder ähnlich.

Man wird der Meinung Windischs Recht geben müssen, daß die paulinischen Briefe Mischungen verschiedener Typen sind, wie ja auch die Typen von den Theoretikern selbst in verschiedener Weise katalogisiert und definiert werden. Freilich erkennt Windisch nicht, daß 2Kor 10–13 dem „ἀπολογητικός" am nächsten steht[197].

Aus der Art der Verteidigung läßt sich ferner auf die Art der Anklage schließen. In den Kategorien der Antike ausgedrückt ist Paulus von seinen Gegnern der Goetie angeklagt worden. Speziell ging es dabei um seine Stellung als christlicher Apostel. Was die Gegner gegen Paulus also eingeleitet haben, ist als „γοήτων φωρά" anzusprechen.

Schließlich ist die Frage zu stellen, ob sich etwas aussagen läßt über den genauen „Sitz im Leben" des paulinischen Fragmentes. Wir hatten an den herangezogenen Parallelen gesehen, daß diese in irgendeiner Weise mit einem „Prozeß" in Zusammenhang stehen. Der Gedanke ist zu erwägen, wenn auch nicht zu beweisen, daß das Fragment in den Zusammenhang eines innergemeindlichen „Prozesses" gehört, den die Gegner gegen Paulus angestrengt haben. Daß es Verfahren dieser Art gegeben hat, wissen wir aus der paulinischen Korrespondenz selber; der in 1Kor 5,1 ff. verhandelte Fall ist wohl das klarste Beispiel[198]. Aber auch innerhalb von 2Kor 10–13 finden sich Hinweise, die auf innergemeindliche „Rechtsvorgänge" schließen lassen. In 10,8 f. kommt Paulus auf die ihm von Christus verliehene „ἐξουσία" zu sprechen und bestimmt, offenbar diese einschränkend, daß sie ihm zum Zwecke der „οἰκοδομή" und nicht zum Zwecke der „καθαίρεσις" verliehen worden sei. Die gleiche formelhafte Wendung kehrt in 13,10 wieder (sonst nicht im NT). Wir wissen nichts darüber, wie Paulus sich eine solche „καθαίρεσις" konkret vorstellt, werden aber nicht bezweifeln, daß er ganz konkrete Vorstellungen damit verbindet, die den Korinthern bekannt waren[199]. Windisch[200] erwägt, daß das „Niederreißen" „wohl ev. zum Ausschluß der hartnäckigen Sünder aus der Gemeinde" führen würde. Paulus nimmt also hier eine Art Richtergewalt als mit dem Apostelamt verbunden in Anspruch[201]. Entsprechendes wird für die gegnerischen „Überapostel" zu gelten haben.

Man kann also mit guten Gründen die Hypothese aufstellen, daß Paulus zur Abfassung des Briefes, zu dem 2Kor 10–13 gehört, dadurch veranlaßt worden ist, daß seine Gegner bei der Gemeinde in Korinth ein

---

197 Vgl. WINDISCH, Zw. Kor., S. 8 f.

198 Vgl. LIETZMANN-KÜMMEL, S. 22 f.; H. CONZELMANN, Der erste Brief an die Korinther (Krit.-exeg. Kommentar, Abt. 5, 11. Aufl., 1969), S. 114 ff.

199 Vgl. auch 2Kor 10,4.

200 Zw. Kor., S. 425; vgl. auch Act 5,1–11; 8,20 ff.; 13,10 f.

201 Vgl. W. SCHMITHALS, Das kirchliche Apostelamt (FRLANT, NF 61, 1961), S. 32 f.; H. D. BETZ, Nachfolge und Nachahmung Jesu Christi im Neuen Testament (BHTh, 37, 1967), S. 181; M. DELCOR, Les tribunaux de l'église de Corinthe et les tribunaux de Qumrân (Analecta Biblica 17–18, 1963, S. 535–548).

Verfahren gegen ihn angestrengt haben, das zum Ziele hat, ihn als Goeten zu überführen, d. h. nachzuweisen, daß er nicht ein legitimer Apostel ist und sein Amt bloß usurpiert hat. Man kann dann weiterhin fragen, ob nicht Paulus deswegen bei seinem „Zwischenbesuch" gescheitert ist, weil er nicht in der Lage war, in der Verhandlung die von der Gemeinde verlangten apostolischen Qualifikationen zu erbringen[202]. Paulus hätte den Brief dann nach dem sog. „Zwischenbesuch" abgefaßt. Daß es diese „Apologie" gewesen ist, die er „unter vielen Tränen" geschrieben hat, um den Korinthern seine Liebe kundzutun, ist natürlich möglich; die Wendung 2Kor 12,15 εἰ περισσοτέρως ὑμᾶς ἀγαπῶ könnte in 2Kor 2,4 aufgenommen sein, ist aber zu allgemein, um dies mit Gewißheit sagen zu können. Das, was mutmaßlich Inhalt des „Tränenbriefes" gewesen ist und was uns faktisch in 2Kor 10—13 vorliegt, ist eben zu verschieden, um eine Gleichsetzung beider plausibel erscheinen zu lassen. Im Urteil stimmen wir folglich Windisch zu: „Der Mann, der Phil 3,18 unter Tränen schrieb, mag auch beim Schreiben oder Diktieren dieser gewaltigen Strafrede von Tränen übermannt worden sein. Doch ist hier m. E. Vorsicht am Platze. Wo er in C [sc. 2Kor 10—13] seine ap. Vollmacht vorhält, der Ironie sich bedient, seinen Ruhm verkündet, der Gemeinde drohend ins Gewissen redet, scheint mir Tränenbegleitung wenig wahrscheinlich."[203]

---

[202] Vgl. Käsemann, Legitimität, passim; Güttgemanns, Der leidende Apostel und sein Herr, S. 94 ff., 282 ff.

[203] Windisch, Zw. Kor., S. 82.

Kapitel III

ANKLAGE UND VERTEIDIGUNG

1. Die beteiligten Parteien

Will man das Hin und Her von Argumenten und Gegenargumenten in Kap. 10–13 entwirren, so muß man die am Streit beteiligten Parteien methodisch sauber auseinanderhalten. Grundsätzlich sind drei Parteien zu unterscheiden: der Autor Paulus, die korinthische Gemeinde als Adressat und die Gegner des Paulus, die aber nicht direkt angesprochen werden, sondern im Hintergrunde verbleiben. Dementsprechend sind die theologischen Standpunkte der verschiedenen Parteien sowie deren Urteile übereinander zu unterscheiden. Besonders im Blick auf die Urteile der einen Partei über die andere ist Vorsicht geboten. Es geht nicht an, aus den Urteilen der einen Partei über die andere einfach auf dahinterliegende Tatsachen zu schließen. Es kann sich, wie in solchen Auseinandersetzungen üblich, auch um bloße Verleumdungen und rhetorische Schachzüge handeln.

Bei keiner der beteiligten Parteien besteht ein Zweifel daran, daß Paulus die korinthische Gemeinde gegründet hat. Fraglich ist aber, ob er dazu berechtigt gewesen ist. Weiterhin besteht Klarheit darüber, daß die Gegner des Paulus *nach* ihm mit der Gemeinde Verbindung aufgenommen haben. Sie haben es fertiggebracht, zwischen die Gemeinde und ihren Apostel den Keil des Mißtrauens zu treiben. Diese befindet sich offenbar fest in der Hand der paulinischen Gegner und hat sich von ihrem Gründer losgesagt. Paulus verteidigt sich vor der Gemeinde gegen die von den Gegnern geltend gemachten Bedenken seinem Apostelamt gegenüber. Er äußert sich detailliert zu den einzelnen Anklagepunkten, spricht aber zur Gemeinde, nicht zu den Gegnern, mit denen es wohl auch kein Gespräch geben kann[1].

---

[1] Vgl. oben S. 17 f.; J. Munck, Paulus und die Heilsgeschichte, S. 162 ff.; anders Lietzmann-Kümmel, I/II Kor., z. St. Kap. 10.

2. Die gegen Paulus erhobenen Anklagen und dessen Verteidigung

Der argumentative Teil von Kap. 10—13, d. h. der gesamte uns vorliegende Brieftext unter Absehung vom liturgischen Briefschluß (13,11—13)[2], läßt sich aufteilen auf Anklagen, die von den Gegnern des Paulus erhoben und die von der korinthischen Gemeinde an Paulus weitergeleitet wurden, sowie auf die Verteidigung des Apostels. Wie in einer Gerichtsrede[3] üblich, zitiert Paulus die Anklagepunkte und nimmt auch sonst fortwährend Bezug auf die gegnerische Anklage, indem er Wendungen, Ausdrücke oder Sachverhalte aus ihr aufnimmt und sie zu seinen Gunsten, d. h. im Sinne der Verteidigung, uminterpretiert. In diesem z. T. sehr komplizierten Verfahren besteht die Verteidigung des Paulus. Sie zu entwirren ist Aufgabe dessen, der sie verstehen will.

a) Das „σχῆμα" des Apostels

Paulus zitiert die Anklage seiner Gegner wörtlich in 2Kor 10,10; die Formel „φησίν" stellt den Zitatcharakter[4] fest. Das Zitat selber lautet demnach:

> „αἱ ἐπιστολαὶ μὲν βαρεῖαι καὶ ἰσχυραί, ἡ δὲ παρουσία τοῦ σώματος ἀσθενὴς καὶ ὁ λόγος ἐξουθενημένος".

Inhaltlich handelt es sich um eine Charakterisierung der Person und des Auftretens des Paulus. Man muß zunächst auch sehen, daß diese Beurteilung nicht einfach aus Verleumdungen gegen ihn besteht, sondern im Stile sachlicher Feststellungen getroffen ist, die offenbar auf sorgfältige Beobachtung zurückgehen[5].

Die Gegner heben drei Tatbestände als für sein Auftreten typisch her-

---

[2] Strachan, Second Epistle to the Cor., S. XX, 145 f., trennt den Briefschluß 13,11—13 von 10—13 ab und teilt ihn 1—9 zu. Schon Semler vertrat diese These (vgl. Windisch, Zw. Kor., S. 426).

[3] Vgl. oben Kapitel II.

[4] Windisch, Zw. Kor., S. 305 meint, daß es sich hier um eine gegenüber 10,1 (s. u.) „neue Anführung der gegnerischen Behauptungen" handelt, „so daß man beinahe denken möchte, P. habe einen Beschwerdebrief der Kor. in Händen". Jedoch dürfte der Ausdruck „Beschwerdebrief" nicht zutreffen. Ebensowenig teilen wir die Vermutung, daß das Zitat ein „Schlagwort" sei, das dem Paulus „von Titus oder von anderen Besuchern Korinths mündlich hinterbracht wurde". Vgl. Heinrici, Zw. Kor., S. 442.

[5] Daß die Bemerkungen der Gegner auf von ihnen angestellten „Beobachtungen" beruhen, hebt Bachmann, Zw. Kor., S. 353 mit Recht hervor. Vgl. auch Käsemann, Legitimität, S. 51.

vor: seine Briefe stellen hohe Anforderungen[6] und sind eindrucksvoll[7], das persönliche Auftreten ist hingegen „schwach“, und im Vortrag ist er „verächtlich“. Die Anordnung der drei Tatbestände ist antiklimaktisch. Die Briefstellerei scheint positiv bewertet, steht aber im Widerspruch zum persönlichen Auftreten, das zweifellos negativ beurteilt ist. Zwischen Briefstellerei und persönlichem Auftreten ist eine deutliche Diskrepanz zu beobachten, und es ist dieser Widerspruch, der den Verdacht auch gegen die Briefstellerei wendet.

Auf Grund dieses einen Zitates ist es natürlich riskant, ein Urteil über die Anklageschrift selber zu fällen. Man wird aber kaum fehlgehen, wenn man annimmt, daß die Gegner der korinthischen Gemeinde eine Charakteristik ihres Gründers, eine Art Gutachten zur Person des Paulus vorgelegt haben. Die drei Tatbestände nehmen sich dann aus wie die Überschriften über die Abschnitte eines solchen Gutachtens oder deren abschließende Zusammenfassung. Ihrer literarischen Form nach ist uns eine solche Schrift nicht ganz unbekannt: schon R. Reitzenstein[8] hatte den sog. „εἰκονισμός“ analysiert, der formgeschichtlich mit der gegnerischen Anklage verwandt sein könnte.

Natürlich verfolgt die Beschreibung des paulinischen Auftretens eine negative Absicht. Sie ist ihrer Tendenz nach ohne Zweifel „Anklage“. Zudem ist sie wohlbegründet: die drei Tatbestände gehen auf Beobachtungen zurück, die sich leicht nachprüfen lassen. Der herausgestellte Widerspruch zwischen persönlichem Auftreten und Briefstellerei des Paulus ist ebenso evident. Folglich ist der damit erregte Verdacht gerechtfertigt. Das negative Urteil, das die Gegner über ihn gefällt haben, ist also sachlich begründet und weit davon entfernt, eine bloße Verleumdung zu sein.

Welche Absichten verfolgen die Gegner mit ihrer Anklage? Auch darüber läßt sich einiges aus der Verteidigung des Paulus erschließen. Wenn es ihm vor allem um die Verteidigung seiner apostolischen Legitimität geht, so muß es den Gegnern wohl darum gegangen sein, diese zu diskreditieren. Die Folge wäre dann, daß Korinth aus dem Einflußbereich der paulinischen Mission herausgelöst würde.

In die Erörterung der einzelnen Anklagen und Verteidigungsargumente treten wir ein, wenn wir zunächst die Frage stellen, ob es sich bei dem eigentümlichen Relativsatz in 10,1 um ein zweites Zitat aus der Anklage handelt, wie viele Forscher meinen, oder ob wir bereits eine paulinische Stellungnahme zu 10,10 vor uns haben.

---

[6] Zu βαρύς vgl. Bauer, Wb., s. v.; Lausberg, Handbuch, I, § 1079, 3; Ps-Demetr., τύποι ἐπιστολικοί ed. Weichert, S. 4, Z. 5–6: Μεμπτικὸς δέ ἐστιν ὁ μὴ νομίζεσθαι βαρεῖν προσδεχόμενος. Vgl. ferner Plutarch, De se ipsum 547 D.

[7] Zu ἰσχυρός vgl. Bauer, Wb., s. v.

[8] R. Reitzenstein, Hellenistische Wundererzählungen, S. 39; Betz, Lukian, S. 131 ff.

Der Relativsatz „ὅς κατὰ πρόσωπον μὲν ταπεινὸς ἐν ὑμῖν, ἀπὼν δὲ θαρρῶ εἰς ὑμᾶς" (10,1) folgt auf eine christologische formelhafte Wendung „διὰ τῆς πραΰτητος καὶ ἐπιεικείας τοῦ Χριστοῦ"[9]. Der Anschluß „ὅς" ist grammatisch hart und bezieht sich nicht auf das vorhergehende „Χριστοῦ", sondern auf das am Anfang des Satzes stehende Subjekt „Paulus". Wiederum gibt der Relativsatz eine Analyse der Person des Paulus wieder, nun aber als Selbstbeschreibung in der 1. Person sing. Offensichtlich sind dabei die negativen Feststellungen der Gegner aufgenommen. Fraglich ist aber, ob es sich um ein „Zitat" handelt. Die 1. Person sing. verbietet eine solche Annahme. Daß Paulus die Selbstschilderung anscheinend affirmativ abgibt, bedeutet, daß er sie mit tendenziöser Selbstironie vorträgt[10].

Inhaltlich entspricht die Schilderung 10,10. Es wird festgestellt, daß Paulus äußerlich „ταπεινός" ist, wie die Korinther selbst bezeugen können. Sodann wird auf das Mißverhältnis aufmerksam gemacht: die „ταπεινότης" des anwesenden Paulus läßt sich nicht in Einklang bringen mit dem „θαρρεῖν" des abwesenden.

Für die Interpretation ergibt sich mithin die Frage, ob Paulus im „ὅς"-Satz einfach einen weiteren gegnerischen Vorwurf aufgenommen hat, um ihn in der 1. Person selbstironisch wiederzugeben, oder ob der Gegensatz „ταπεινός—θαρρεῖν" schon paulinische Umdeutung und damit Bestandteil der Verteidigung ist. Die Frage führt uns gleich ein typisches Problem der paulinischen Strategie vor Augen. Zunächst aber muß weiter ausgeholt werden.

Die entscheidende Frage ist, was unter den Begriffen „ταπεινός" und „θαρρεῖν" zu verstehen ist. Windisch sieht richtig, daß es sich hier um eine „Charakterisierung (der) Person" des Paulus[11] handelt, und meint, auf zweierlei sei der Nachdruck gelegt: „einmal das wenig imponierende Auftreten, ein schwächliches Zurückweichen vor energischerer Opposition, sodann auf den Umschlag des Tons, den er aus der Ferne anschlägt und wodurch er den Eindruck der Charakterschwäche verstärkt und den der Zweideutigkeit erweckt..."[12] Woran Windisch denkt, ist dies: „Körperliche Ursachen werden dabei mitgewirkt haben; wichtiger als schwache Stimme und ein wenig ausdrucksvolles Gebärdenspiel (J. Weiss) wird ein gewisser Mangel an Sicherheit, an Geschick und Geistesgegenwart gewesen sein, der wohl in Störungen des Nervensystems begründet war (leichte Neurasthenie?)."[13] Freilich besteht für solche Spekulationen keine textliche

---

[9] Vgl. R. Leivestad, The Meekness and Gentleness of Christ II Cor. X. 1. (NTS 12, 1966, S. 156–164); Güttgemanns, Der leidende Apostel, S. 135 ff.

[10] Vgl. zur Frage der apostolischen Parusie überhaupt den Aufsatz von R. W. Funk, The Apostolic „Parousia": Form and Significance (Christian History and Interpretation, Studies presented to J. Knox, ed. by W. R. Farmer et al., 1967, S. 249–268).

[11] Zw. Kor., S. 292.

[12] Ib., 293; ihm folgt Käsemann, Legitimität, S. 35.

[13] Ib., S. 293; vorsichtiger Lietzmann-Kümmel, S. 140.

Basis. Schmithals[14] weist darum mit Recht diese Deutung ab und rekonstruiert, was eine solche Aussage wohl im Munde von Gnostikern besagen könnte, die Schmithals ja in den Gegnern sieht. Für einen Gnostiker kann „ταπεινότης" ja nur heißen, daß der Betreffende eben kein „Pneumatiker" ist und daß ihm die so verstandene „ἐξουσία" und „δύναμις" abgehen. Der Widerspruch läge dann darin, daß die Briefe einen Pneumatiker vermuten lassen und daß diese Vermutung durch das unpneumatische Auftreten des Paulus widerlegt wird. E. Güttgemanns[15] stimmt Schmithals grundsätzlich zu und will nur den christologischen Hintergrund des paulinischen Selbstverständnisses schärfer herausgearbeitet sehen. Die „ταπεινότης" des Paulus ist für diesen selbst jedenfalls die gegenwärtige Offenbarung des gekreuzigten Christus. Güttgemanns geht aber nicht auf die Frage ein, worin denn nun konkret die „Schwachheit" des Paulus bestanden hat.

Alle genannten Exegeten gehen so vor, daß sie die Aussagen in 10,1 von denen in 10,10 her interpretieren und als einen Teil der Anklage verstehen[16]. Der vor uns liegende Sachverhalt ist nun aber wesentlich komplizierter.

Die von Paulus als „ταπεινότης" wiedergegebene Anklage der Gegner stellt in der hellenistischen Welt keineswegs etwas Neues oder Ausgefallenes dar. Der ganze Komplex gehört vielmehr hinein in den seit Sokrates anhaltenden und durch die kynische Diatribe zu besonderer Entfaltung gelangten Kampf um das „σχῆμα" des wahren Philosophen im Unterschied zu dem des Scheinphilosophen. „Die literarische Polemik und Satire der Griechen gegen einzelne Vertreter der Philosophie oder gegen ganze Schulen hat sich nie allein gegen das feindliche System, gegen die Gedanken der Angegriffenen gerichtet, sondern stets auch gegen ihr äußeres Wesen, ihr Auftreten, ihre Kleidung, ihre ganze Tracht; das ist seit den Tagen der griechischen Komödie bis auf die Zeit Gregors von Nazianz ... dasselbe geblieben, ja, je bissiger die Satire ist, desto mehr wird sie an den sichtbaren äußeren Abzeichen des Gegners hängen bleiben, gegen diese ihre Waffen kehren, über diese das allgemeine Gelächter zu entfesseln suchen."[17] In dieser Auseinandersetzung haben sich verschiedene „σχήματα" der philosophischen Schulen gebildet, die gegeneinander ausgespielt werden. Dabei knüpfte man bewußt an die Verspottung der Philosophen in

---

[14] Schmithals, Gnosis, S. 165–168.

[15] Güttgemanns, Der leidende Apostel, S. 135–141.

[16] So auch die Kommentare von Plummer, S. 273; Heinrici, S. 312, 317; Bachmann, S. 342; Lietzmann-Kümmel, z. St.

[17] J. Geffcken, Kynika und Verwandtes, 1909, S. 53; Gerhard, Phoinix von Kol., S. 150 ff. Vgl. auch Betz, Lukian, S. 133 Anm. 3; 185; 187 ff.; A. J. Malherbe, „Gentle as a Nurse". The Cynic Background to I Thess ii, Nov. Test. 12, 1970, S. 203–217. Der ThW-Art. von J. Schneider (VII, S. 954–957) ist wenig ergiebig.

der griechischen Komödie an[18]. Im Mittelpunkt dieser Verspottung aber steht nun die Gestalt des Sokrates. Das „σχῆμα" des „Alazon doctus" ist an ihm am ausgeprägtesten darstellbar, und es steht in krassem Widerspruch zu den von den Philosophen selbst erhobenen Ansprüchen. Es ist „der ungewaschene Sokrates"[19], der schmutzige Bettler und Hungerleider, der im abgeschabten Mantel herumlungert und nicht einmal Schuhe an den Füßen trägt[20].

Wie es mit der Historizität dieses Sokratesbildes der Komödie, besonders der aristophanischen, bestellt ist, ist ein umstrittenes Problem, das hier nicht diskutiert werden kann[21]. Hauptsächlich würde uns die Frage interessieren, ob der aristophanische Sokrates ein ganz unhistorischer „Typ" der Komödie[22] ist oder ob der historische Sokrates diesem Typ in gewisser Weise entgegenkommt und so leicht mit ihm identifiziert werden konnte. Freilich ist es nicht nur das Urteil des Aristophanes, sondern wir erfahren auch aus Plato und Xenophon, daß Sokrates äußerlich häßlich und eine geradezu lächerliche Gestalt gewesen sein muß[23]. Das vorsichtige Urteil O. Gigons meint doch feststellen zu können: „Nach seinem Äußern zu schließen, ist Sokrates der gemeinste Banause – und dieses Äußere trügt nicht."[24] Er war von gedrungenem Körperbau, breitschultrig, hatte eine dicke Nase mit weiten Öffnungen, hervorquellende Augen, wulstige Lippen und eine Glatze[25]. Er ähnelte einem Silen[26], wie besonders Alkibiades in seiner Rede auf Sokrates im platonischen „Symposion" hervorhebt und damit zugleich das Numinose dieser Gestalt andeutet.

Dieser Beschreibung entsprechen auch die erhaltenen Sokratesporträts, die wohl teilweise auf das kurz nach seinem Tode von den Athenern aufgestellte Bildnis zurückgehen[27].

Wenn man diese Nachrichten zusammennimmt[28], dann ist es nicht verwunderlich, daß Sokrates in den Augen vieler seiner Zeitgenossen eine

---

[18] Vgl. Helm, Lucian und Menipp, S. 371 ff., sowie oben S. 34.

[19] Aristoph., Av. 1553 ff., vgl. 1282 und dazu Th. Gelzer, Aristophanes und sein Sokrates, Mus. Helv. 13, 1956 (S. 65–93), S. 76, 91 f.

[20] Vgl. das Material bei Helm, Lucian und Menipp, S. 373 ff.

[21] Vgl. V. de Magalhães-Vilhena, Le problème de Socrate, S. 231 ff.

[22] So vor allem Gigon, Sokrates, S. 19.

[23] Vgl. das Material bei J. Stenzel, Art. Sokrates (PW, 2. Reihe III/1, 1927, Sp. 888 ff.).

[24] Gigon, Sokrates, S. 112.

[25] Später werden diese Merkmale typisch. Vgl. Lukian, Dial. mort. XX,4–6; Peregr. 37, sowie Schmid-Stählin I/3/1, 1940, S. 275 ff.

[26] Plato, Symp. 215 AB; Xenoph., Symp. V, 7.

[27] Vgl. Diog. L. II, 43; G. M. A. Richter, The Portraits of the Greeks, I, 1965, S. 109–119, und Abb. 461–573.

[28] Vgl. I. Bruns, Das literarische Porträt der Griechen im fünften und vierten Jahrhundert vor Christi Geburt, 1961², S. 181–200.

ausgefallene Gestalt war[29], die ganz und gar nicht dem Bilde entsprach, das man sich von einem „Philosophen" machte.

Dieses Sokratesbild geht dann über in die kynische Tradition als der Typ des häßlichen und zu Unrecht verleumdeten Philosophen. Schon Teles verwendet dieses Sokratesbild als moralisches Beispiel[30]. Zur Zeit des Maximus von Tyrus ist es stereotyp: „Σωκράτης πένης, Σωκράτης αἰσχρός, Σωκράτης ἄδοξος, Σωκράτης δυσγενής, Σωκράτης ἄτιμος. Πῶς γὰρ οὐκ αἰσχρὸς καὶ ἄτιμος καὶ δυσγενὴς καὶ ἄδοξος καὶ πένης ὁ τοῦ λιθοξόου, ὁ σιμός, ὁ προγάστωρ, ὁ κωμῳδούμενος, ὁ εἰς τὸ δεσμωτήριον ἐμβαλλόμενος, ἀποθνήσκων ἐκεῖ, ἔνθα καὶ Τιμαγόρας ἀπέθανεν;"[31]

Vor allem aber wird dieser Sokratestyp polemisch in der menippischen und lukianischen Satire verwendet; dort erscheint er oft zusammen mit dem Kyniker Diogenes[32]. Immer wieder sehen wir den glatzköpfigen „Schwätzer" mit der Stumpfnase vorgeführt, wie er, lächerlich und doch verehrungswürdig, so wenig gemein hat mit den zeitgenössischen Scheinphilosophen, die sich ein prunkvolles Auftreten leisten können und die in Kleidung, Gangart und Stimme genau dem entsprechen, was sich die Menge unter einem Philosophen vorstellt[33].

Als auf ein besonders interessantes Beispiel soll hier auf Lukians „Somnium" hingewiesen werden, eine Parodie auf eine Berufungslegende und eine Nachahmung der berühmten Allegorie vom jungen Herakles am Scheidewege[34]. In dieser Schrift erzählt Lukian, wie ihm im Traume zwei Frauengestalten erscheinen, die „Bildhauerei" („Ἑρμογλυφική") und die „Bildung" („Παιδεία"). Beide versuchen, Lukian für sich zu gewinnen. Das „σχῆμα" der Bildhauerei ist wenig attraktiv und wird von der Paideia noch karikiert[35]. Sie ist roh, voller Kalkstaub, hat struppiges Haar und die Hände voller Schwielen und spricht ein barbarisches Griechisch. Dieses „σχῆμα" wird „ταπεινόν" genannt und ist das des „βάναυσος καὶ χειρῶναξ"[36]. Sokrates wird dem Lukian als Warnung empfohlen, als einer,

---

[29] Von der ἀτοπία des Sokrates spricht schon Plato, Symp. 215 A; vgl. Magalhães-Vilhena, Le problème de Socrate, S. 90.

[30] Teletis Reliq., ed. Hense, S. 9, 17 ff., 57, 61.

[31] Maximus Tyr., ed. H. Hobein, XXXIX, 5 (S. 459); vgl. I, 9; III, 3; XXXVI, 6. Über Sokrates bei Maximus vgl. K. Meiser, Studien zu Maximos Tyrios (SB der kgl. bayr. Akad. der Wissenschaften, philos.-philol. und hist. Kl., Jg. 1909, Abh. 6), S. 24–31.

[32] Helm, Lucian und Menipp, S. 211 Anm. 1 hat Material aus der Diatribe zusammengestellt.

[33] Lukian, Dial, mort. XX, 4 f.; vgl. Iup. conf. 48. Zum Bilde des Sokrates bei Lukian vgl. Helm, Lucian und die Philosophenschulen (N. Jahrb. f. d. klass. Altert. IX, 1902, S. 198 ff.); Ders., Lucian und Menipp, S. 56, 59, 86, 91, 120, 129 f., 138, 169, 197, 211, 229; Bompaire, Lucien, S. 162 ff., 485 ff.

[34] Vgl. Xenoph., Mem. II, 1,21–34 und K. Joël, Der echte und der Xenophontische Sokrates, II, 1901, S. 125 ff., 315 ff.

[35] Lukian, somn. 6; 8; 9.

[36] Somn. 9; 13.

der sich zunächst auf die Bildhauerei eingelassen habe, ihr aber dann davongelaufen sei[37]. Völlig ihr entgegengesetzt ist das „σχῆμα“ der Paideia: sie ist wohl anzusehen, gut gekleidet, wohlhabend und vielwissend. Sie macht Lukian die wunderbarsten Hoffnungen, auf die er auch ohne Zögern eingeht[38]. Sie belohnt ihn daraufhin mit einer „Himmelfahrt“[39].

Die Diatribe erklärt das „σχῆμα“ für letztlich unwesentlich, wenn es um die Unterscheidung von wahren und falschen Philosophen geht[40], aber auch sie setzt voraus, daß der wahre Philosoph stets von dem Scheinphilosophen wegen seines ärmlichen Aussehens verleumdet wird; die Scheinphilosophen verstehen es eben, überzeugender aufzutreten als die wahren Philosophen[41]. Im gleichen Zuge wird dieser Sachverhalt polemisch ausgewertet[42]. J. Geffcken hat mit Recht bemerkt, daß die kynische Tracht selbst polemische Funktion hat und Angriffe geradezu herausforderte, so daß „diese Sekte seit ihrer Entstehung mit ihrer Tracht fortwährend auch kokettiert“ hat[43]. So wird denn der Kyniker in der menippischen und lukianischen Satire mit wahrer Genugtuung gezeichnet; nach Lukian besteht „τὸ ἀλλόκοτον τοῦ σχήματος“ in Pelzkappe, Lyra und Löwenfell[44]. Es macht dem Kyniker auch Freude, über sein eigenes Aussehen und seine Lehren zu spotten und sich herabzusetzen. Krates[45] spottet über seine gekrümmten Schultern, Bion[46] spricht verächtlich über seine Herkunft, Horaz kann über seinen vorstehenden Bauch lachen und Julian über seinen „Philosophenbart“[47]. „Es gibt also eine doppelte Art der Satire, die rein aggressive, die sich über die Torheit und Schlechtigkeit der Welt wie über die Schwächen des einzelnen Menschen mehr oder minder heiter, mehr oder minder erbittert aufhält, und die defensive, die auf einen Angriff antwortend und vielleicht einen solchen vorwegnehmend sich mit dem eigenen Ich apologetisch beschäftigt, natürlich um danach um so kräftiger zum Angriffe überzugehen.“[48]

Verzichtet der Philosoph einerseits auf die Widerlegung der Angriffe gegen ihn, so geht er gleichzeitig daran, seine Gegner als Pseudophiloso-

---

[37] Ib., 12. [38] Ib., 6; 10. [39] Ib., 15 f.

[40] Max. Tyr. I, 10: Ἐξεταστέον δὴ τὸν φιλόσοφον οὐ σχήματι, οὐχ ἡλικίᾳ, οὐ τύχῃ, ἀλλὰ γνώμῃ, καὶ λόγῳ, καὶ παρασκευῇ ψυχῆς, ὑφ' ὧν μόνων χειροτονεῖται φιλόσοφος· Vgl. auch I, 9, wo der Grundsatz auf Sokrates angewendet wird; ferner Lukian, Hermot. 64.

[41] Lukian, Pisc. 42.

[42] Vgl. Dio Chrys., or. LXXII: Περὶ τοῦ σχήματος; F. H. Reuters, Die Briefe des Anacharsis, 1963, Brief 5, S. 16; Apuleius, Apol. 22; Philostr., Vita Apoll. VIII, 7 p. 307, Z. 19 Kayser, sowie die Analysen bei Geffcken, Kynika, S. 139 ff., 147 f.

[43] Geffcken, Kynika, S. 53.

[44] Menipp 1; vgl. Cynic. 16 ff.; Timon 7; Vit. auct. 7–10.

[45] Vgl. Diog. L. VI, 5,92; vgl. 91; Apuleius, Flor. 14 ed. Helm.

[46] Diog. L. IV, 7,46. [47] Vgl. Geffcken, Kynika, S. 55 f.

[48] Ib., S. 56.

phen und Scharlatane zu entlarven[49]. Unter ausdrücklicher oder stillschweigender Berufung auf den großen Athener nimmt er stolz alle Anschuldigungen hin. In Wahrheit ist eben nur der Weise schön, selbst wenn er äußerlich niedrig und häßlich erscheint. Diese Ansicht, schon bei Plato über Sokrates ausgesprochen, wird im Hellenismus zum Gemeinplatz. Epiktet behandelt ihn ausführlich in seiner Diatribe „Περὶ καλλωπισμοῦ“[50]. Auch in Diss. IV, 11,19 f. bringt er ihn in Anwendung: Epiktet mahnt, den Körper rein zu halten; ein Widersacher wendet ein, Sokrates habe auch selten gebadet, worauf Epiktet antwortet, Sokrates sei so lieblich und angenehm gewesen, daß er das Baden nicht nötig gehabt habe[51]. Dieser Topos muß verbreitet gewesen sein, denn auch Philo hat ihn aufgenommen[52].

Die gekennzeichnete philosophische Einschätzung der „ταπεινότης“ beruht also auf dem kynischen Grundsatz der „Umwertung aller Werte“: „τήν τ' ἀδοξίαν ἀγαθόν.“[53] D. h.: weder können Erfolg, edle Abstammung[54], Reichtum, Schönheit, Gesundheit usw. als Evidenz für das „ἀγαθόν“ gelten, noch Sklavendasein, Exil, Armut, Alter und Tod als Ausweis des „κακόν“[55]. Dieser für die Interpretation des „ταπεινός“ in 2Kor 10,1 entscheidende Befund[56] muß nun für die Exegese ausgewertet werden. Zunächst ist davon auszugehen, daß das Begriffspaar „ταπεινός—θαρρεῖν“ eine positive wie auch eine negative Bedeutung annehmen kann. In der Anklage der paulinischen Gegner machen beide Begriffe eine negative Aussage. Im Munde des Paulus werden sie dann plötzlich zu positiven Sachverhalten. Denn er bestreitet sie ja nicht, sondern gibt sie betontermaßen zu.

Die Frage erhebt sich nun freilich, wie diese positive Einschätzung der „ταπεινότης“ von der Seite der paulinischen Theologie her zu begründen ist. Sowohl die paulinische Christologie (Phil 2,8) als auch seine Anthro-

[49] Zu Lukians Pisc. vgl. oben S. 35 f.

[50] Diss. III, 1 ed. Schenkl. In § 41 ff. bezieht sich der Philosoph ausdrücklich auf Plato. Epiktet spricht vom „Körperchen“ (τὸ σωμάτιον) des Sokrates und davon, daß er sich um Äußeres nicht gekümmert hat (I, 29,16–18; vgl. III, 5, 17 f.; IV, 1,159–169).

[51] Vgl. F. Schweingruber, Sokrates und Epiktet, Hermes 78, 1943 (S. 52–79), S. 62.

[52] Quaest. in Genes. IV, 99.

[53] Antisthenes bei Diog. L. VI, 11; vgl. Diogenes bei Epiktet, Diss. I, 24,6.

[54] Diogenes bei Diog. L. VI, 72: εὐγενείας δὲ καὶ δόξας καὶ τὰ τοιαῦτα πάντα διέπαιζε, προκοσμήματα κακίας εἶναι λέγων. Vgl. 2Kor 11,22 ff. und unten S. 97.

[55] Vgl. A. Oltramare, Les Origenes de la Diatribe Romaine, 1926, S. 46 ff., 263 ff., der die Diatribe-Topoi listenartig zusammengestellt hat; Bompaire, Lucien, S. 354 ff.

[56] Leider ist der ThW-Artikel von W. Grundmann (VIII, S. 1–27) in bezug auf unsere Fragestellung ganz unbefriedigend. Vgl. E. R. Dodds, Pagan and Christian in An Age of Anxiety, 1965, S. 60, Anm. 3.

pologie und Paränese (Phil 2,3; 3,21; 4,12) zeigen, wie diese Aufnahme des philosophischen Verständnisses möglich gewesen ist. Wenn sich nun Paulus mit seiner Selbstcharakteristik verteidigen will, so wird das bedeuten, daß er in 10,1 einen dem gegnerischen Vorwurf 10,10 gegenüber ironischen Ton anschlägt. Denn in seinem Verständnis beschreiben „ταπεινός" und „θαρρεῖν" die Existenz eines christlichen Apostels tatsächlich angemessen[57]. Zunächst scheint 10,1 der Schilderung 10,10 parallel zu laufen, jedoch wird die dortige Vokabulatur nicht wiederholt. Daraus ergibt sich als das Wahrscheinliche, daß Paulus es selbst ist, der das Wortpaar „ταπεινός—θαρρεῖν" eingeführt hat. 10,1 stellt dann bereits eine Beurteilung der Anklage von 10,10 dar, d. h. wir stoßen hier bereits auf den Beginn der Verteidigung des Paulus; es handelt sich in 10,1 also nicht um ein weiteres Zitat aus der Anklage. Die Deutung des Begriffs „ταπεινός" wird bestätigt durch den Gebrauch des Begriffs „θαρρεῖν". Ähnlich wie „τολμᾶν"[58] so gehört auch „θαρρεῖν"[59] zum Vokabular der zeitgenössischen Rhetorik. Hier wird zwischen angemessenem und unangemessenem „θαρρεῖν" unterschieden. Übertriebene Kühnheit in der Redekunst gilt als sophistisches Übel und steht dem Philosophen nicht an[60]; demgegenüber ist ihm aber das sachliche und ausgewogene „θαρρεῖν" geboten. Schon Plato formuliert die angemessene Weise des „θαρρεῖν" in einer Art von Lehrsatz[61]. Diese Lehre vom „θαρρεῖν" spielt dann eine wichtige Rolle in der folgenden Zeit[62]. Im Hellenismus ist sie Gemeinplatz, besonders im Munde der Philosophen der kynisch-stoischen Diatribe[63]. Philo überträgt sie ins Judentum und sieht sie im ganzen jüdischen Volke verwirklicht[64].

Paulus nimmt also auch hier Stellung zu dem gegnerischen Urteil über

---

[57] Paulus verwendet in 2Kor 10—13 die „ironische" Briefform, die von Ps-Demetr., τύποι ἐπιστολικοί, ed. WEICHERT, S. 11, Z. 6—8 so definiert wird: Εἰρωνικὸς δέ ἐστιν, ὅταν ἐναντίοις πράγμασιν ἐναντία λέγωμεν καὶ τοὺς κακοὺς καλοὺς καὶ ἀγαθοὺς λέγωμεν.

[58] Vgl. unten S. 67 f.

[59] W. GRUNDMANN, ThW III, S. 25—27, schenkt diesen Möglichkeiten keine Beachtung. Wahrscheinlich gehört der ganze Ausdruck θαρρεῖν τῇ πεποιθήσει in die Rhetorik. Vgl. Epiktet, Diss. II, 11,20. Material dafür, daß die Sophisten θάρσος verlangen, hat MUNCK, Paulus, S. 151, Anm. 62, gesammelt. Der ganze Fragenkomplex „Paulus und die Weisheit" müßte neu angefaßt werden. Vgl. H. CONZELMANN, Paulus und die Weisheit (NTS 12, 1966, S. 231—244); R. BAUMANN, Mitte und Norm des Christlichen (Neutest. Abhandl., 5), 1968, S. 66 ff.

[60] Vgl. die scharfe Verurteilung durch Philo, De post. 34—38; Epiktet, Diss. I, 9,9;19,3; II, 1,9; Lukian, Pro lapsu 17.

[61] Rep. 450 E: ἐν γὰρ φρονίμοις τε καὶ φίλοις περὶ τῶν μεγίστων τε καὶ φίλων τἀληθῆ εἰδότα λέγειν ἀσφαλὲς καὶ θαρραλέον ...

[62] Vgl. auch Phaidon 78 B ff.

[63] Vgl. Epiktet, Diss. I, 11,19; 24,15; 30,5; II, 1 trägt den Titel „ὅτι οὐ μάχεται τὸ θαρρεῖν τῷ εὐλαβεῖσθαι" (vgl. 7; 29; 40); II, 8,25; 11,20; 22,29; III, 26,5; 26,24 (Vorbild Sokrates).

[64] Vgl. den ganzen Abschnitt Quis rer. div. 19 ff.; Quod deus sit immut. 148.

seine Briefstellerei. Hatten die Gegner diese scheinbar positiv, in Wirklichkeit aber negativ beurteilt, so stellt Paulus diesem Urteil sein eigenes entgegen: die Art der Briefe entspricht dem „θαρρεῖν“, welches seinerseits der „ταπεινότης“ entspricht und nicht mit ihr im Widerspruch steht.

Von hier aus können wir auch darauf schließen, welches „σχῆμα“ nach Meinung der Gegner einem christlichen Apostel zusteht. Es ist sicher das der paulinischen „ἀσθένεια“ und „ταπεινότης“ entgegengesetzte „σχῆμα“. Dieses finden wir nun bei Lukian parodistisch zur Entlarvung der Pseudophilosophen und religiösen Goeten verwendet.

Im „Alexander“ gibt Lukian eine Personenbeschreibung des Propheten Alexander von Abonuteichos, die eine ganze Reihe positiver Kennzeichen eines „θεῖος ἀνήρ“ aufzählt. In seiner Absicht, der Entlarvung von Goeten, trifft sich Lukian sowohl mit Paulus als auch mit seinen Gegnern. Verschieden sind die literarischen Mittel. Die paulinischen Gegner legen Beobachtungen der „Schwäche“ des Paulus vor. Das gleiche Ziel strebt Lukian an, jedoch arbeitet er umgekehrt mit einer Parodie der herrlichen äußeren Vorzüge Alexanders, um dann um so eindrücklicher zu zeigen, welch finstere Seele sich hinter der blendenden Fassade verbirgt. In der Verwendung des Stilmittels der Parodie trifft sich Lukian mit Paulus, der auch seine Gegner dadurch zu entlarven sucht, daß er ironisch ihre Vorzüge hervorkehrt (vgl. nur 2Kor 11,22 ff.). Lukian beschreibt eingehend den wohlgestalteten und den Göttern würdigen Körper des Alexander, die weiße Hautfarbe, das gepflegte lange Haar, die strahlenden Augen, die angenehme und wohlklingende Stimme, – kurz: eine fehlerlose Erscheinung[65]. Wäre Analoges über Paulus zu sagen gewesen oder etwas, das dem Aussehen des platonischen Philosophen Ion[66], nicht zu reden von dem reichen Tyrannen im lukianischen „Cataplus“[67], gleichkäme, die Gegner des Paulus wären vermutlich zufrieden gewesen. Paulus wie auch Lukian jedoch sind sich darin einig, daß sie sich nicht von einer glänzenden äußeren Erscheinung täuschen lassen.

Als „ἀσθενής“ entspricht Paulus tatsächlich dem Typ des orientalischen Goeten. Auch für diesen Typ liegen uns Personbeschreibungen bei Lukian vor. Wiederum ist es Teil der lukianischen Parodie, wenn er im „Philopseudes“ den ägyptischen Propheten Pankrates beschreibt: „... ein heiliger Mann, geschoren, in linnenen Kleidern, gedankenvoll, nicht rein griechisch sprechend, mager, stülpnasig, mit aufgeworfenen Lippen und dürren Schenkeln.“[68] Zur Entlarvung des Goeten gehört es, nicht nur dessen Typ zu identifizieren, sondern auch dessen „Schwäche“ aufzudecken. Die-

[65] Alex. 3; vgl. Betz, Lukian, S. 131 ff.

[66] Conviv. 7, ebenfalls parodistisch und von der menippischen Satire abhängig (vgl. Helm, Lucian und Menipp, S. 372 ff.).

[67] Catapl. 16, ebenso zu beurteilen wie die vorige Stelle.

[68] Philops. 34, vgl. Reitzenstein, Wundererzählungen, S. 38 f.

ses Ziel verfolgt Lukian, wenn er berichtet, wie er beim Glykonorakel des Alexander folgende Frage eingereicht habe, um den Propheten zu verwirren: „Wann wird Alexander als Betrüger überführt werden?“ Der Prophet gibt acht verschiedene Antworten, die alle völligen Unsinn enthalten und beweisen, daß der Prophet dem Verfolger gegenüber in Panikstimmung geraten ist[69]. Eine ebensolche „Schwäche“ offenbart sich, wenn Lukian unmittelbar darauf erzählt, daß der Prophet ihn habe bestechen wollen[70]. Ja, sogar einen Mordversuch habe er unternommen, um sich des Lukian zu entledigen, aber der Plan scheitert[71]. Typisch ist ferner, wie Alexander vor seinem Tode, als sich die Ärzte um ihn bemühen, die Perücke verliert und seinen Glatzkopf entblößt, das Kennzeichen des Goeten[72]. Ähnlich zeigt Lukian den Peregrinus Proteus in der Situation der Angst vor dem Tode[73], vor den Wogen bei einem Seeunwetter[74] oder hilflos im Fieberwahn liegend[75]. Die gleiche Technik wird bei der Verspottung der Philosophen gehandhabt: hier fallen die Philosophen mit Regelmäßigkeit aus der Rolle und entpuppen sich als das Gegenteil von dem, was sie zu sein behaupten[76].

Für die Gegner des Paulus fiel dessen Erscheinung und Auftreten mit diesem bekannten Typ des Goeten zusammen. Sie werden Paulus als einen der vielen Goeten und Banausen angesehen haben, die damals das römische Reich durchzogen[77]. Wie wir aus der Didache sehen, traten sie früh in den christlichen Gemeinden in christlicher Form auf, und die Gemeinden taten gut daran, vor ihnen auf der Hut zu sein[78]. Nur so ist es zu verstehen, daß die Gegner mit ihrer Beurteilung bei der korinthischen Gemeinde haben Gehör finden können. Man wird die Frage des Bildes, das sich die Gegner vom Gründer der korinthischen Gemeinde gemacht haben, nicht behandeln, ohne der alten Beschreibung des Paulus Erwähnung zu tun, die uns in den Acta Pauli et Theclae überliefert ist. Paulus wird dort geschildert als ein Mann von numinoser Häßlichkeit, ganz in der Art des Propheten Pankrates: „ein Mann klein von Gestalt, mit kahlem Kopf und krummen Beinen, in guter Haltung, mit zusammengewachsenen Augenbrauen und einer langen Nase, voller Anmut. Bald nämlich erschien er als ein Menschenwesen, bald zeigte er das Gesicht eines Engels.“[79] Natür-

[69] Alex. 54. [70] Ib., 55. [71] Ib., 56.

[72] Ib., 59: ὅτεπερ καὶ ἐφωράθη φαλακρὸς ὤν ... τῆς φενάκης ἀφῃρημένης.

[73] De morte Peregr. 33. [74] Ib., 43 f. [75] Ib., 44.

[76] Vgl. Helm, Lucian und Menipp, S. 372 ff.

[77] So erscheint er denn auch den athenischen Philosophen (Act 17,18 ff.).

[78] Vgl. oben S. 39.

[79] Kap. 3, ed. Lipsius-Bonnet, Acta Apostolorum Apocrypha, I², 1959, S. 237: εἶδεν δὲ τὸν Παῦλον ἐρχόμενον ἄνδρα μικρὸν τῷ μεγέθει, ψιλὸν τῇ κεφαλῇ, ἀγκύλον ταῖς κνήμαις, εὐεκτικόν, σύνοφρυν, μικρῶς ἐπίρρινον, χάριτος πλήρη· ποτὲ μὲν γὰρ ἐφαίνετο ὡς ἄνθρωπος, ποτὲ δὲ ἀγγέλου πρόσωπον εἶχεν. Vgl. E. von Dobschütz, Der Apostel Paulus, II, 1928, S. 1 f.; Plummer, Second Cor., S. 283; C. H. Dodd, New Testament Studies, 1953, S. 67.

lich kann diese Beschreibung nicht Anspruch auf historische Zuverlässigkeit erheben. Sie stellt aber einen bestimmten Typ dar, etwa den Typ, dem auch Paulus nach Auffassung seiner Gegner entsprach. Er entspricht auffallend dem Komödientyp des „kahlköpfigen Narren" („μωρὸς φαλακρός"), mit dem schon Sokrates verspottet wurde[80]. Daß hier Zusammenhänge bestehen, läßt sich kaum von der Hand weisen.

Die nunmehr zu stellende Frage ist, in welcher Weise Paulus hat hoffen können, bei der Gemeinde mit seiner Gegenargumentation Gehör zu finden.

Wir stoßen an dieser Stelle des Problems auf einen interessanten Zug der paulinischen Argumentation, der uns im folgenden noch mehrmals begegnen wird. Paulus steht faktisch in einer bestimmten geistesgeschichtlichen Tradition des Griechentums, nämlich in der Auseinandersetzung zwischen den „Philosophen" und den „Sophisten", wenn er die gegen ihn erhobenen Anklagen ironisch gelten läßt. Er zeigt durch entsprechende Wiedergabe dieser Anklagen, daß diese de facto den Anklagen entsprechen, die immer schon von den Sophisten gegen die Verkündiger der Wahrheit angezettelt wurden. Er kann unausgesprochen voraussetzen, daß seine Leser diese Tendenz schon erkennen werden, denn wir sahen in Kap. I, daß dies eines der üblichen Mittel in Verteidigungsreden darstellt. Ohne daß Paulus irgend etwas zu widerlegen braucht, kommt er so ganz von selbst auf die Seite der „Wahrheit" zu stehen, während seine Gegner in die Rolle der scheinheiligen Sophisten gedrängt werden. Nur so kann man doch verstehen, warum im ganzen Fragment die von den Gegnern erhobenen Vorwürfe nicht bestritten werden. Scheinbar töricht gibt er immer alles zu.

Diese Verteidigung ist für Paulus deshalb so bedeutsam, weil er sich nicht nur durch den Rückgriff auf seine Christologie verteidigt, sondern zugleich auf eine bestimmte Tradition hellenistischer Kultur, die des „sokratischen Humanismus" zurückgreift, welcher offenbar besonders in der kynisch-stoischen Philosophie weitergegeben wurde. Die Inanspruchnahme gerade dieser Tradition ist nun aber nichts original Paulinisches; schon das hellenistische Judentum hatte den gleichen Schritt getan. Paulus lehnt offenbar die „Weisheit der Hellenen" nicht in Bausch und Bogen ab, wie man bisher anzunehmen geneigt war, sondern zieht bestimmte Traditionen vor, während er andere ablehnt. Von dieser Erkenntnis aus müßten die einschlägigen Texte in 1Kor neu untersucht werden.

Bedeutsam ist ferner, daß dieser Aspekt seiner Verteidigung untrennbar mit seiner Christologie verbunden ist. Paulus setzt seine „ταπεινότης" in Beziehung zu Tod und Auferstehung Christi. „Habe ich damit eine Sünde begangen, daß ich mich selbst erniedrigt habe, damit ihr erhöht

---

80 Vgl. oben S. 34.

würdet?“ fragt Paulus ironisch in der „Narrenrede“ (11,7)[81]. Natürlich ist es in Wahrheit genau umgekehrt: weder war es eine Sünde, noch hat sich Paulus selbst erniedrigt. Vielmehr hat ihn Gott erniedrigt, als er ihn zu den Korinthern schickte, und Paulus bemerkt sarkastisch, er hoffe, daß Gott ihn nicht wiederum erniedrige, wenn er das nächste Mal zu ihnen komme (12,21)[82]. Das in 10,1 gebrauchte Begriffspaar „ταπεινός—θαρρεῖν“ ist demnach kein Verdacht erregender Widerspruch, sondern korrespondiert dem „ταπεινοῦν“ und „ὑψωθῆναι“ (11,7), wobei vorausgesetzt ist, daß das wahre "θαρρεῖν“ nicht dem Nutzen des Sprechers dient, sondern dem Nutzen der Angeredeten. In 13,3 f. wird dieser an der apostolischen Existenz ablesbare Tatbestand christologisch-soteriologisch interpretiert. Was die Gegner in 10,10 als Widerspruch ausgeben, ist in Wirklichkeit das in der paulinischen Existenz offenbar werdende Verhältnis der Gegenwart von Christi Tod und Auferstehung. Christus wurde gekreuzigt „ἐξ ἀσθενείας“, d. h. der irdische Jesus befand sich auch im Zustand der „ἀσθένεια“, wie sich am Kreuze zeigt. Eben dadurch lebte er ganz aus der „Kraft Gottes“, wie sich an seiner Auferstehung zeigt. Das gleiche, so versichert Paulus, können die Korinther auch an ihm ablesen: seine „Schwachheit“ korrespondiert dem Offenbarwerden der „Kraft Gottes“[83]. Sein „θαρρεῖν“ beruht nicht auf Großmäuligkeit, sondern auf der Autorität, die damit gegeben ist, daß in seinen Briefen „Christus“ zu Worte kommt[84].

Wie wir noch mehrfach sehen werden, kommt der Frage nach der „Evidenz“ für das jeweils Behauptete und Beanspruchte in der Auseinandersetzung eine wichtige Rolle zu. Als legitimer Apostel muß Paulus „Evidenz“ vorweisen können und damit seinen Anspruch beglaubigen. Paulus weist diese Forderung keineswegs ab, sondern bejaht sie. Er bestreitet nur, daß das, was die Gegner als „Evidenz“ ansehen, geeignet ist, einen Apostel Jesu Christi als solchen auszuweisen. Der gegnerischen Forderung gegenüber entwickelt Paulus dann mit gründlicher theologischer Rechenschaft seine eigene Auffassung von „Evidenz“. Jedenfalls stimmt er zunächst zu: „Evidenz muß sein!“[85]

In der Verteidigung gegenüber den in 10,10 erhobenen Anklagen kann er bis jetzt auf zwei „evidente“ Tatbestände verweisen. Einmal sind seine Briefe Evidenz für sein „θαρρεῖν“. Das wird ja auch von seinen Gegnern

---

[81] 2Kor 11,7: Ἢ ἁμαρτίαν ἐποίησα ἐμαυτὸν ταπεινῶν ἵνα ὑμεῖς ὑψωθῆτε . . .;

[82] Vgl. schon 1Kor 2,3; 1Thess 2,1; Gal 4,13.

[83] 13,3: . . . ὃς εἰς ὑμᾶς οὐκ ἀσθενεῖ ἀλλὰ δυνατεῖ ἐν ὑμῖν. Vgl. R. BULTMANN, Theologie des Neuen Testaments, 1965[5], § 33; BETZ, Nachfolge und Nachahmung, S. 184 f.

[84] 2Kor 10,1; 13,3 f. Zum Problem vgl. H.-W. KUHN, Der irdische Jesus bei Paulus als traditionsgeschichtliches und theologisches Problem, ZThK 67, 1970, 295—320.

[85] Paulus fordert die Korinther ausdrücklich auf: τὰ κατὰ πρόσωπον βλέπετε (2Kor 10,7).

nicht bestritten, sondern nur anders bewertet. Jedoch hat Paulus dieser gegnerischen Bewertung inzwischen den Boden entzogen und eine entgegengesetzte Bewertung vorgetragen. Weiterhin ist die Existenz der korinthischen Gemeinde Evidenz dafür, daß die „Schwachheit" des Paulus dem Wirken der „Kraft Gottes" bisher nicht im Wege gestanden haben kann, sondern im Gegenteil, wie die Korinther selbst wissen, reiche Früchte eingebracht hat[86]. Die „Schwachheit" des Paulus kann also weder hinsichtlich ihrer Evidenz noch christologisch-soteriologisch gegen ihn als Anklage verwendet werden.

b) Der „λόγος" des Apostels

Das „Gutachten" der Gegner nennt als zweites negatives Merkmal paulinischen Auftretens: „ὁ λόγος ἐξουθενημένος". Was ist damit gemeint? Aus dem paulinischen Sprachgebrauch ist soviel klar, daß „ἐξουθενημένος" einen von einem bestimmten Vorverständnis her abzulehnenden Sachverhalt bezeichnet[87]. Analog dem ersten Punkt der Anklage ist auch im Falle des paulinischen „λόγος" Verdacht erregend, daß dieser im krassen Widerspruch zu seinen gewichtigen und anspruchsvollen brieflichen Äußerungen steht[88]. Worum aber handelt es sich bei dem Begriff „λόγος"?

Aus Kap. 10—13 geht zunächst hervor, daß sich der Begriff auf den „λόγος" des Paulus bezieht, nicht etwa auf den „λόγος τοῦ θεοῦ"[89]. Es ist der „λόγος", den Paulus durch seine Briefe vermittelt, womit festgestellt ist, daß es sich um den gleichen „λόγος" handelt wie beim mündlichen[90].

Die Exegeten sind daher zumeist der Auffassung, daß die Gegner darauf hinweisen, Paulus „sei kein formal geschickter Redner"[91]. Die Begründung dafür wird aus dem 1Kor beigebracht (2,3). Da es dort sowohl um die Form wie um den Inhalt des paulinischen „λόγος" geht, setzt man dies auch für 2Kor 10,10 voraus[92]. Eine solche Harmonisierung ist aber methodisch fragwürdig.

Im 1Kor muß Paulus in der Tat seinen „λόγος τοῦ σταυροῦ" sowohl

---

[86] 2Kor 11,7 (ὑμεῖς ὑψωθῆτε); 12,21 (πρὸς ὑμᾶς); 13,3 (Christus δυνατεῖ ἐν ὑμῖν). 4 (εἰς ὑμᾶς).

[87] Vgl. Röm 14,3.10; 1Kor 1,28; 6,4; 16,11; Gal 4,14; 1Thess 5,20.

[88] HEINRICI, Zw. Kor., S. 329 f., hebt mit Recht das konträre Verhältnis von ἐξουθενημένος und βαρεῖαι hervor: „Die *gravitas* imponirt und flößt Achtung ein, daher der Gegensatz ἐξουθενημ." So auch PLUMMER, Second Cor., S. 282.

[89] Vgl. 1Kor 1,18; 14,36; 15,54; 2Kor 2,17; 4,2; 5,19; 6,7.

[90] 2Kor 10,11, vgl. WINDISCH, Zw. Kor., S. 307.

[91] So LIETZMANN-KÜMMEL, S. 146; WINDISCH, Zw. Kor., S. 306; HEINRICI, Zw. Kor., S. 329; E. A. JUDGE, Paul's Boasting in Relation to Contemporary Professional Practice, Australian Bibl. Review 16, 1968, S. 37—50.

[92] So PLUMMER, Second Cor., S. 283.

nach der inhaltlichen als auch nach der formalen Seite hin verteidigen[93]. In 2Kor 10–13 aber geht es lediglich um die Form seines „λόγος“ als eines Bestandteiles seines Auftretens, das allein zur Diskussion steht.

Diese Auslegung wurde von Käsemann[94] energisch bestritten: „Man wird dabei nicht an mangelnde rhetorische Schulung zu denken haben.“ Er fährt dann fort: „Dem Apostel liegt vielmehr die freie Rede nicht. Gerade deshalb verweist er 11,5 auf seine Gnosis.“ Sinnvoll sei dieser Gegensatz, meint Käsemann unter Berufung auf Reitzenstein, weil im Hellenismus die freie Rede Beweis für den Pneumabesitz sei und weil es den Pneumatiker verdächtigt, „wenn er die δύναμις nur in dem ausgearbeiteten Briefe, nicht aber in der unmittelbaren Verkündigung zeigt“[95]. Bei Paulus könne vom Mangel an rhetorischer Bildung nicht die Rede sein; vielmehr habe man ihm die Gabe pneumatischer Rede abgesprochen. Nun muß man aber beachten, daß im Hellenismus „rhetorische Bildung“ und „pneumatische Rede“ nicht notwendigerweise einen Gegensatz bilden. Reitzenstein weist gerade an der von Käsemann zitierten Stelle auf den Zusammenhang von Rhetorik und religiösem Enthusiasmus hin[96]. So ist eher anzunehmen, daß die Gegner des Paulus diesem zusammen mit der rhetorischen Redegabe auch den Besitz der pneumatischen Redegabe abgesprochen haben.

W. Schmithals[97] schließt sich Käsemann an und hält, ohne Gründe anzuführen, die bereits genannte Deutung Windischs für „ausgeschlossen . . ., weil es nicht denkbar ist, daß der Stil der paulinischen Briefe von dem seiner Rede sehr erheblich abstach; da man aber die Briefe in einer Sache ebenso kräftig lobte, wie die Rede in derselben Sache verächtlich gemacht wurde, kann unmöglich der Sprachstil des Pls Grund zu den so verschiedenen Urteilen gewesen sein, ganz gleichgültig, wie man diesen auch beurteilt und in Kor beurteilt hat“. Schmithals meint, der Vorwurf sei auf den Inhalt zu beziehen. Die paulinische Predigt sei „deshalb so verächtlich, weil sie ἐν νοΐ, nicht aber in der (gnostisch verstandenen) ἀπόδειξις πνεύματος καὶ δυνάμεως (I 2,4) ergeht“. Der Vorwurf habe also darin bestanden, daß dem Paulus die „im Pneumabesitz begründete Exousia fehlte“[98]. Diese Bestreitung ist aber in sich zu unklar, als daß daraus wesentlich mehr als unbewiesene Möglichkeiten zu entnehmen wären[99].

---

93 Vgl. 1Kor 1,17; 2,1.3 f. 13. Dazu s. J. Weiss, Erster Kor., z. St.; Conzelmann, Erster Kor., S. 70–72.

94 Die Legitimität des Apostels, S. 35; gegen Windisch, Zw. Kor., S. 331 ff. Zustimmend zu Käsemann auch Rissi, Studien, S. 17 f., 44.

95 R. Reitzenstein, Die hellenistischen Mysterienreligionen nach ihren Grundgedanken und Wirkungen, 1927[3], S. 362 f.

96 Ib., S. 362; vgl. Burkert, Rh. M. 105, S. 55.

97 Gnosis, S. 166 f.

98 Ib., S. 167.

99 Anders offenbar S. 133 f. zu 1Kor 2,4.

Die Lösung des Problems liegt meines Erachtens in der noch nicht besprochenen Stelle 2Kor 11,6, wo Paulus über sich selbst im Vergleich mit den sog. Überaposteln sagt: „εἰ δὲ καὶ ἰδιώτης τῷ λόγῳ, ἀλλ' οὐ τῇ γνώσει . . ."

Er gesteht also zu, er sei zwar ein „ἰδιώτης τῷ λόγῳ", bestreitet aber, daß er deshalb auch ein „ἰδιώτης τῇ γνώσει" sei. Offensichtlich handelt es sich bei „λόγος" und „γνῶσις" nicht um zwei völlig verschiedene Dinge, sondern um zwei Seiten desselben Sachverhaltes: „λόγος" aber muß die äußere Form der „γνῶσις" bezeichnen; dann aber muß „γνῶσις" das sein, was im „λόγος" zum Ausdruck kommt. Folglich bezeichnet „λόγος" nicht den Inhalt, sondern die Form der Rede. Die Frage nach der äußeren Form der Briefe ist von den Gegnern offenbar nicht als Argument verwendet worden.

Als Parallele für den hier vorliegenden Sachverhalt sei der in kynischer Tradition stehende 1. Anacharsisbrief angeführt, den F. H. Reuters im 3. Jahrh. v. Chr. ansetzt. Anacharsis verteidigt sich gegenüber den Athenern, die ihn wegen seines schlechten Griechisch auslachen, damit, daß er durch Beispiele die These beweist: „Nicht in der Sprache zeigt sich der Wertunterschied der Menschen, sondern in den Meinungen („γνῶμαι")", die in den verschiedenen Sprachen zum Ausdruck gebracht werden. Für eine gute Rede ist nicht die Aussprache, sondern der Inhalt entscheidend. Nur Ungebildete verlassen sich auf den Klang der Worte und erleiden dadurch oft großen Schaden.

Eine weitere Frage ist die nach dem Verhältnis zwischen 11,6 und 10,10. Haben wir in 11,6 wieder eine gegnerische Anklage vor uns oder die Stellungnahme des Paulus zu 10,10? Windisch hält „ἰδιώτης τῷ λόγῳ" für „eines der Schlagworte, das die Gegner im Munde führten, um P. in den Augen der Kor. klein zu machen"[100].

Man muß zunächst formal davon ausgehen, daß Paulus in 11,6 eine Aussage über sich selbst macht[101]. Er gesteht ein, er sei ein „ἰδιώτης τῷ λόγῳ", und er nimmt damit Stellung zu dem Anklagepunkt 10,10, seine Rede sei verächtlich. Dieses Eingeständnis ist nun aber, analog zu dem, was wir an Hand von 10,1 beobachten konnten, nicht einfach die Wiedergabe eines neuen gegnerischen Vorwurfes, sondern die paulinische Verteidigung gegen den Vorwurf in 10,10.

Das deutet Windisch denn auch wenigstens an: „Er [sc. Paulus] wird den Mangel nicht schwer genommen, vielleicht sogar als Vorzug empfunden haben — schwebt ihm doch offenbar auch hier der Gegensatz

---

[100] Zw. Kor., S. 331; ebenso Bachmann, Zw. Kor., S. 370 f.; Schmithals, Gnosis, S. 134; Georgi, Gegner, S. 263.

[101] So mit Recht Käsemann, Legitimität, S. 35; Heinrici, Zw. Kor., S. 355 f.; Plummer, Second Cor., S. 299 f.; Windisch, Zw. Kor., S. 331; Lietzmann-Kümmel, z. St.; Héring, Second Cor., z. St.

zwischen dem Sophisten und dem echten Weisen und Gnostiker vor."[102] Freilich bleibt auch für Windisch der Sachverhalt letztlich rätselhaft: „Rätselhaft erscheint uns das Urteil, einschließlich der eigenen Zustimmung des P., freilich insofern, als wir mit zunehmender Deutlichkeit ein bedeutendes Maß rhetorischer Schulung bei ihm wahrnehmen ..."[103] Er ist jedoch auf der richtigen Spur, wenn er vermutet, die Gegner könnten nur Männer gewesen sein, „die irgendwie noch tiefer als P. in rhetorische Dialektik eingedrungen waren und ihre dialektischen Künste zum Staunen der Kor. reichlich spielen ließen"[104].

Was uns bei dem Zugeständnis des Paulus, er sei ein „ἰδιώτης τῷ λόγῳ", vorliegt, ist nun aber wiederum ein Topos, der hineingehört in den seit Sokrates entbrannten Streit zwischen „Philosophen" und „Rhetoren" bzw. „Sophisten"[105]. Daß der Streit mit Sokrates begann, wird man nach Ausweis der Quellen als historisch sicher annehmen können, selbst wenn es erst die Sokratiker gewesen sind, die den Gegensatz zu seiner vollen Schärfe ausgebaut haben[106]. Für Plato schon ist der Kampf ein Kampf auf Leben und Tod im wahren Sinne des Wortes: sein Sokrates, die Verkörperung der „Philosophie" schlechthin, fällt schließlich den Machenschaften der „Sophistik" zum Opfer[107].

Der Grund dafür liegt nun, wie Kallikles im „Gorgias" „voraussagt", darin, daß Sokrates wegen seines Verzichtes auf die Mittel der Rhetorik nicht in der Lage ist, sich zu verteidigen[108]: „Wenn sie dich vor Gericht ziehn, so wird dir schwindlig werden, und du wirst den Mund aufmachen und nicht wissen was du sagen sollst." Sokrates stimmt zu: „Ich werde nichts zu sagen haben vor Gericht."[109] Plato stellt den Zusammenhang so dar, daß der Philosoph mit den Mitteln der Rhetorik grundsätzlich nicht verteidigt werden kann und läßt Sokrates auf jede Verteidigung verzichten[110]. Überhaupt verzichtet der platonische Sokrates auf die Anwendung

---

[102] WINDISCH, Zw. Kor., S. 331; vgl. HEINRICI, Zw. Kor., S. 355, 356 Anm., mit Stellenangaben. [103] WINDISCH, ib.

[104] Ib., S. 332, wo Windisch auf zwei wichtige Paralleltexte hinweist. S. auch HEINRICIS Anhang „Zum Hellenismus des Paulus", Zw. Kor., S. 436 ff., bes. S. 448.

[105] Vgl. das Einleitungskapitel „Sophistik, Rhetorik, Philosophie in ihrem Kampf um die Jugendbildung" bei H. VON ARNIM, Leben und Werke des Dio von Prusa, 1898, S. 4—114; auch LAUSBERG, Handbuch, I, § 36.

[106] Vgl. MAIER, Sokrates, S. 253 ff.; GIGON, Sokrates, S. 58 ff., 209 ff.; MAGALHÃES-VILHENA, S. 21 ff.

[107] Vgl. Gorgias 486 AC, wo auf den Tod des Sokrates angespielt ist, sowie die Apol. passim. Auch Philo, De agr. 160, ist dieser Auffassung.

[108] Gorgias 486 AB, zitiert nach der Übers. von FRIEDLÄNDER, Platon, II³, 1964, S. 143.

[109] Gorg. 521 E, vgl. FRIEDLÄNDER, Platon II, S. 143 f.

[110] Vgl. FRIEDLÄNDER, Platon II, 143 ff. Der Topos findet sich auch bei Quintilian im Zusammenhang mit dem Selbstlob (XI, 1,9 ff., vgl. unten S. 75 ff.).

rhetorischer Mittel, wie die Auseinandersetzungen mit den Sophisten zeigen.

In seiner großen Rede im „Gorgias" ist es Kallikles[111], der Sokrates damit zu vernichten sucht, daß er die „Nutzlosigkeit" der Philosophie und die lächerliche Hilflosigkeit der in der Rhetorik ungeschulten Philosophen aufzeigt. Die Philosophie will Kallikles als Teil der Jugenderziehung gelten lassen; aber der erwachsene Mann muß, will er nicht ruiniert werden, zu größeren Dingen übergehen[112]. Das Sichverlieren in die Philosophie, so wie Sokrates es betreibt, macht den Menschen unfähig, sich in der Welt zu behaupten. Der Philosoph erweist sich deshalb als unfähig, weil er von den Gesetzen, Begierden und Verhaltensweisen des Menschen nichts versteht. Darum gibt er auch, sobald er sich gezwungen sieht, sich mit seinen privaten Geschäften oder mit politischen Händeln zu befassen, mit Notwendigkeit eine lächerliche Figur ab[113]. Eine solch lächerliche Figur sieht Kallikles natürlich in Sokrates verkörpert. Ja, was dieser und dessen Schüler tun, ist nicht nur lächerlich, sondern „unmoralisch"[114], denn sie verdammen sich zu völliger Hilflosigkeit mitten in den Geschäften und Händeln des täglichen Lebens. Sollten sie ungerechterweise ins Gefängnis geworfen oder vor Gericht gebracht werden, so wissen sie nicht, wie sie sich verteidigen sollen, und werden ein leichtes Opfer gewissenloser Anklageredner. Was für eine Weisheit kann die Philosophie abwerfen, wenn sie niemandem in den Gefahren des Lebens helfen kann, ihn den Feinden wehrlos ausliefert und den, der ihr anhängt, dazu verurteilt, als verachteter Nichtsnutz in seiner eigenen Vaterstadt dahinzuleben?[115] Kallikles schließt mit dem Aufruf an Sokrates, das ganze philosophische Gefasel beiseite zu lassen und sich endlich dem praktischen und nutzbringenden Denken der Sophistik zuzuwenden[116].

Im Verständnis des Kallikles ist Sokrates geradezu der „Idealtypus" des in der Rhetorik unbewanderten „ἰδιώτης"[117]. Sokrates seinerseits denkt nicht daran, sich Kallikles gegenüber zu rechtfertigen, denn eine solche Rechtfertigung würde ihr Ziel, nämlich verstanden zu werden, nie erreichen. Sokrates bemerkt darum ironisch, daß es sich, falls er und Kallikles übereinstimmen sollten, um die Wahrheit selbst handeln müsse. Das heißt, daß es eine Verständigung nicht geben kann[118]. Ebenso ironisch ist natürlich die Reaktion des Sokrates, wenn er Kallikles alle Vorzüge der Bildung zugesteht[119] und ihn mit ehrenvollen Komplimenten überschüt-

[111] Plato, Gorg. 482 C ff.

[112] Kallikles faßt die sophistische Auffassung in 484 C so zusammen: φιλοσοφία γάρ τοί ἐστιν, ὦ Σώκρατες, χαρίεν, ἄν τις αὐτοῦ μετρίως ἅψηται ἐν τῇ ἡλικίᾳ· ἐὰν δὲ περαιτέρω τοῦ δέοντος ἐνδιατρίψῃ, διαφθορὰ τῶν ἀνθρώπων.

[113] 484 DE.

[114] 486 A: αἰσχρόν.

[115] 486 BC.

[116] 486 DE, vgl. 489 BC.

[117] Der Begriff wird in diesem Sinne vielleicht 526 C gebraucht.

[118] 486 E–487 A.

[119] 487 AB.

tet[120]. Eine ähnliche Situation liegt im „Euthydemus" vor. Plato läßt Sokrates höchstes Lob gegenüber den Sophisten Euthydemus und Dionysodorus aussprechen: sie seien wahrhaftig „πάσσοφοι"[121]. In den Augen dieser Sophisten ist Sokrates freilich eine verächtliche und lächerliche Gestalt, was auch von ihnen gerade in dem Augenblick zu verstehen gegeben wird, in dem Sokrates sie so überschwenglich preist[122]. Selbstredend dient all dies bei Plato nur dem Zweck, die Sophisten in den Augen des Lesers als arrogante Schwätzer hinzustellen, die ihre hochtrabenden Versprechungen, die „Arete" in der besten und schnellsten Weise zu vermitteln, nicht einzuhalten vermögen[123]. Umgekehrt ist Sokrates, der seine Unwissenheit und Lernbegierigkeit zur Schau stellt, in Wahrheit derjenige, der die Tricks und Fehlschlüsse dieser Leute durchschaut hat, der ohne deren Wissen das Gespräch lenkt und der schließlich die sophistischen Gegner zur Kapitulation zwingt[124].

Solche „Täuschungsmanöver" führt Sokrates auch im „Hippias Minor" durch[125]. Friedländer hat das Verfahren des Sokrates so beschrieben: „Sokrates aber, der hier scheinbar als Sophist seinen Gegner ‚täuscht', ist das lebendige Zeugnis dafür, daß, wer die Wahrheit kennt, besser täuschen kann als wer sie nicht kennt, und daß, wer so ‚freiwillig' täuscht, ‚besser' ist als wer unfreiwillig täuscht, besser nicht nur im Sinne höherer Virtuosität sondern größerer Annäherung an das Agathón. So ist dieser Dialog die reinste Darstellung jener sokratischen Seinsart, die verschlungen mit den mannigfachsten Problemen in den Dialogen der Frühzeit, ja weit hinein bis in die reifsten platonischen Werke, überall gezeigt wird: Sokrates ist der Beherrscher aller sophistischen Mittel mit dem Ziel des ‚Guten', der mit dem Blick auf das rechte Ziel täuschende Erzieher."[126] Im Dialog „Laches" bedauert Sokrates scheinheilig, daß er schon von Jugend an die Unterrichtsstunden der Sophisten habe besuchen wollen, daß er es sich aber nicht habe leisten können wegen des Honorars, das jene dem Schüler abfordern. Ihm fehle daher sowohl das „καλόν τε ἀγαθόν" wie die sophistische Technik überhaupt[127].

Im „Phaidros" beschwört Sokrates Phaidros ironisch, er solle doch nicht verlangen, daß er sich mit dem Meisterredner Lysias messe; er als

---

120 Vgl. 489 CD: ὦ σοφώτατε, ὦ δαιμόνιε, ...

121 Vgl. Euthyd. 271 C; 273 C–E; 274 AB; Rep. 598 CD; sowie Friedländer, Platon, II, S. 168 f.

122 Euthyd. 273 CD.

123 273 DE, 278 C.

124 277 D ff.; vgl. die Analyse bei Friedländer, Platon, II, S. 172 ff.

125 Vgl. insbesondere 364 A ff.

126 Friedländer, Platon, II, S. 132 f.

127 Laches 186 C: ἀλλὰ τοῖς μὲν σοφισταῖς οὐκ ἔχω τελεῖν μισθούς, οἵπερ μόνοι ἐπηγγέλλοντό με οἷοί τ' εἶναι ποιῆσαι καλόν τε κἀγαθόν· αὐτὸς δ' αὖ εὑρεῖν τὴν τέχνην ἀδυνατῶ ἔτι νυνί.

„ἰδιώτης" mache sich da doch nur lächerlich, wenn er so ohne sorgfältige Vorbereitung mit dem Meister konkurrieren solle[128].

Die bei Plato so ausführlich und grundsätzlich zum Ausdruck gebrachte Trennung zwischen „Philosophie" und „Rhetorik" zieht sich durch die gesamte antike Geistesgeschichte. Diese Tradition braucht hier nicht im einzelnen dargestellt zu werden. Nur soll auf einige interessante Punkte aufmerksam gemacht werden.

Cicero befaßt sich ausführlich mit der Spaltung von Philosophie und Rhetorik in De oratore III, 15,56–73. Ursprünglich seien beide vereinigt gewesen, dann aber sei die Rhetorik in schlechten Ruf geraten; Sokrates sei es gewesen, der die Wissenschaften vom weisen Denken von den Wissenschaften vom schönen Reden abgetrennt habe und den Titel „Philosophie" für die erstere reserviert habe[129]. Seitdem existiere die verhängnisvolle Spaltung zwischen „lingua" und „cors"[130]. Ciceros Ziel ist es, beide wieder zu vereinigen[131].

Eine scharfe Kritik an den Philosophen übt Quintilian in seinen Betrachtungen zu diesem Thema[132]. Er läßt die traditionellen Argumente beider Seiten ausführlich zu Worte kommen. Der Konflikt wird auch von ihm auf Plato und Sokrates, die „Maske" Platos, zurückgeführt[133]. Das Hauptargument der Philosophen gegen die Rhetorik sei, daß diese deshalb überflüssig sei, weil die „Überredung" bei dem „doctus" keinen Erfolg hat[134] und weil man ohnehin im täglichen Leben eine „natürliche Beredsamkeit" entwickelt. Die Rhetorik bestreitet die Existenz einer solchen „natürlichen Beredsamkeit" und behauptet, niemand könne sprechen, ohne es zuvor gelernt zu haben[135]. Dann werden die Philosophen vorgenommen, die sich damit brüsten, „impetu dicere se et viribus"[136]. In Wahrheit füllen diese Leute ihr Auditorium mit unbewiesenen, improvisierten und unzusammenhängenden Aussprüchen über fiktive Themen. Ihren Mangel an Methode ersetzen sie durch tiefsinniges Starren an die

---

[128] Phaidr. 236 D: 'Αλλ', ὦ μακάριε Φαῖδρε, γελοῖος ἔσομαι παρ' ἀγαθὸν ποιητὴν ἰδιώτης αὐτοσχεδιάζων περὶ τῶν αὐτῶν. Vgl. Friedländer, Platon, I[3], 1964, S. 117; III[2], 1960, S. 211 ff., sowie Soph. 221 CD; Tim. 20 A; Protag. 327 CD.

[129] Ib., 60 ed. H. Rackham: ... hoc commune nomen eripuit, sapienterque sentiendi et ornate dicendi scientiam re cohaerentes disputationibus suis separavit. Vgl. von Arnim, Leben und Werke des Dio von Prusa, S. 89 ff.

[130] Ib., 61: Hinc discidium illud exstitit quasi linguae atque cordis, absurdum sane et inutile et reprehendendum, ut alii nos sapere, alii dicere docent.

[131] Ib., 72; vgl. auch III, 32, 126 ff. und G. Zoll, Cicero Platonis Aemulus, 1962, S. 29 ff.; I. Hadot, Seneca und die griechisch-römische Tradition der Seelenleitung, 1969, S. 109 f.; 184 ff.

[132] Vgl. Inst. (ed. Halm) II, 11; 15–17; 21.

[133] II, 15,26.

[134] II, 15,19 f. zu einer Definition aus Ariston: ... contumeliosus est adversus artem orandi, quam nihil putat doctis persuasuram. Vgl. XII, 2,25; II, 11,1–2.

[135] II, 17,11 f.; XII, 10,40 ff.

[136] II, 11,3–7; 15,29–32; XI, 3,10–13.

Zimmerdecke, in Erwartung eines neuen Einfalles. Das Ergebnis solcher Bemühungen sei dementsprechend: Reden seien aus unzusammenhängenden Fetzen zusammengestückelt, ähnlich den bruchstückhaften Aufzeichnungen eines Schulbuben, ab und zu großartige Epigramme – aber das können auch die Barbaren und die Sklaven[137].

Die Rhetorik selber hat, vielleicht in Reaktion auf die Angriffe seitens der Philosophen, eine Art „Bescheidenheitstopos" entwickelt und in ihr System eingebaut[138]. Plutarch hatte besonders Cicero wegen seines maßlosen Selbstlobes getadelt[139], mit dem dieser seine rhetorischen Fähigkeiten pries. Quintilian[140] muß dieser Kritik wohl oder übel zustimmen, führt aber dann eine Reihe von Beispielen aus ciceronischen Reden an, in denen Cicero selber auf seine unzureichenden Fähigkeiten hinweist. Natürlich ist dieser Bescheidenheitstopos nur ein weiterer rhetorischer Trick. Es gehört für den Rhetor zum guten Ton, seine rhetorischen Mittel als leider unzureichend zu verharmlosen[141] oder sich zu entschuldigen, daß er von ihnen Gebrauch macht, – um sie dann um so wirkungsvoller einsetzen zu können[142].

Die gleiche Verachtung der Rhetorik gegenüber herrscht unter den Philosophen, wenn auch in verschiedenem Grade und auf verschiedene Weise[143]. Schon früh hat man hier den Zusammenhang zwischen dem Rhetor bzw. Sophisten und dem Magier und Goeten bemerkt[144]. Besonders heftig tobt die Polemik gegen die Rhetoren erwartungsgemäß wieder in der kynischen Diatribe. Schon Teles sah hier ein Hauptbetätigungsfeld[145]. Auf dem Wege über Menipp gelangt der Topos zu Lukian, der ihn immer und immer wieder in seinen Satiren anbringt. Bei ihm werden aber nun nicht bloß die wegen ihres Wortschwalls sofort erkennbaren

---

137 II, 11,3–7.

138 Vgl. J. Graff, Ciceros Selbstauffassung, 1963, S. 77–80; 81–83, dem ich die folgenden Stellen entnehme.

139 Plutarch, Comp. Dem. et Cic. 2, 887 A; Vita Cic. 25,1.

140 Inst. XI, 1,17 ff.

141 Ib., IV, 1,55: Frequentissime vero prooemium decebit et sententiarum et compositionis et vocis et vultus modestia, adeo ut in genere causae etiam indubitabili fiducia se ipsa nimium exserere non debeat. Odit enim iudex fere litigantis securitatem, cumque ius suum intelligat, tacitus reverentiam postulat.

142 So Apollonius in seiner Verteidigungsrede vor Domitian (Philostr., Vita Ap. VII, 7 S. 320 Z. 12 f. Kayser): ῥητορικώτερον ἴσως ἀπολελόγημαι τοὐμοῦ τρόπου, ...

143 Auf das im Einzelnen sehr komplizierte Verhältnis kann hier nicht eingegangen werden. Vgl. W. Kroll, Art. Rhetorik (PW, Suppl. VII, 1940, Sp. 1039–1138), Sp. 1054 ff.

144 Vgl. Demosth., or. XXIX, 32 ed. Blass: σκοπεῖτε τοίνυν παρ' ὑμῖν αὐτοῖς, εἴ τις ἂν ὑμῖν ἢ ῥήτωρ ἢ σοφιστὴς ἢ γόης οὕτω θαυμάσιος δοκεῖ γενέσθαι καὶ λέγειν δεινός, ὥστ' ...

145 Teles, Fragm. I, S. 4 Z. 17 f.; vgl. Bion bei Diog. L. IV, 49; Diogenes bei Diog. L. VI, 27; sowie Oltramare, Les Origines, S. 45, Nr. 5; 264, Nr. 5.

Rhetoren verspottet[146], sondern auch die Philosophen, die sich wegen ihrer sprachlichen Unfähigkeit nicht auszudrücken vermögen.

Im Blick auf Paulus ist es lehrreich zu sehen, wie in Iup. trag.[147] der Stoiker Timokles dargestellt ist. Der Gott Apollo sucht diesen ihm ergebenen Mann vor Zeus zu verteidigen: „Dieser Timokles ist ein wackerer gottesfürchtiger Mann und hat den stoischen Lehrbegriff vollkommen inne. Daher hat er auch viele junge Leute an sich gezogen, welche die Philosophie bei ihm hören und ihn gut dafür bezahlen. Wirklich fehlt es ihm nicht an Vortrag, wenn er bloß zu seinen Schülern spricht, aber sobald er in einer großen gemischten Gesellschaft oder gar öffentlich sprechen soll, wird er furchtsam; und da er noch dazu den Nachteil hat, eine pöbelhafte und halbbarbarische Mundart zu reden, so wird er in öffentlichen Konversationen zum Gelächter[148]. Denn anstatt daß ihm die Rede leicht vom Munde fließen sollte, stottert er und gerät in Verlegenheit, zumal wenn er sich, mit solchen Naturfehlern, vornimmt, recht schön zu sprechen. Kurz, er ist ein Mann von außerordentlich schnellem Begriff und einer der subtilsten Köpfe, wie ihm alle nachsagen, die sich auf die Sachen der Stoiker am besten verstehen; wenn er aber sprechen oder sich erklären soll, so macht der Mangel an Fassung, daß er alles verdirbt, weil er seine Gedanken nicht deutlich, sondern so verworren vorbringt, daß man Rätsel zu hören glaubt und nicht weiß, was er will; besonders, wenn er auf Einwürfe antworten soll."

Gewöhnlich ist es der kynische Philosoph, der in der Nachfolge des Sokrates sein „rhetorisches Laientum" hervorkehrt, um so die von Rhetorik überfließenden Pseudophilosophen zu entlarven. Menipp ist auch hier wieder die Idealfigur[149]. Ist der Kyniker in der Verlegenheit, selbst eine Rede halten zu müssen, so tut er es betont als „Laie"[150], wie denn überhaupt das Laienleben als das beste aller möglichen gilt[151]. Über die Groß-

---

146 Vgl. die Satire auf die Rhetorik in Rhet. praec., ferner Bompaire, Lucien, S. 203 ff.; Betz, Lukian, S. 186 ff.; Cèbe, La caricature et la parodie, S. 125 ff. (vgl. unten Anm. 270).

147 Lukian, Iup. trag. 27; auf die Stelle verweist schon H. Schlier, ThW III, S. 216. Die Übersetzung nach C. M. Wieland, Lukian. Sämtliche Werke, II, 1911, S. 277 f.

148 Der Wortlaut ist interessant: ... καὶ τὴν φωνὴν ἰδιώτης καὶ μιξοβάρβαρος ... Vgl. den 1. Anacharsisbrief, ed. F. H. Reuters, Die Briefe des Anacharsis, S. 13.

149 Menipp 4, vgl. J. Bernays, Lucian und die Kyniker, 1879; Helm, Lucian und Menipp, passim; M. Caster, Lucien et la pensée religieuse de son temps, 1937, S. 65 ff.

150 Vgl. Vit. auct. 10 f.; bis acc. 11, wo sich der Gott Pan ironisch als „rhetorischer Laie" bekennt (vgl. auch 33).

151 Vgl. Menipp 21; Nigr. 24.

sprecherei der falschen Philosophen, über deren Wortschlachten („λογομαχίαι") kann er, der wahre Philosoph, nur spotten und lachen[152].

Schließlich sei auf die 12. Rede des Dio Chrysostomus hingewiesen, die aus der nachsophistischen Zeit des Philosophen stammt[153] und in der die wesentlichen Gesichtspunkte des antirhetorischen Kampfes, wie sie in dieser Zeit vertreten wurden, zusammengefaßt sind. Dio[154] setzt sich entschieden von den Sophisten ab, die in der bekannten Weise geschildert werden, und identifiziert sich mit der Haltung des Sokrates und dessen Nichtwissen. Dio erklärt feierlich, er sei weder schön von Aussehen[155] noch kräftig, sein Alter sei schon vorgeschritten, auch habe er keine Jünger[156], verfüge weder über Fertigkeiten noch Wissen, noch über die Mittel der Prophetie, Sophistik, Rhetorik, Schmeichelei oder Schriftstellerei[157]. Auf Grund des dargelegten Materials, das sich leicht vermehren ließe, glauben wir gezeigt zu haben, daß Paulus mit seinem Zugeständnis 2Kor 11,6, er sei ein „ἰδιώτης τῷ λόγῳ", einen Topos aus der sokratischen Tradition aufgenommen hat. Folglich haben wir in 11,6 keinen neuen gegnerischen Vorwurf, sondern die Verteidigung des Paulus selbst vor uns.

Damit ist auch schon angedeutet, wie Paulus hoffen kann, die Korinther zu überzeugen. Mit seinem „Zugeständnis" 11,6 rückt er automatisch auf die Seite der „Philosophen", während die, die dies als einen Mangel erklären, ebenso automatisch auf die Seite der „Sophisten" zu stehen kommen. Wir können annehmen, daß Paulus damit rechnen konnte, von den Korinthern verstanden zu werden, denn die Argumente und Topoi kynischer Straßenprediger waren wohl weitbekannt. Er konnte auch damit rechnen, daß die Gemeinde gegenüber diesem Argument Sympathie aufbringen würde, denn kynisierende oder dem Kynischen verwandte Züge kennzeichnen ja, wie wir aus 1Kor und aus 1Klem wissen, das korinthische Gemeindeleben.

Paulus vermeidet auch hier, sich ausdrücklich auf Sokrates zu berufen. Da der Name des Atheners so fest mit der Tradition verbunden ist, ist nicht auszuschließen, daß Paulus um die Möglichkeit gewußt hat, ohne

---

152 Vgl. Pisc. 34; Lex. 24. Lukians Schriftstellerei als Ganze ist hier zu berücksichtigen.

153 VON ARNIM, Leben und Werke des Dio von Prusa, S. 443 ff.

154 Dio Chrys., or XII, 13 ff., ed. DINDORF (auf die Stelle weist schon WINDISCH, Zw. Kor., S. 332 hin): ... οὔτε καλοῦ τὸ εἶδος οὔτε ἰσχυροῦ, τῇ τε ἡλικίᾳ παρηκμακότος ἤδη, μαθητὴν δὲ οὐδένα ἔχοντος, τέχνην δὲ ἢ ἐπιστήμην οὐδεμίαν ὑπισχνουμένου σχεδὸν οὔτε τῶν σεμνῶν οὔτε τῶν ἐλαττόνων, οὔτε μαντικὴν οὔτε σοφιστικήν, ἀλλ' οὐδὲ ῥητορικήν τινα ἢ κολακευτικὴν δύναμιν, οὐδὲ δεινοῦ ξυγγραφεῖν ... Vgl. auch or. XLII, 2–3.

155 Vgl. oben S. 51.

156 Auch Paulus will keine Jünger haben: 1Kor 1,12 ff. und dazu BETZ, Nachfolge und Nachahmung, S. 178 Anm. 7.

157 Vgl. die Einleitung zu Dio Chrys., or. XXXV (schon WINDISCH, Zw. Kor., S. 332, verweist darauf).

sie aber in Anspruch zu nehmen. Er wird also absichtlich seinen Namen aus dem Spiel gelassen haben. Das bedeutet aber nicht, daß Paulus nicht doch faktisch die Haltung einnimmt, die in der sokratischen Tradition als dem Philosophen angemessen gelehrt wird und die auf Sokrates zurückgeht.

Paulus scheint im Unterschied zum ersten Anklagepunkt hier keine christologisch-soteriologische Begründung zu geben. Freilich hätte er sie leicht vorlegen können und hat sie bereits in 1Kor 1,17 ff. dargelegt. In 2Kor läßt er es mit dem Eingeständnis von 11,6 bewenden[158].

Andere Züge treten aber hinzu, die die Gegner bei der Rolle der Sophisten behaften. Im ganzen Fragment verwendet Paulus ironisch rhetorisch-sophistische Termini.

Ein solcher Begriff ist der Begriff „τολμᾶν"[159]. Paulus spricht ironisch von seinem „τολμᾶν" in der „Narrenrede" (11,21). Der Terminus[160] ist verwandt mit „πανουργία" (11,3) und „πανοῦργος" (12,16). Sodann gehört dazu der bereits behandelte Begriff „θαρρεῖν" (10,1.2).

Der Begriff „τολμᾶν" gehört in die Rhetorik. Stephanus[161] definiert ihn wie folgt: „τόλμα in oratore est Audacia qua non terretur aut confunditur concionis aspectu, sed παρρησίᾳ utitur."

Im guten Sinne ist „τόλμα" der Wagemut des Philosophen, der sich nicht scheut, die Wahrheit zu sagen[162]. Vor allem ist es wieder der kynische Predigerphilosoph[163], der wirklichen Wagemut zeigt, wenn es um die Wahrheit geht, während der Sophist nur scheinbaren Mut beweist[164].

Schon bei Aristophanes[165] taucht „τολμηρός" in einem Katalog antisophistischer Schimpfwörter auf. Bei Plato[166] ist „τολμᾶν" oft das Geschäft

---

158 Vgl. 2Kor 13,3.

159 Vgl. 2Kor 10,2.12; 11,21.

160 Der ThW-Art. von G. FITZER (VIII, S. 182–187) bietet hierzu leider nichts.

161 Vgl. H. STEPHANUS, Thesaurus Linguae Graecae, VIII, Nachdr. 1954, Kol. 2271 s. v. τολμᾶν; J. C. G. Ernesti, Lexicon Technologiae Graecorum Rhetoricae, 1795, s. v.

162 Vgl. Plato, Leg. 8,835 C und dazu R. MARTEN, Der Logos der Dialektik, 1965, S. 157 ff. Philo, De Josepho 222, beschreibt die angemessene Verteidigung gegen ungerechtfertigte Anklagen: τολμητὴς μετ' αἰδοῦς καὶ θαρραλέος, παρρησίαν τὴν ἄνευ ἀναισχυντίας... Diese Qualifikationen bezeichnen den Unterschied zum sophistischen τολμᾶν.

163 Vgl. Epiktet, Diss. II, 16,42; III, 1,41; Lukian, Catapl. 13; Iup. conf. 5; 19. Dieser Gebrauch ist synonym mit παρρησία, παρρησιάζεσθαι. Vgl. H. SCHLIER, ThW V, S. 869–884, bes. 871 f., 875 f.

164 Vgl. Lukian, Dial. mort. IV, 2 ed. M. D. MACLEOD. Geboten ist die Haltung der εὐτολμία, ein wichtiger Terminus, der auch von Philo geschätzt wird (vgl. nur De vita M. I, 251).

165 Nub. 445, vgl. A. MÜLLER, Die Schimpfwörter in der griechischen Komödie, Philol. 72, 1913 (S. 321–337), S. 326.

166 Vgl. den Sprachgebrauch bes. Gorg. 487 B; 494 E; Soph. 237 AB; 258 E; 241 A; 267 D; Theait. 196 D; 197 A.

des Sophisten. Sokrates lehnt in der abschließenden Stellungnahme zum Prozeß in der „Apologie“ den Gebrauch dieses rhetorischen Mittels ab[167].

Zur Zeit des Urchristentums ist „τολμᾶν“ etc. ein beliebtes antisophistisches Schimpfwort, vor allem in der von der Diatribe beeinflußten Literatur. Es bezeichnet das schlechthinnige Laster aller Sophisten und Schmeichler[168]. Darüber hinaus wird es für die Machenschaften religiöser Scharlatane und Betrüger verwendet; deren Kunststücke und Erzählungen sind nichts als „τολμήματα“[169]. Der Sprachgebrauch liegt auch in LXX vor[170] und ist ins Urchristentum übernommen, wo der Terminus speziell auf die „Irrlehrer“ gemünzt ist[171]. Abgesehen von weiteren Begriffen wie „πεποίθησις“[172] und „λογίζεσθαι“[173] ist vor allem auf den schwierigen Passus 2Kor 10,4–6 hinzuweisen. Der antisophistische Ursprung des hier verwendeten Bildes vom Kampfe ist von Windisch[174] klar erkannt und mit Material belegt worden. Paulus versichert, er verfüge im Kampf gegen seine Gegner über Waffen von göttlicher Kraft, die darauf ausgerichtet seien, die gegnerischen „Bollwerke“ zu zerstören, Bollwerke freilich, die in nichts als in sophistischen Tüfteleien („λογισμοί“)[175] und „hochgetürmten Phrasen“ bestehen[176]. Dieser Kampf gegen die Sophistik ist schon im hellenistischen Judentum Aufgabe des „Weisen“, wie Windisch[177] bereits andeutet. Paulus überträgt die Aufgabe auf den christlichen Apostel und

---

[167] 38 D: ἴσως με οἴεσθε, ὦ ἄνδρες Ἀθηναῖοι, ἀπορίᾳ λόγων ἑαλωκέναι τοιούτων οἷς ἂν ὑμᾶς ἔπεισα, εἰ ᾤμην δεῖν ἅπαντα ποιεῖν καὶ λέγειν ὥστε ἀποφυγεῖν τὴν δίκην. πολλοῦ γε δεῖ. ἀλλ' ἀπορίᾳ μὲν ἑάλωκα, οὐ μέντοι λόγων, ἀλλὰ τόλμης καὶ ἀναισχυντίας καὶ τοῦ μὴ ἐθέλειν λέγειν πρὸς ὑμᾶς τοιαῦτα οἷ' ἂν ὑμῖν μὲν ἥδιστα ἦν ἀκούειν – θρηνοῦντός τέ μου καὶ ὀδυρομένου καὶ ἄλλα ποιοῦντος καὶ λέγοντος πολλὰ καὶ ἀνάξια ἐμοῦ ... Vgl. 31 C; Leg. 10, 888 A; Laches 193 D, 196 D, 197 B; dagegen Epiktet, Diss. III, 1,22.

[168] Philo teilt diese Tradition, wenn er die „Himmelswissenschaften“, das μετεωρολεσχεῖν, als τολμᾶν bezeichnet (De somn. I, 54; vgl. De opif. mundi 26). In der Komödie wird schon Sokrates deswegen verspottet; vgl. Schmid-Stählin, Geschichte der griechischen Literatur, I/4, 1946, S. 402 f.; Helm, Lucian und Menipp, S. 372 ff.; Gigon, Sokrates, S. 19 ff. Vgl. ferner Plutarch, Quomodo quis suos 80 C; Quomodo adulator 66 A; De tuenda sanit. 122 C; Lukian, Iup. trag. 19; Iup. conf. 19; Icarom. 8; 11; 23; Pisc. 7; Hermot. 75; 81; Peregr. 20; 23; Dio Chrys., or. XI, 23 usw.

[169] Vgl. Joseph., bell. VII, 263; 332; Lukian, Alex. 1; 4; 25; 58; Plutarch, De sup. 165 D; Cicero, De leg. II, 37; De fin. II, 1; Epiktet, Diss. II, 8,14; 20,32.

[170] Vgl. Hiobs Aufbegehren gegen Gott (Hiob 15,12) und als Kennzeichnung antijüdischer Haltung (Esth 7,5). Einige weitere Stellen bei Fitzer, ThW VIII, S. 183.

[171] Vgl. 2Petr 2,10; Jud 9; 1Klem 30,8.

[172] 2Kor 10,2; vgl. Windisch, Zw. Kor., S. 294 ff.; Bauer, Wb. s. v.

[173] 2Kor 10,2.7.11; 11,5; 12,6 und unten S. 121.

[174] Zw. Kor., S. 297 ff.

[175] Ib., S. 298.

[176] πᾶν ὕψωμα ἐπαιρόμενον, vgl. Windisch, Zw. Kor., S. 298 und Bertram, ThW VIII, S. 611–613.

[177] Windisch, Zw. Kor., S. 297 f.

wendet ihn auf seine konkrete Lage an: es gehört zu seiner Aufgabe als Apostel Jesu Christi, die Scheinwirklichkeit, die seine Gegner aus „Propagandamaterial“ aufgebaut haben und der Gemeinde zu verkaufen suchen, als das zu enthüllen, was sie in Wirklichkeit ist, und sie damit zu zerstören[178]. Als „rhetorischer Laie“ (11,6) hat er mit dem Auftreten der gegnerischen „Sophisten“ nicht nur nichts gemein, sondern er verfügt auch über die Waffen der „Wahrheit“, die die gegnerischen Kartenhäuser der Rhetorik zum Einsturz zu bringen vermögen.

3. Die Begründung der Anklage und deren Widerlegung

Der bisherige Gang der Untersuchung hat uns allen Anlaß gegeben, der Versuchung zu widerstehen, die Gegner des Paulus oder die von ihnen beeindruckte korinthische Gemeinde im moralischen Sinne zu verdächtigen und zu diffamieren. Diffamierung und Verunglimpfung sind wohl Bestandteil des geistigen Kampfes auch damals gewesen, aber man darf diese rhetorischen Mittel nicht mit den Dingen selbst verwechseln, um die gerungen wird. Diese Erfahrung will methodisch bedacht sein. Sie zwingt uns, kritisch von der Voraussetzung auszugehen, daß die Konkurrenten des Paulus bei ihrem Vorgehen ernst zu nehmen sind und daß hinter diesen bestimmte theologische Konzeptionen und Zielsetzungen stehen. So weit wird in der gegenwärtigen neutestamentlichen Forschung auch Einigkeit zu erzielen sein. Ferner ist darauf hinzuweisen, daß Paulus die Anklagen seiner Gegner an keiner Stelle als bloße „διαβολαί“ abtut, sondern den Tatsachenbestand anerkannt hat[179].

Auf Grund des vorliegenden Materials und der genannten methodischen Folgerung wird man nun fragen müssen, in welcher Weise die Gegner ihre Anklagen durch Beweisgründe untermauert haben. In seiner „Apologie“ müßte Paulus auf solche Beweisgründe zu sprechen kommen, falls ihm davon Mitteilung gemacht worden ist. Es muß daher untersucht werden, ob sich in der Apologie Kap. 10—13 noch Hinweise finden, die auf gegnerisches Beweismaterial hindeuten. In der Tat finden sich solche Hinweise.

---

[178] Zu dem damit angeschnittenen philosophischen Problem vgl. H.-G. GADAMER, Rhetorik, Hermeneutik und Ideologiekritik (Kleine Schriften, I, 1967, S. 112—130).

[179] Die Wortgruppe διαβάλλειν fehlt; die in 12,19—21 genannten Laster beziehen sich nicht auf den konkreten Fall. Zur ungerechten Verleumdung des Sokrates vgl. z. B. Lukian, De calumn. 29. Zur literarischen Diabolē vgl. BOMPAIRE, Lucien, S. 471 ff.

a) Die „Zeichen des Apostels"

In 2Kor 12,12 versichert Paulus unvermittelt, die „Zeichen des Apostels" („τὰ σημεῖα τοῦ ἀποστόλου"), nämlich die „Zeichen, Wunder und Krafttaten" („σημεῖα καὶ τέρατα καὶ δυνάμεις"), seien unter den Korinthern doch in aller Geduld vollbracht worden[180]. Diese merkwürdige Behauptung steht sichtlich isoliert da. Eine Verbindung zum Kontext ist zunächst nicht erkennbar; selbst in sich ist sie von Problemen nicht frei. Die drei formelhaften Dative „σημείοις τε καὶ τέρασιν καὶ δυνάμεσιν" lassen sich nur mit Mühe mit dem vorhergehenden Satzteil verbinden. Offenbar müssen sie sachlich von dem vorhergehenden „ἐν πάσῃ ὑπομονῇ" abgetrennt werden. Schließlich liegt der Begriff „σημεῖον" doppelt vor, d. h. doch wohl in verschiedener Bedeutung[181].

Dennoch läßt sich der schwierige Satz verstehen. Der Begriff „τὰ σημεῖα τοῦ ἀποστόλου" ist offenbar ein „fester Terminus"[182]. Er bezeichnet *„Sichtbares, was einen Apostel als solchen,* also nicht etwa nur Paulus in seiner Eigenschaft als Apostel, *erkennbar macht"*[183]. Dieser apostolische Legitimationsbeweis erfolgte in Form von Wundern, die hier mit drei Begriffen offenbar in verschiedene Arten unterteilt werden: „Es sind die ‚Zeichen und Wunder' der Erlösungszeit, die, von ihm getan, ihn als Apostel Christi *ausweisen.*"[184] Bis zu diesem Punkt dürfte die Forschung einer Meinung sein, das Weitere ist umstritten.

Entgegen dem Wortlaut des Passus, nach dem Paulus ja behauptet, die „Zeichen des Apostels" gewirkt zu haben[185], meint K. H. Rengstorf mit vielen Gelehrten: „Der Zusammenhang läßt keinen Zweifel daran, daß Paulus die Forderung, sich mit seinem Anspruch, für Gott zu stehen und zu sprechen, durch ‚Zeichen' auszuweisen, wie Jesus abgelehnt und darin seinen Apostolat als Christus-Apostolat bewährt hat."[186] Wie wir diesen „Zusammenhang", der angeblich den Widerspruch erklärt, aufzufassen haben, wird aber nicht erläutert.

Die Frage ist zunächst, welches die „Apostelzeichen" sind, auf die Paulus anspielt. Es muß sich um konkrete Wunder gehandelt haben, was durch die Aufzählung von „σημεῖα", „τέρατα" und „δυνάμεις" offenbar sicher-

---

[180] τὰ μὲν σημεῖα τοῦ ἀποστόλου κατειργάσθη ἐν ὑμῖν ἐν πάσῃ ὑπομονῇ, σημείοις τε καὶ τέρασιν καὶ δυνάμεσιν.

[181] Zur eingehenden Besprechung vgl. Windisch, Zw. Kor., S. 396 ff.; Plummer, Second Cor., S. 358 ff.

[182] Windisch, Zw. Kor., S. 396. Zur Lehre von den σημεῖα (signa) in der Rhetorik vgl. Lausberg, Handbuch I, §§ 358–365.

[183] Rengstorf, ThW VII, S. 258. [184] Ib., S. 258.

[185] Das passivische κατειργάσθη stellt sicher, daß Gott derjenige ist, der die Wunder tut; natürlich hat er sie durch Paulus getan. Vgl. Windisch, Zw. Kor., S. 397.

[186] Rengstorf, ThW VII, S. 258.

gestellt werden soll. Windisch[187] spricht für viele Exegeten, wenn er meint: „Aber daß P. ‚Wunder' getan, braucht nicht bezweifelt zu werden; und daß er sie als Beweise seines Apostolats anführt, ist keineswegs verwunderlich." Die Dinge liegen aber so einfach nicht. Als Belege führt Windisch folgende an: Röm 15,18 f., eine Stelle, die eine merkwürdige Ähnlichkeit mit unserem Fragment aufweist, aber gerade nicht auf Wundertaten, sondern auf das Wunder der Evangeliumsverkündigung abzielt. Dieser Ausweg ist dem Apostel aber 2Kor 12,12 gerade abgeschnitten. Noch unbestimmter ist Gal 3,5, wo überdies nicht gesagt ist, daß Paulus die genannten „Wunder" getan hat; vielmehr handelt es sich wohl um gegenwärtig bei den Galatern geschehende Wunder. 1Kor 2,4 spricht von der „ἀπόδειξις πνεύματος καὶ δυνάμεως" der paulinischen Verkündigung, wobei der explizite Bezug auf „Wunder" gerade fehlt. In 1Kor 5,3 ff. könnte Paulus ein Strafwunder im Blick haben und den Korinthern einen entsprechenden Auftrag erteilen. Jedoch ist der Sachverhalt nicht klar, und obendrein wird Paulus „nur" „τῷ πνεύματι" anwesend sein (vgl. 2Kor 10,10). Ein klares Zeugnis dafür, daß Paulus Wunder getan hat, liegt daher nicht vor. Klar ist lediglich, daß er das Wunderverständnis seiner Gegner ablehnt und daß er die Ausbreitung des Evangeliums als das Wunder schlechthin ansieht. Die Schwierigkeit, in der sich Paulus befindet, und die Art, wie er reagiert, entsprechen ganz seiner Stellung zur Glossolalie. Selbst in 1Kor 14,18 f. sagt Paulus nicht, daß er von der Gabe der Glossolalie in den Gemeinden tatsächlich Gebrauch macht. Windisch beschränkt sich daher auch auf eine psychologische Vermutung, die als solche aber wenig besagt: „Wer meint, P. habe die Worte nicht schreiben können, vergißt, daß P. ein antiker Mensch und Orientale war."[188]

Käsemann[189] läßt Paulus einen Kompromiß schließen. Er habe sich der auch ihm überkommenen Tradition nicht entzogen: „Das Wunder gehört tatsächlich zum Wesen des Apostolates und wird darum von ihm ebenfalls für sich in Anspruch genommen . . . Paulus hat die von seinen Gegnern vertretene Tradition zwar aufgenommen, ihr aber nicht das gleiche Gewicht und die gleichen Akzente zuerkannt wie jene." Käsemann bezieht die Bemerkung des Paulus in 12,12 darüber hinaus mit Recht auf die 12,2 ff. berichteten Ereignisse: „Es läßt sich ja nicht übersehen, daß dieses Stück im Ganzen der Paulusbriefe sowohl nach seiner Form wie nach seinem Inhalt einzigartig dasteht."[190]

---

[187] Zw. Kor., S. 397.

[188] Ib.; Lietzmann-Kümmel berufen sich auf 2Kor 3,2; 1Kor 9,2; Gal 4,13; 3,5. Keine dieser Stellen trägt jedoch zur Klärung der Frage bei (S. 158; 213).

[189] ZNW 42, S. 62 f.; vgl. auch S. 35, im Anschluß an G. Sass, Apostelamt und Kirche, 1939, S. 128; K. H. Rengstorf, Apostolat und Predigtamt, 1934, S. 18 Anm. 46. Zustimmend auch Kümmel bei Lietzmann-Kümmel, S. 213.

[190] ZNW 42, S. 63.

Bevor wir uns einer eingehenderen Analyse des Textabschnittes 12,1–10 zuwenden, sei im Einverständnis mit Käsemann folgendes festgehalten: Paulus ist auf die „Apostelzeichen" nicht aus eigenem Antrieb zu sprechen gekommen, sondern man hat ihn dazu gezwungen[191].

Das bedeutet weiterhin, daß diese „Apostelzeichen" zu der „Evidenz" gehören müssen, durch die die Gegner ihre Anklage untermauert haben. Sie haben negativ mit dem Beweis arbeiten können, daß die üblichen „Apostelzeichen" bei Paulus nicht zu bemerken sind. Wie die Korinther selbst feststellen konnten und können, erweist sich Paulus „durch den Mangel an feststellbaren Wundern den andern Aposteln gegenüber als unterlegen"[192]. Daß die Gegner Paulus zum Beweis seiner apostolischen Legitimität haben zwingen wollen[193], sagt er selbst; er führt auch die gegnerische Forderung wörtlich an: „καυχᾶσθαι δεῖ."[194]. Wir erinnern uns, daß auch Apollonius von Tyana zum Beweise dessen, daß er kein Betrüger ist, ein Wunder vorführen soll[195].

Käsemann meint weiter, Paulus habe unter dem Zwang seiner Gegner und dem Druck seiner Gemeinde sich bereit erklärt, die Erklärungen in 12,1 ff. abzugeben, um so der Anmaßung seiner Gegner entgegenzutreten[196]. Wenn auch mit großer Zurückhaltung, so habe Paulus doch eine „wirkliche" Begebenheit geschildert. In diesem letzten Punkte können wir Käsemann nicht mehr folgen, wie die Analyse nun zu zeigen haben wird. Er selbst scheint eine hier liegende Schwierigkeit zu empfinden, wenn er schreibt: „Und doch handelt es sich um einen Vorgang, der auf nt.lichem Boden nur in der Geschichte von Jesu Himmelfahrt eine Parallele findet und den Apostel in einzigartiger Weise begnadet hat."[197]

Exegetisch ist davon auszugehen, daß die Versicherung des Paulus 12,12, er habe solche Wundertaten auch von sich zu berichten, auf 12,1–10 zu beziehen ist, daß er diese Versicherung durch Gegner und Gemeinde gezwungen abgibt und daß er auf diese Weise ihrer Forderung Genüge leisten will. Gleichzeitig ist einzubeziehen, daß er die gegnerische Forderung des „καυχᾶσθαι δεῖ" ablehnt[198], weil er das in dieser Forderung enthaltene Verständnis von „καυχᾶσθαι" ablehnt, daß er von vornherein klarstellt, seine Darstellung sei „ohne Nutzen"[199], und daß es ihm zu allem noch darum zu tun ist, den Korinthern kontrollierbare Evidenz in die Hand zu

---

[191] Ib., S. 61.

[192] Ib., S. 63 unter Bezug auf 2Kor 12,11. Zur Offenbarungsvorstellung der Gegner vgl. D. Lührmann, Das Offenbarungsverständnis bei Paulus und in paulinischen Gemeinden (WMANT, 16, 1965), S. 55 ff.

[193] Vgl. 12,11: ὑμεῖς με ἠναγκάσατε.

[194] 2Kor 11,30; 12,1.

[195] Vgl. oben S. 21.

[196] Käsemann, S. 63 ff.

[197] Ib., S. 66.

[198] 2Kor 10,13–18.

[199] 2Kor 12,1: οὐ συμφέρον. Zur Bedeutung des συμφέρον in der Rhetorik vgl. Lausberg, Handbuch, I, §§ 61,2; 123; 196,1; 375; 1119,3; K. Weiss, ThW IX, S. 72 ff.

geben[200]. Die Interpretation des Textabschnittes hängt daran, ob gezeigt werden kann, daß diese genannten Tatbestände sinnvoll aufeinander bezogen werden können.

Erkennbar ist zunächst der Unterschied zwischen Paulus und seinen Gegnern, was die jeweilige Auffassung von „καύχησις" anbelangt. Was Paulus in 12,1—10 vorlegt, ist das, was die Gegner unter „καύχησις" verstehen, nämlich das Vorlegen von Testimonien religiös-„übernatürlicher" Erfahrungen[201]. Das Futurum „καυχήσομαι" ist aber, wie ich zu zeigen versucht habe, seinem religionsgeschichtlichen „Sitz im Leben" nach in der Aretalogie anzusetzen (z. B. 2Kor 12,9)[202]. Solche Testimonien dienen als „Evidenz" für erfahrene göttliche Hilfe und stellen die *Wirklichkeitsbasis* dar, auf der der Glaube an die göttliche Hilfe beruht. Darum sind sie auch, wie oft in der hellenistischen Religiosität, mit dem „Kerygma" notwendig verbunden, wenn nicht gar identisch. Ihr Zweck ist aber nicht in erster Linie Wortverkündigung, sondern Evidenz von Wirklichkeit darzustellen. Soviel geht mit Sicherheit etwa aus den Testimonien des Asklepius-Heiligtums in Korinth hervor, die ja nicht worthaft sind, sondern aus wortlosen Nachbildungen der geheilten Glieder von Gläubigen des Gottes bestehen[203].

Ein glänzendes Beispiel für die worthafte Form der gegnerischen „καύχησις" findet sich im hermetischen Traktat „Poimandres" (§ 30)[204]. Zwar fehlt dort die Bezeichnung „καύχησις", aber der Sachverhalt ist klar. Nachdem der Myste in alle Geheimnisse der Gnosis eingeweiht ist und bevor er zum Schlußhymnus auf den Gott ansetzt, legt er in kurzen Selbstaussagen dar, was die ganze Einweihung für ihn bedeutet hat: „ἐγὼ δὲ τὴν εὐεργεσίαν τοῦ Ποιμάνδρου ἀνεγραψάμην εἰς ἐμαυτόν, καὶ πληρωθεὶς ὧν ἤθελον ἐξηυφράνθην." Er beschreibt, wie sich alles für ihn vom Schlechten zum Guten gewendet hat, wie aus dem Schlaf der Seele Wachsein geworden ist, aus Blindheit wahres Sehen usw. Das alles sei ihm vom Gotte Poimandres widerfahren, und darum wolle er nun die „Eulogie" anstimmen. Zwar erfolgt die „καύχησις" in gnostischer Terminologie, aber das heißt ja nicht, daß sich alle „καυχήσεις" in gnostischer Sprache geben; die Aretalogien von Epidaurus zeigen, daß der jeweilige Kult andere Ter-

---

200 Vgl. 10,7; 12,6.

201 Das Futurum καυχήσομαι 11,30 wird aufgenommen in 12,1 von ἐλεύσομαι. Dazwischen steht nur die Beteuerungsformel 11,31; 11,32 f. ist späterer Einschub (so mit Windisch, Zw. Kor., S. 363 ff.).

202 Vgl. die Futura 2Kor 10,8.13 ff.; 11,16.18.30; 12,5.9, sowie meinen Aufsatz „Eine Christus-Aretalogie bei Paulus", S. 303.

203 Die Bedeutung dieser Art von Votivgaben ist nicht geklärt. Vgl. C. Roebuck, Corinth XIV, 1951, S. 111 ff. und Abb. 29—46.

204 Corp. Hermet. I, 30 ed. Nock-Festugière; vgl. Mt 7,21—23; zum Asklepiuskult vgl. auch unten Anm. 605—607.

minologie und Vorstellungen gebraucht, daß aber die Funktion die gleiche ist.

Will man die Gegner des Paulus und ihren Begriff der „καύχησις" verstehen, so hat es wenig Sinn, sie zunächst moralisch oder protestantisch-theologisch abzuwerten. Es war ihnen sicher nicht um einen Gegensatz von „Rühmen Gottes" und „Selbstruhm" zu tun! Beiden Parteien, Paulus wie seinen Gegnern, geht es vor allem darum, daß mit dem Glauben an die Gegenwart Christi Erfahrungen der „Kraft Christi" verbunden sind, die für den Glaubenden Evidenzcharakter besitzen[205]. Hier liegt der Grund, warum Paulus der gegnerischen Forderung des „καυχᾶσθαι δεῖ" zustimmen kann; er tut dies ironisch, d. h. er meint es auch, freilich in einem anderen Sinne als die Gegner[206].

Der fundamentale Unterschied besteht nun darin, daß Paulus offenbar eine seinen Gegnern diametral entgegengesetzte Auffassung von der Glaubenserfahrung selber und darum auch von den „Testimonien", die sie beglaubigen, hat. Der Hinweis der Gegner auf die von ihnen erfahrenen göttlichen Wohltaten kommt für Paulus einem „Selbstlob" und damit der Hybris gleich. Die Gegner wollen zwar ohne Zweifel Gott die Ehre geben und wollen sicher auf die Wirklichkeit Gottes als auf den Grund ihres Lobpreises hinweisen, aber sie tun dies, indem sie auf ihre eigene, „neue" Wirklichkeit als vergöttlichte Wirklichkeit hinweisen. Sie selbst werden somit nolens volens zur Wirklichkeitsbasis ihres Glaubens, aus Verkündigern zum Gegenstand der Verkündigung[207].

Diese Beurteilung des gegnerischen Rühmens beruht nun nicht einfach auf einer Verunglimpfung, auf Unterstellung falscher Absichten oder auch nur Konsequenzmacherei. Vielmehr steht Paulus mit der Ablehnung dieses Verständnisses von „Rühmen" wiederum im Einvernehmen mit älteren Traditionen menschlichen Selbstverständnisses. Wie R. Bultmann[208] in seinem ThW-Artikel hervorhebt, läßt sich diese Tradition einerseits über das Judentum bis ins Alte Testament, andererseits über die hellenistische Popularphilosophie bis in die delphische Frömmigkeit zurückverfolgen[209].

Jegliche Form des „Selbstlobes" aber fällt für Griechentum und Judentum unter den Verdacht der — wie der Grieche es nennt — „ἀλαζονεία"[210].

---

[205] Vgl. 2Kor 10,7; 12,6.

[206] 11,30; 12,1; vgl. 10,17.

[207] Vgl. Georgi, Gegner, S. 292 ff.

[208] ThW III, S. 646–654; vgl. auch R. Asting, Kauchesis, Norsk Teologisk Tidsskrift 1925, S. 129–204.

[209] Vgl. Bultmann, ib., S. 646 und F. Wehrli, ΛΑΘΕ ΒΙΩΣΑΣ. Studien zur ältesten Ethik bei den Griechen, 1931, passim.

[210] Vgl. oben S. 33 f. Der Begriff erscheint nicht in 2Kor 10–13, sondern bei Paulus nur Röm 1,30; 2Kor 10,13 ff., zielt jedoch auf den gleichen Gedanken ab.

Der „ἀλαζών“ aber ist der „Narr“ („ἄφρων“)[211], der nicht zu verwechseln ist mit dem „Spaßmacher“. Ein „Narr“ ist er deswegen, weil er den Sinn und das Maß für seine eigene menschliche Wirklichkeit verloren und sich damit dem „Neide“ der Götter schutzlos ausgeliefert hat[212]. Nun tobt sich diese „ἀλαζονεία“ vor allem aus in der „περιαυτολογία“, im Selbstlob[213]. Dieses aber ist Teil des Repertoires der Rhetoren und ihres „Blendwerkes“. Plato im „Protagoras“ (334 A—C) und Lukian in „Rhet. praec.“ 11 ff. haben uns köstliche Parodien solcher Rhetoren hinterlassen. Die Topoi, die dort besonders hervorgehoben werden, beschäftigen auch Paulus: die mit dem „Selbstlob“ verbundene Selbsteinschätzung als „ἀνὴρ δαιμόνιος“, das Bestehen auf Unvergleichlichkeit im Vergleich mit anderen Rhetoren, das Wertlegen auf das Äußere, die feine Aussprache usw. (vgl. Rhet. praec. 13—16).

Wie ist es nun zu verstehen, daß Paulus sich tatsächlich darauf einlassen kann, ein „Selbstlob“ vorzutragen? Zwei Gesichtspunkte ermöglichen es ihm, ohne daß er sich zu fürchten braucht, seine Integrität gehe ihm verloren oder er müsse sich geschlagen geben. Die griechische Rhetorik selber ermöglicht es ihm und bewahrt ihn damit auch vor einem Kompromiß, wie er etwa Käsemann vorschwebte.

Paulus hält sich strikt an die Vorschriften, wie sie die Rhetorik für die „περιαυτολογία“ aufgestellt hatte; zum Glück sind uns genügend Informationen über diesen Gegenstand überliefert. Zum anderen tut er das, was er tut, indem er sich ausdrücklich in die Rolle des „Narren“ begibt.

Aus dem Hellenismus sind uns hauptsächlich zwei grundsätzliche Schriften zum Thema des „Selbstlobes“ überliefert[214]. Zunächst ist Plutarch[215] zu nennen, der dem Thema unter ethischem Gesichtspunkt eine besondere Schrift gewidmet hat. Ein Problem ist das „Selbstlob“ für Plutarch als Philosoph deswegen, weil es einerseits zum Repertoire der Rhetoren ge-

[211] Vgl. die charakteristische Stelle bei Plutarch, De def. orac. 419 B: im Zusammenhang des Gesprächs werden allerlei Wundergeschichten wiedergegeben, die die Existenz von Dämonen und deren Tod zum Gegenstand haben. Einer der Teilnehmer erzählt die berühmte Geschichte vom Tode des „Großen Pan“, die er von einem Manne gehört habe, der bestimmt kein ἄφρων oder ἀλαζών gewesen sei. Offenbar soll damit einem skeptischen Einwand gegen den Gewährsmann vorweg begegnet werden.

[212] Vgl. Wehrli, ΛΑΘΕ ΒΙΩΣΑΣ, S. 27, 68 f., 83 ff.

[213] Vgl. Aristoteles, Rhet. II, 6; E. N. IV, 13 p. 1127a; Ribbeck, Alazon, S. 1 ff. Ein Beispiel kaum erträglichen Selbstlobes ist die Rede des (Ps) Dio Chrys., or. XXXVII an die Korinther.

[214] Leider müssen wir hier auf eine detaillierte Analyse dieser Schriften verzichten. Sie wäre lohnend und brächte andere wichtige Hinweise für die paulinische Rhetorik.

[215] Plutarch, De se ipsum citra invidiam laudando (Moralia 539 A ff.). Den Einfluß rhetorischer Quellen zeigen L. Radermacher, Rh. M. 52, 1897, S. 419 bis 424; M. Pohlenz, Gött. Gel. Nachr. 1913, S. 358 f. Schon Windisch hat auf die Wichtigkeit dieser Schrift aufmerksam gemacht (Zw. Kor., S. 345).

hört und daher aus der ernsthaften Rede philosophischen Inhaltes ausgeschlossen bleiben muß[216]; andererseits aber gibt es Fälle, in denen das „Selbstlob" unvermeidlich und daher vertretbar ist.

Nach Plutarch besteht in philosophischen Kreisen überhaupt Übereinstimmung darüber, daß es anstößig ist, über seine eigene Macht und Wichtigkeit Worte zu machen[217]. Diese Einstellung geht auf die delphische Frömmigkeit zurück, wie Plutarchs Zitate aus Euripides, Pindar u. a. zeigen. Sein ethisches Hauptbedenken besteht darin, daß das Selbstlob seinen Beweggrund in der „Selbstliebe" („φιλαυτία") hat und daher den Menschen zur Vergötterung und Selbstvergötterung verleitet (543 D—F; 546 D); sie läßt ihn das Maß überschreiten, das ihm als Mensch gesetzt ist (546 D). Plutarch erörtert dann ausführlich und mit großem psychologischen Beobachtungsvermögen, wie solche Selbstvergötterung die Basis des menschlichen Selbstverständnisses, das „Humanum", zerstört und den Betreffenden in den Untergang hineintreibt. Das Selbstlob ist deshalb im letzten Grund „nutzlos" selbst für den, der sich lobt oder loben läßt. In ähnlicher Weise werden die geschädigt, die einem solchen Selbstlob als Zuhörer beiwohnen. Der sich selbst Lobende erregt in ihnen Neid und Eifersucht oder man ist peinlich berührt oder mitgerissen (539 D—E). Eins ist so schlimm wie das andere! Letztlich aber spürt der Hörer, daß die „κενοδοξία" nichts anderes ist als „ἀδοξία", und er bleibt zurück in einem psychologischen Zustande, den wir heute als „Frustration" („λυπεῖν") bezeichnen würden (547 F). Für einen auf die Wahrheit bedachten Menschen verbietet sich eine solche Praxis, selbst wenn sie in noch so reichem Maße von den Sophisten, falschen Philosophen und Militärs geübt wird.

Wenn überhaupt Lob über einen Menschen ausgesprochen werden muß, dann solle dies von einem anderen — und von diesem mit Maßen — getan werden (539 C ff.; vgl. 2Kor 12,2.11 und dazu unten S. 91). Plutarch will nun aber das Selbstlob in gewissen Fällen gelten lassen, nämlich dann, wenn sich ein wirklicher „Nutzen" entweder für den sich Lobenden oder für die Hörer aufweisen läßt[218]. Diese Möglichkeit kann in wenigstens zwei Fällen vorliegen. Der Politiker etwa könne leicht in die Situation geraten, sich durch Hinweis auf seine Errungenschaften gegen falsche Behauptungen verteidigen zu müssen. Er tue das dann nicht aus Selbstgefälligkeit, sondern wegen der Vergeßlichkeit und Trägheit des Volkes und um sie vor falschen politischen Entscheidungen zu bewahren[219]. Ferner könne es notwendig werden, auf sich zu verweisen, um andere aus der Mutlosigkeit und Verzweiflung herauszuführen. Diese letztere Situa-

[216] So Plutarch, De recta rat. aud. 41 B—C.

[217] 539 A—B: Τὸ περὶ ἑαυτοῦ λέγειν ὥς τι ὄντος ἢ δυναμένου πρὸς ἑτέρους ... λόγῳ μὲν ἐπαχθὲς ἀποφαίνουσιν ...

[218] 547 F: ... ἂν μή τι μεγάλα μέλλωμεν ὠφελεῖν ἑαυτοὺς ἢ τοὺς ἀκούοντας.

[219] 539 E ff.; 541 E.

tion sei es, die in jedem Falle die politische oder militärische „ἡγεμονικὴ ἐμπειρία καὶ δύναμις“ eines Mannes beweise (545 C–D). Die griechische Idee der Paideia enthält ja schon dieses Moment, wenn es dort so entscheidend auf die Nachahmung des rechten Vorbildes ankommt (545 F). Unanstößig ist das Selbstlob also dann, wenn es dem Menschlichen dient und es nicht pervertiert (545 E): καλὸς γὰρ ὁ τοιοῦτος ἔπαινος καὶ ὠφέλιμος καὶ διδάσκων τὰ χρήσιμα καὶ τὰ συμφέροντα θαυμάζειν καὶ ἀγαπᾶν ἀντὶ τῶν κενῶν καὶ περιττῶν (546 B).

Noch einen weiteren Punkt gilt es zu beachten, den Plutarch erörtert und den auch Paulus zu berücksichtigen scheint. Wie soll man reagieren, wenn andere sich in Selbstlob ergehen und man selbst sie dessen nicht für würdig erachtet? Plutarch meint, in einem solchen Falle gehe es nicht an, etwa sein eigenes Selbstlob in die Waagschale zu werfen und damit die Gegenseite übertrumpfen und ihres Lobes berauben zu wollen. Vielmehr gelte es, hier die einfache Strategie des „ἐλέγχειν“ zu befolgen und sie ihres Scheinruhmes zu überführen[220]. Paulus handelt nach diesen Anweisungen! Die Gegner hätten es gerne gesehen – jedenfalls stellt es Paulus so dar –, wenn er es ihnen gleichtäte, mit ihnen im Selbstruhm konkurrierte und dann, so hoffen sie, unterläge[221]. Paulus aber tut ihnen diesen Gefallen nicht, sondern tut, auf höchst originelle Weise, was Plutarch als die Methode des „ἐλέγχειν“ empfiehlt[222]. Bevor wir auf diesen Punkt weiter eingehen, sei noch ein Blick auf eine andere Schrift zum Selbstlob geworfen[223].

Ähnlich wie Plutarch, womöglich unter Benutzung derselben Quellen, hat sich Quintilian[224] mit dem Problem des Selbstlobes befaßt. Er ist aber mehr am Rhetorischen interessiert als Plutarch und auch an der Entschuldigung seines Lehrers Cicero[225]. Jedoch hindert ihn das nicht, die philosophischen Gesichtspunkte zur Geltung zu bringen, die auch Plutarch bewegen. Eigenartigerweise geht gerade Quintilian über Plutarch in dem Punkte hinaus, daß er Sokrates als Vorbild des Gebotenen allem voranstellt. Der Unterschied in der Rhetorik zwischen dem, „was nützt“ („quid expediat“) und dem, „was gefällt“ („quid deceat“)[226], muß vom Beispiel des Sokrates her beurteilt werden. Sokrates hat bekanntlich auf das Gefällige, das ihn hätte retten können, verzichtet, um dem „Nutzen“ zum Siege zu verhelfen. Deswegen gilt, wo immer eine Diskrepanz zwischen beidem auftritt: „Quotiens autem pugnabunt, ipsam utilitatem vincet quod decet.“[227] Der Grund für diese Regel ist das „Humanum“; Sokrates

[220] 540 B–C. [221] Vgl. 2Kor 10,12 und unten S. 118 ff.

[222] 540 C. Paulus verwendet den Terminus allerdings nicht.

[223] Vgl. oben S. 75.

[224] Inst. orat. XI, 1,15–26; vgl. dazu J. Cousin, Études sur Quintilien, I, 1936, S. 607 ff.; W. Kroll, Quintilianstudien, Rh. M. 73, 1920–24 (S. 243–273), S. 261 ff.

[225] Vgl. oben S. 64. [226] XI, 1,8 ff. [227] XI, 1,9.

handelte so, wie er handelte, wegen des „Humanum“: „Non fuit hoc utile absolutioni, sed, quod est maius, homini fuit.“[228] Die „inutilia“[229] gilt es zu vermeiden. Zu diesen aber gehört zu allererst das Selbstlob: „In primis igitur omnis vitiosa iactatio est.“[230] Das Selbstlob führt dazu, im Publikum „fastidium“ und „odium“ zu erzeugen[231]. Der sich selbst Lobende muß notgedrungen andere herabsetzen, um selbst groß zu erscheinen. Erst wenn diese Eifersucht beseitigt ist, kann das „Humanum“ zum Zuge kommen: „et quotiens discessit aemulatio, succedit humanitas.“[232] Selbstlob dagegen zerstört dieses, weil es dem Menschen eine falsche Selbsteinschätzung suggeriert: „Plerumque vere deprehendas arrogantium falsam de se opinionem; sed in veris quoque sufficit conscientia.“[233] Interessant ist auch, daß in den Augen Quintilians die gewinnendste Form des Selbstlobes die Selbstverspottung ist: „Ambitiosissimum gloriandi genus est etiam deridere.“[234] Unterschieden werden muß zwischen unerlaubtem Selbstlob der eigenen rhetorischen Fähigkeiten und dem erlaubten Vertrauen in diese, das man gelegentlich auch zum Ausdruck bringen darf: „Verum eloquentiae ut indecora iactatio, ita nonnunquam concedenda fiducia est.“[235]

Es ist für das Verständnis des Paulus entscheidend zu sehen, wie Paulus die Anweisungen und ethischen Grundsätze griechischen Denkens über das Selbstlob beachtet, wenn er selbst sein Selbstlob vorträgt[236].

Er hält es grundsätzlich frei von aller Überheblichkeit und Hybris. An mehreren Stellen macht Paulus ausdrücklich auf diese seine Tendenz aufmerksam[237]. Bei allem, was er vorbringt, kann auch nicht der leiseste Verdacht der „φιλαυτία“ aufkommen; im Gegenteil, sein Beweggrund ist die Liebe zu den Korinthern[238]. Er vermeidet auch jede negative Beeinträchtigung der Korinther durch sein Selbstlob und möchte seine apostolische Vollmacht nur zum „Aufbau“ der Gemeinde eingesetzt wissen[239]. Hier liegt denn auch der Gesichtspunkt des „Nutzens“, der ihn veranlaßt, sich auf das Selbstlob überhaupt einzulassen[240]. Er tut es nicht nur, weil er sich damit rechtfertigen kann, daß Selbstlob gestattet ist, wenn man sich

---

228 XI, 1,11. 229 XI, 1,13; vgl. 2Kor 12,1: οὐ συμφέρον.
230 XI, 1,15. 231 Ib. 232 XI, 1,16.
233 XI, 1,17. 234 XI, 1,22. 235 XI, 1,25; vgl. 2Kor 10,2.

236 Vgl. schon Windisch, Zw. Kor., S. 345, nach seinem Hinweis auf die Schrift Plutarchs über das Selbstlob: „P. teilt durchaus die Anschauungen Plutarchs und des Griechentums, in dessen Namen Plut. spricht.“

237 2Kor 12,7: ἵνα μὴ ὑπεραίρωμαι. Vgl. 10,13 ff. und die Bezeichnung seiner Gegner als οἱ ὑπερλίαν ἀπόστολοι (11,5; 12,11), sowie die negative Bedeutung der ὑπέρ-Verbindungen überhaupt: 11,23; 12,7; 10,14.16. Vgl. G. Delling, Zum steigernden Gebrauch von Komposita mit ὑπέρ bei Paulus, Nov. Test. 11, 1969, S. 127–153.

238 2Kor 12,14 f.; vgl. 11,7 f.; 12,10.19; 13,4.9. 239 2Kor 10,4.8; 13,10.

240 Paulus streitet den „Nutzen“ natürlich nur ironisch ab (2Kor 12,1; vgl. oben S. 72).

gegen unberechtigte Vorwürfe zur Wehr setzen muß. Hier ergibt sich eine ungleich größere Notwendigkeit: es gilt, die korinthische Gemeinde aus der Versuchung der Apostasie (jedenfalls was die Auffassung des Paulus betrifft) zu retten, in ihrem gegenwärtigen falschen Selbst- und Glaubensverständnis zu „verunsichern" und sie zu öffnen für die Bereitschaft zur Revision ihrer gegenwärtigen Einstellung[241]. Wir sehen, daß Paulus die Gesichtspunkte beachtet, die auch Plutarch zur Beachtung empfiehlt. Wie wir noch sehen werden, geht es ihm auch als christlichem Apostel durchaus um das „Humanum" der korinthischen Gemeinde. Freilich ist dies für ihn eingebettet in das „σῶμα Χριστοῦ" und christologisch begründet durch den Begriff von Christus als dem himmlischen Anthropos[242], selbst wenn eine solche Lehre in 2Kor 10–13 nicht vorgetragen wird.

Windisch hatte in seinem Kommentar bereits herausgestellt, daß Paulus dadurch in den Stand versetzt ist, seinen Plan durchzuführen, daß er sich in die Rolle des „Narren" versetzt, eine Rolle, die im griechischen Mimus bereits eine lange Geschichte hinter sich hat und den Korinthern nicht unbekannt gewesen sein kann. „Er trifft mit dieser überraschenden Einkleidung seiner Auseinandersetzung und seiner Selbstverteidigung den Gegner vielleicht noch vernichtender als mit der vorangehenden korrekten Darstellung des Sachverhalts und der Gegensätze. Auf den folgenden Seiten steht das Großartigste und Schlagendste, was P. in ‚ironischer' Führung der Polemik geleistet hat. Die vernichtende Kraft der ‚Verstellung' liegt darin, daß unter der ‚Maske' schließlich keine einzige Unwahrheit, keine einzige Übertreibung, keine einzige ‚Maßlosigkeit' ausgesprochen wird, sondern die reine, volle Wahrheit, und daß der Gegner eben durch die Aufzeigung der vollen Wirklichkeit erdrückt wird."[243] Die Rolle des „Narren" ist, wie erwähnt, aus dem griechischen und römischen Mimus und aus der Komödie als die des närrischen Prahlers und Aufschneiders bekannt[244]. Dieser Typ sucht durch übertriebene Aufschneiderei, eingebildetes „Heldentum", größenwahnsinniges Selbstlob und Überheblichkeit seine Umgebung zu beeindrucken, Rivalen auszustechen und seine Unvergleichlichkeit unter Beweis zu stellen.

---

[241] Die abschließende Paränese ist dafür bezeichnend: 2Kor 13,5–10.

[242] Vgl. unten S. 136.

[243] Windisch, Zw. Kor., S. 316; der Art. μωρός κτλ. von G. Bertram, ThW IV, S. 837–852 schenkt der Thematik keine Beachtung.

[244] Vgl. O. Ribbeck, Alazon, passim; H. Reich, Der Mimus, I/1.2, 1903; W. Süss, De personarum antiquae comoediae Atticae usu atque origine, 1905; Ders., Zur Komposition der altattischen Komödie, Rh. M. 63, 1908, S. 12–38; F. M. Cornford, The Origin of Attic Comedy, 1914, S. 132 ff.; W. Kroll, Art. Stupidus, PW, 2. Reihe IV, 1931, Sp. 422 f.; F. Wehrli, Motivstudien zur griechischen Komödie, 1936; Schmid-Stählin, Gesch. d. griech. Lit., II/1[6], 1920, S. 180 ff.; E. Wüst, Art. Mimos, PW XV/2, 1932, Sp. 1727–1754; L. Breitholtz, Die dorische Farce im griechischen Mutterland vor dem 5. Jahrh., 1960; Bompaire, Lucien, S. 205 ff.

H. Reich[245] hatte bereits gezeigt, daß dieser Typ bald für die Philosophen interessant wurde. Wir hatten oben davon gehandelt, wie die alte Komödie Sokrates mit ihm identifizierte und wie Plato eben diesen Typ im Kampf gegen die Sophistik verwendete, indem er die Sophisten den Sokrates und seine Philosophie als Possenreißerei und dergleichen hinstellen ließ. Der Leser weiß natürlich, daß der so Geschmähte in Wahrheit der Weise ist[246].

Die Übernahme der Narrenrolle bedeutet aber nun zugleich die Übernahme und Anwendung der „Narrenrede", einer noch kaum untersuchten literarischen Form[247]. Windisch[248] scheint anzunehmen, daß Paulus die „Narrenrede" aus dem Mimus selbst entwickelt hat: „Daß P. den Mimus selbst gesehen und daß er von ihm gelernt hat, scheint mir nicht unmöglich." Er sieht aber auch den tiefen Unterschied: „Nur unterscheidet er sich vom echten Mimus darin, daß seine Rolle von bitterem Ernst getragen ist, und daß sie echt ist. Er spielt die Rolle des ‚Paulus' selbst..." Eher ist zu vermuten, daß auch diese literarische Form ihm auf dem Wege über die Popularphilosophie zugekommen ist.

Schon die Selbstaussage des Sokrates: „Ich weiß, daß ich nichts weiß" erfolgt in der Form einer aufs äußerste abgekürzten „Narrenrede". Es gehört zu den typischen Zügen der sokratischen Elenktik[249], bewußt die ironische Rolle des Naiven und Unwissenden zu spielen, um den Gesprächspartner zur Selbsterkenntnis zu führen. Dabei meint Sokrates tatsächlich, was er in dieser Form vorträgt; er spielt sich selbst[250]. Es kann kaum bezweifelt werden, daß schon Sokrates – jedenfalls der platonische Sokrates – die Form der Narrenrede verwendet.

Ein weiteres, großartiges Beispiel für diese literarische Form findet sich ebenfalls bei Plato, und zwar in der Lobrede des Alkibiades auf Sokrates, im „Symposium"[251]. Nach der Rede des Sokrates auf den Eros erscheint plötzlich Alkibiades mit einem lärmenden Schwarm

---

245 Reich, Der Mimus, S. 34 ff., 263 ff., 307 ff., 354 ff.

246 Der literarisch Interessierte sei auf folgende Literatur verwiesen: A. Hauffen, Zur Litteratur der ironischen Enkomien, Vierteljahresschrift für Litteraturgeschichte 6, 1893, S. 161–185; A. Schöne, Shakespeares weise Narren und ihre Vorfahren, Jahrbuch f. Ästhetik und allg. Kunstwissenschaft 5, 1960, S. 202–245; W. Nigg, Der christliche Narr, 1956; B. Könneker, Wesen und Wandlung der Narrenidee im Zeitalter des Humanismus: Brant, Murner, Erasmus, 1966.

247 Außer der in der vorigen Anm. genannten Arbeit von Hauffen ist mir keine Behandlung des Gegenstandes bekannt; Könneker behandelt leider nicht das Altertum.

248 Zw. Kor., S. 316.

249 Vgl. W. Jaeger, Sokrates als Erzieher (Paideia, II², 1954, S. 74 ff.).

250 Vgl. W. Kalinka, Das Nichtwissen des Sokrates, W. St. 50, 1932, S. 36–46.

251 Symp. 212 C ff. Vgl. die eindrücklichen Interpretationen von G. Krüger, Einsicht und Leidenschaft, 1963³, S. 283 ff.; Friedländer, Platon, III², 1960, S. 24 ff.

von Dionysosmysten. Er ist bekränzt mit Efeu wie der Gott selbst, auch schon betrunken, als er laut und turbulent von einer Flötenspielerin in die Gesellschaft eingeführt wird und komisch-plump darum bittet, in den Kreis aufgenommen zu werden[252]. Zunächst bekränzt er Agathon, bemerkt erst dann Sokrates, als er sich zwischen diesen und Agathon niedergelegt hat; er nimmt darauf Agathon die Bänder wieder ab, um sie Sokrates umzulegen. Das ganze wirre Betragen kann man nur einem vom Gottc Dionysos Besessenen nachsehen. Alkibiades ernennt sich auch selbst zum Symposiarchen, will aber dann nicht mit den Reden auf Eros fortfahren, sondern Sokrates mit einer Lobrede „bestrafen". Sokrates fragt an, ob er ihn mit dieser Lobrede etwa lächerlich machen wolle, worauf Alkibiades antwortet, er wolle nichts als die Wahrheit sagen[253].

Wie soll man auf Sokrates eine Lobrede ausbringen? Ohne Zweifel würde ein solches Unterfangen das Gegenteil bewirken und ihn lächerlich machen. Aber in der Rolle des trunkenen Narren kann Alkibiades das tun und aussprechen, was bei nüchternem Bewußtsein unpassend wäre. Er sagt denn auch nichts als die Wahrheit, übertreibt nichts, beschönigt nichts: sein Lob besteht darin, von der „ἀτοπία" des Geliebten zu erzählen[254]. Alkibiades geht so vor, daß er durch Episoden und Vergleiche dessen Unvergleichlichkeit und damit dessen „Göttlichkeit" aufzeigt. Die Episoden hat er selbst mit Sokrates erlebt; vergleichen aber läßt sich dieser Mann nur mit dem Satyr Marsyas, also mit einem ganz unmenschlichen Wesen, denn einem Menschen ähnelt er nicht[255]. Aber das gerade ist das „ἄξιον παντὸς θαύματος"[256]. Satyrhaft ist auch die Rede des Sokrates: äußerlich lächerlich, wie eingehüllt in das Fell eines frechen Satyrs, inwendig aber voller Vernunft[257]. Deshalb ist auch Sokrates der größte aller Rhetoren![258] Die Episoden sind eigentlich ihrer Form nach „Wundergeschichten"[259], die von der übermenschlichen Selbstbeherrschung des Sokrates Zeugnis ablegen. Alkibiades bemerkt ausdrücklich, daß er aus vielen Erlebnissen nur ein paar Beispiele auswählt, — ein Topos der Wunderliteratur[260]. Alkibiades spricht die Wahrheit in dem Sinne, daß aus ihm der Gott die Wahrheit über Sokrates spricht; dadurch wird die närrische Lob-

---

[252] Windisch hat die Ähnlichkeit des Wortlautes zwischen dem Beginn der Narrenrede bei Paulus 11,16 und dem Erscheinen des Alkibiades, Symp. 212 DE, hervorgehoben (Zw. Kor., S. 345).

[253] 214 E: Οὗτος, φάναι τὸν Σωκράτη, τί ἐν νῷ ἔχεις; ἐπὶ τὰ γελοιότερά με ἐπαινέσαι ἢ τί ποιήσεις; — Τἀληθῆ ἐρῶ. ἀλλ' ὅρα εἰ παρίης.

[254] 215 A.

[255] 215 B ff.; 221 A-D. [256] 221 C. [257] 221 D—222 A.

[258] 213 E: . . . αὐτὸν δὲ νικῶντα ἐν λόγοις πάντας ἀνθρώπους . . .

[259] 218 B—221 C.

[260] 221 C, vgl. Joh 20,30 und dazu R. Bultmann, Das Evangelium des Johannes, 1953, z. St.; Betz, Lukian, S. 118, Anm. 1.

rede zur wahren Lobrede auf den, zu dem eigentlich „Lobreden“ nicht passen.

Noch ein weiteres Beispiel aus späterer Zeit soll wenigstens kurz gestreift werden: Senecas „Apocolocyntosis“, eine beißende Satire auf die Himmel- und Unterweltsfahrt des Kaisers Claudius. Sie gibt sich als „Narrenrede“ in Ich-Form. Wir zitieren den Beginn der Einleitung: „Was im Himmel geschehen ist am 13. Oktober, im ersten Jahr einer neuen Ära, zu Beginn des allerglücklichsten Zeitalters, das will ich der Nachwelt überliefern. Weder Haß noch Gunst sollen mich bestimmen. Was ich berichte, ist buchstäblich wahr. Wenn einer fragt, woher mein Wissen stammt, so werde ich zunächst, wenn ich nicht mag, überhaupt keine Antwort geben. Wer will mich denn zwingen? Ich weiß, daß ich ein freier Mann geworden seit dem Tage, da jener starb, an dem sich das Sprichwort erfüllte: zum König oder zum Trottel müsse man *geboren* werden. Beliebt mir's aber zu antworten, so werd ich sagen, was mir gerade in den Schnabel kommt. Wer hat je von einem Historiker Schwurzeugen verlangt?“[261]

Veranlaßt wurde Seneca zu dieser Satire durch den Umstand, daß nach dem Tode des Claudius ihm als dem Erzieher des Thronfolgers Nero die Aufgabe zufiel, die feierliche „Laudatio funebris“ auszuarbeiten, die Nero dann am Tage der Bestattung vortrug. Seneca hat sich dieser Aufgabe offenbar in der Form entledigt, die man in der Gesellschaft von ihm erwartete. In der „Apocolocyntosis“ aber läßt er dann seinen wahren Gefühlen über den toten Kaiser freien Lauf. O. Weinreich[262] hat in seinem vorzüglichen Kommentar auch die literarischen Zusammenhänge behandelt. Nach ihm hat Seneca an den Mimus angeknüpft; Sueton, Vesp. 19, berichtet davon, daß der Mime Favor in der Maske Vespasians bei der Leichenfeier dieses Kaisers aufgetreten sei und allerlei diesen karikierende Possen vorgeführt habe[263]. Weiterhin knüpft das Werk Senecas an die menippische Satire[264] an und parodiert zugleich die „Laudatio funebris“ allgemein sowie die von ihm selbst komponierte, ist also Selbstparodie.

Es ist also wichtig zu sehen, daß mit der Narrenrolle dem Paulus zugleich die literarische Form der Parodie, vor allem der Selbstparodie, in die Hand gegeben ist.

J. Geffcken[265] hat in einem materialreichen Aufsatz einen Überblick

---

261 Zitiert ist die Übersetzung von O. Weinreich, Senecas Apocolocyntosis, 1923, S. 134. Vgl. M. Schanz–C. Hosius, Geschichte der römischen Literatur, II⁴, 1935, S. 470 ff.; M. Coffey, Lustrum 6, 1961, S. 239–271.

262 Weinreich, S. 6 ff.

263 Ib., S. 7 f.

264 Ib., S. 8 ff.; vgl. E. Courtney, Parody and Literary Allusion in Menippean Satire, Philol. 106, 1962, S. 86–100.

265 Geffcken, Studien zur griechischen Satire, Neue Jahrb. f. d. klass. Altertum 27, 1911, S. 392–411, 469–493; vgl. Schmid-Stählin, Gesch. d. griech. Lit., I/4, 1946, S. 422 ff., 452 ff.

über die Geschichte der griechischen Satire und die vielfältige Anwendung der Parodie gegeben. Die Anfänge sieht er in der Volksdichtung: „Parodie und Travestie wurzeln mit der sie so oft verwendenden alten Komödie zuletzt im Volke."[266] Sie finden ihre literarisch-künstlerische Ausgestaltung im Mimus und in der Komödie, wo ja auch der Typ des Narren beheimatet ist. Schon bei Plato und bei den Kynikern sehen wir die Parodie in den Dienst der Philosophie gestellt; sie wird zum Mittel des „ridentem dicere verum". Zur Zeit des Paulus ist das „σπουδογέλοιον", das ja hauptsächlich mit den Mitteln der Parodie arbeitet, eines der wichtigsten Kommunikationsmittel der popularphilosophischen Prediger[267].

Der Vielfalt der Anwendungsmöglichkeiten entspricht die Vielfalt der literarischen Formen der Parodie. Im Blick auf Paulus sei bemerkt, daß sich die Selbstparodie bereits bei Bion nachweisen läßt[268]. Er verspottete die allgemeine Hochachtung vor der „εὐγένεια" damit, daß er seine niedrige Herkunft übertreibend parodierte: „Mein Vater war ein Knote, meine Mutter eine Dirne; ich machte als Knabe durch meine Niedlichkeit Eindruck, erbte dann von meinem Gönner, um endlich Philosoph zu werden." Die Moral davon: „Sieh den Mann an, nicht seine Abkunft!"[269]

Die technisch-literarischen Möglichkeiten der Parodie sind mannigfaltig. Allgemein gesagt, beruht sie methodisch auf der künstlerischen Mimesis oder auf dem literarischen Zitat. Ein kleiner schöpferischer Eingriff des Parodisten verändert das Original so, daß es der neuen gewünschten Tendenz Ausdruck verleiht. Nachgeahmt werden kann so ziemlich alles, und auch die Art der anzubringenden Modifikation ist dem Parodisten und seiner Phantasie anheimgegeben[270]. Über die literarische Form und ihre Wirkweise haben Theoretiker erst kürzlich begonnen nachzudenken,

---

[266] Ib., S. 394.

[267] Ib., S. 399 ff.; vgl. Schmid-Stählin, Gesch. d. griech. Lit., I/4, S. 452 ff.; II/1[6], 1920, S. 86 ff., 203 ff.

[268] Ib., S. 405 ff.; vgl. auch den Sokrates der Apologie des Plato.

[269] Zitiert nach Geffcken, S. 405, wo auch die Belege zu finden sind. Selbstparodie liegt auch vor in 2Kor 11,22 ff., wo Paulus auf den Topos „περὶ εὐγενείας" zu sprechen kommt (vgl. unten S. 97). Siehe auch Plutarch, De se ipsum 544 B.

[270] Vgl. F. J. Lelièvre, The Basis of Ancient Parody (Greece and Rome, 2nd series, I, 1954, S. 66–81); M. A. Grant, The Ancient Rhetorical Theories of the Laughable: The Greek Rhetoricians and Cicero (University of Wisconsin Studies in Language and Literature, No. 21, 1924); A. Plebe, La nascita del comico nella vita e nell' arte degli antichi Greci, 1956; J.-P. Cèbe, La caricature et la parodie dans le monde romain antique, des origines à Juvenal, 1966; P. J. G. Lehmann, Die Parodie im Mittelalter, 1963[2]; H. Kleinknecht, Die Gebetsparodie in der Antike (Tübinger Beitr. z. Altertumswiss., 28, 1937); P. Rau, Paratragodia (Zetemata, 45, 1967); Bompaire, Lucien, S. 485 ff., 587 ff.

wie U. Weißstein in einem Referat gezeigt hat[271]. Er legt dar, daß die Parodie auf genauer Nachahmung beruht, während Travestie und Burleske sich größere Freiheiten im Blick auf das Original leisten können. Der Lacheffekt ist zweifellos intendiert, aber nicht eigentlich Zweck der Parodie. Mit Weißstein ist auch zwischen Satire und Parodie zu unterscheiden, die freilich oft zusammengehen[272]. Parodie braucht nicht satirisch gemeint zu sein, d.h. eine allgemein-menschliche, moralische Reform anzustreben. Auf jeden Fall aber ist sie kritisch. In der Rhetorik wurde sie reichlich verwendet und dient dort der Bloßstellung des Gegners. H. Lausberg[273] definiert sie in seinem „Handbuch der literarischen Rhetorik" deshalb wie folgt: „Die Parodie kann als ‚parteiische' Imitatio zwecks evidenter Bloßstellung des literarischen Gegners, also als ‚Ironie' aufgefaßt werden."

Diesem Gebrauch der parodischen Form ist auch Paulus einzuordnen. Seine Selbstparodie dient nun aber nicht bloß der Bloßstellung des Gegners, sondern vor allem, wie alle Rhetorik, der Überzeugung der Angeredeten, in diesem Falle also der korinthischen Gemeinde.

Wie ich in meinem Aufsatz „Eine Christus-Aretalogie bei Paulus"[274] zu zeigen versucht habe, führt Paulus in 2Kor 12,1—10 zwei Aretalogien vor. Beide haben, sowohl als literarische Formen als auch als deren Parodien, bereits eine lange Geschichte hinter sich. Es kann kaum ein Zweifel bestehen, daß die Korinther sie als solche erkannt haben.

2Kor 12,2—4 ist die Parodie eines Himmelfahrtsberichtes. Beides, Himmelfahrtsbericht und dessen Parodie, sind alte literarische Formen. Über die Vorstellung von der Himmelfahrt ist oft gehandelt worden[275], ohne daß der Form der Parodie eines Himmelfahrtsberichtes Beachtung geschenkt worden wäre. Solche Parodien liegen aber bereits in der Alten Komödie vor[276]. Bekannt ist die Reise des Trygaios auf dem Mistkäfer bei Aristophanes[277]. Die Komödie verspottete gern die Bellerophonsage. Belege liegen dafür vor, daß der Stoff im Kynismus beliebt war. Diogenes scheint

---

[271] U. Weisstein, Parody, Travesty, and Burlesque: Imitations with a Vengeance (Proceedings of the IVth Congress of the International Comparative Literature Association, Fribourg 1964 [1966], II, S. 802—811).

[272] Ib., S. 804.

[273] So Lausberg, Handbuch, S. 929 (§ 1246); über fingierte Augenzeugenschaft vgl. § 811.

[274] ZThK 66, 1969, S. 288—305.

[275] Vgl. F. Cumont, After Life in Roman Paganism, 1922, Kap. 6; K. Stendahl, Art. Himmelfahrt (Bibl.-Hist. Handwb., II, 1964, Sp. 720 f.); C. Colpe, Die Himmelsreise der Seele als philosophie- und religionsgeschichtliches Problem (Festschrift für J. Klein zum 70. Geburtstag, 1967, S. 85—104); Lührmann, Offenbarungsverständnis, S. 56 ff.

[276] Vgl. Geffcken, Studien, S. 474 ff.; Helm, Lucian und Menipp, S. 103 ff.; R. Stählin, Das Motiv der Mantik im antiken Drama, 1912; L. Radermacher, Aristophanes' „Frösche", 1954², S. 45 ff.

[277] Pax 69 ff.; vgl. Rau, Paratragodia, S. 89 ff.

mit ihm die meteorologischen Studien verspottet zu haben[278]. Natürlich ist auch wieder die menippisch-lukianische Satire zu nennen: der „Ikaromenipp", die „Wahren Geschichten" und die satirische Beschreibung des zum Himmel fahrenden Peregrinus Proteus[279]. Auch die eben besprochene Satire „Apocolocyntosis" ist wieder zu nennen[280].

Die in dieser Parodie zum Ausdruck gebrachte Polemik geht nun aber, wie F. Wehrli[281] gezeigt hat, auf eine sehr viel ältere Stufe, die delphische Frömmigkeit, zurück. Der Dichter Alkman gibt den Rat: „Keiner der Menschen soll nach dem Himmel fliegen wollen . . ."[282] Pindar sieht im Himmelsflug des Bellerophon ein Beispiel menschlicher Hybris und erklärt damit auch den Absturz des Fliegers[283].

Bekannt sind vor allem die Himmelfahrtsberichte aus der alttestamentlich-jüdischen, besonders der apokalyptischen Literatur[284]. Wenn G. Scholem[285] mit seiner These recht hat, könnte es auch auf jüdischem Boden eine Gegenströmung gegeben haben. Parodien von Wundergeschichten, wie 2Kor 12,7–10, finden wir vor allem bei Lukian, der auch hier vielleicht teilweise von Menipp abhängt. Im „Gallus" parodiert Lukian das dem Wunderglauben verfallene Pythagoreertum[286]. Vor allem aber ist seine polemische, gegen das Wundererzählen gerichtete Schrift „Philopseudes" zu nennen, die damit arbeitet, daß sie Wundergeschichten parodiert[287]. Sie will die unheimliche Macht des Wunderglaubens auch über Vernünftige und Verständige aufzeigen. Zu diesem Zwecke führt Lukian eine ganze Reihe wundergläubiger Philosophen zusammen, die nun jeder solche Wundergeschichten vortragen, wobei der eine den anderen durch immer eindrucksvollere Beispiele zu übertreffen sucht. Lukian scheint nicht nur die einzelnen Geschichten, sondern auch deren Sammlung zu parodieren. Al-

---

[278] Vgl. Diog. L. VI, 39; L. Köhler, Die Briefe des Sokrates und der Sokratiker, Philol., Suppl. XX/2, 1928, Brief 1 §§ 10–12; Helm, Lucian und Menipp, S. 103.

[279] Vgl. Helm, Lucian und Menipp, S. 81 ff.; Geffcken, Studien zur griechischen Satire, S. 474 ff.; Betz, Lukian, S. 38 ff., 128 ff., 167 f., 168 f.

[280] Vgl. oben S. 82.

[281] Wehrli, ΛΑΘΕ ΒΙΩΣΑΣ, S. 78 f.

[282] Fragm. 1,16 ed. Diehl, Anthol. Lyr. Gr., II, 1925, S. 9, Z. 16: [μή τις ἀνϑ] ρώπων ἐς ὠρανὸν ποτήσϑω . . .

[283] Vgl. K. Latte, Schuld und Sünde in der griechischen Religion, ARW XX, 1920, (S. 254–298), S. 268 ff.

[284] Vgl. Strack-Billerbeck, Kommentar, III, S. 530 ff.; G. Haufe, Entrückung und eschatologische Funktion im Spätjudentum, ZRGG 13, 1961, S. 105–113; R. Knierim, The Vocation of Isaiah, VT 18, 1968, S. 47–68.

[285] Vgl. die Diskussion von 2Kor 12,2–4 bei G. G. Scholem, Jewish Gnosticism, Merkabah Mysticism, and Talmudic Tradition, 1960, S. 14 ff.

[286] Vgl. Helm, Lucian und Menipp, S. 322 ff.

[287] Vgl. Betz, Lukian, S. 144 ff. Zur literarischen Parodie von Wundergeschichten vgl. vor allem Bompaire, Lucien, S. 457 ff.

lein der Rahmen[288] stellt sie unter ein negatives Vorzeichen und beurteilt sie als Zeugnisse der menschlichen Sucht des „ψεύδεσθαι" und des pseudophilosophischen Lasters der „ἀλαζονεία". Die versammelten „Philosophen" sind, mit Ausnahme des ungläubigen Tychiades, samt und sonders „γόητες"[289].

Die Übernahme der Narrenrolle sowie der literarischen Form der Parodie steht nun, wie von Windisch[290] bereits betont worden ist, im Dienst ironischer Polemik. Es ist bezeichnend, daß die neutestamentliche Wissenschaft die ironische Polemik des Paulus noch kaum einer Untersuchung für wert erachtet hat. Trotz Kierkegaard gehört die Ironie immer noch nicht zu den „theologischen Grundbegriffen" und wird deshalb von den meisten theologischen Nachschlagewerken gar nicht erwähnt[291]. Die Grammatik von Blass-Debrunner[292] widmet dem Thema einen Satz: „Die *Ironie* (εἰρωνεία) handhabt Paulus zuweilen sehr scharf." Es folgen einige Stellenangaben, darunter aus unserem Fragment nur 2Kor 11,19 f. Bultmanns Dissertation[293] setzt „ironische Imperative" als Diatribeform voraus, geht besonders aber auf die paulinische Ironie nicht ein. Einzige Ausnahme scheint ein kurzer Aufsatz von J. Reumann[294] über „St. Paul's Use of Irony" zu sein. Reumann bemerkt richtig, daß die Ironie sowohl im Griechentum als auch im Judentum[295] beheimatet ist und daher bei Paulus nicht weiter überrascht.

Dem Begriff der Ironie muß allerdings mit Vorsicht begegnet werden. Er entzieht sich, wie die Geschichte zeigt, einer ein für allemal gültigen Definition. Schon im Altertum gibt jeder Schriftsteller, der sich mit ihr befaßt hat, eine andere Beschreibung dessen, was er unter Ironie versteht[296]. Im Blick auf Paulus interessiert uns die Ironie weniger als Mittel rhetorischer Technik oder ästhetischer Theorie. Was das Besondere der paulini-

---

[288] Philops. 1–5; 40. [289] Ib., 5. [290] Zw. Kor., S. 316, 349 f.

[291] Eine Ausnahme stellt der Art. Irony and Satire von W. F. Stinespring (Interpreters Dictionary of the Bible, II, 1962, S. 726–728) dar, jedoch erfährt nur das AT ausführliche Berücksichtigung; aus der paulinischen Literatur ist nur 1Kor 11,12 genannt. Der Art. Ironie von H. Vorgrimler (LThK V, 1960, Sp. 759 f.) erwähnt Paulus überhaupt nicht.

[292] Grammatik des neutestamentlichen Griechisch, 1954[9], § 495,2.

[293] R. Bultmann, Der Stil der paulinischen Predigt und die kynisch-stoische Diatribe, 1910, S. 32 f., 61 f.

[294] The Lutheran Quarterly 7, 1955, S. 140–145. Die Arbeit von J. Jónsson, Humour and Irony in the New Testament, illuminated by parallels in Talmud and Midrash, 1965, kommt über eine Paraphrase von Textstellen nicht hinaus.

[295] Vgl. E. M. Good, Irony in the Old Testament, 1965, der aber den Fehler begeht, ein einliniges Verständnis von Ironie in alle möglichen alttestamentlichen Texte hineinzuinterpretieren.

[296] Vgl. die gründlichen Untersuchungen von O. Ribbeck, Über den Begriff des εἴρων, Rh. M., NF 31, 1876, S. 381–400; W. Büchner, Über den Begriff der Eironeia, Hermes 76, 1941, S. 339–358; J. A. K. Thomson, Irony, 1927; Bompaire, Lucien, S. 587 ff.; Lausberg, Handbuch, I, §§ 582–585.

schen Ironie ausmacht, ist, daß der Apostel diese Redeweise zu verwenden gezwungen ist in einem Dialog mit seiner Gemeinde, in dem es darum geht, das fast Unmögliche fertig zu bringen, nämlich die Gemeinde aus der geistigen Umklammerung durch seine Gegner herauszulösen und sie für die „Wahrheit" zurückzugewinnen. Dieses Verständnis ironischer Rede als eines Mittels des erzieherischen Dialogs wird auf Sokrates zurückgehen[297].

Die sokratische Ironie, wie Plato sic darstellt, bewegt sich zugleich auf mehreren Ebenen, wobei neben den „sokratischen" auch die „platonischen" Ebenen zu berücksichtigen sind. P. Friedländer[298] hat den komplizierten Sachverhalt besser als jeder andere in seinem Platowerk beschrieben. Nach ihm ist die sokratische Ironie zu allererst ein Verhalten, das aus einem bestimmten Verhältnis zur Wirklichkeit erwächst. „Die sokratische Ironie, in ihrem Mittelpunkt erfaßt, drückt die Spannung aus zwischen dem Nichtwissen, das ist der Unmöglichkeit, in Worten allerletzt zu sagen, ‚was das Gerechte ist', und dem Darleben des Nichtgewußten, dem Sein des gerechten Mannes, das ihn bis in die Ebene des Göttlichen hebt."[299] Im sokratischen Nichtwissen spricht sich also ein Grundverhältnis zur Wirklichkeit aus, nicht nur, wie Spätere meinen, eine rhetorisch-dialektische Technik. Das hat selbst noch Quintilian festgehalten, wenn er Sokrates als Beispiel dafür anführt, daß das ganze Leben ironisch zu nehmen sei: „. . . cum etiam vita universa ironiam habere videatur, qualis est visa Socratis."[300]

So vielschichtig die sokratische Ironie bei Plato auch ist, so wird man doch sagen können, daß das „erziehende Gespräch" im Vordergrund steht[301]. Dieses ist dem Betrieb der Sophisten diametral entgegengesetzt. „Ironie ist das Fangnetz des großen Erziehers."[302] Sie „enthält in sich die Spannung, daß sie auf der einen Seite täuschend verhüllt, auf der andern rückhaltlos das Seiende sagt"[303]. In solchen Gesprächen, die Alkibiades in seiner „Narrenrede" im „Symposium" – ironisch wiederum – einen „Betrug"[304] nennt, führt Sokrates seine Schüler aus der Illusion des „Wissens" zum „Nichtwissen" und zum „Wissen des Nichtwissens". „So schwingt das Wissen zu seinem Gegenteil hinüber. Und wirklich wußte er nicht auszusagen, was das Gerechte sei, und war durch dieses Nichtwissen sein

---

297 Vgl. Reich, Mimus, S. 360 ff.; Gigon, Sokrates, S. 59 f.; H. Kuhn, Sokrates, 1959, S. 17 ff.

298 Friedländer, Platon, I³, 1964, S. 145–163.

299 Ib., S. 162 f.

300 Quintilian, Inst. IX, 2,46.

301 Friedländer, Platon, I, S. 148 ff.; A. Jolles, Einfache Formen, 1958², S. 255: „Satire vernichtet – Ironie erzieht".

302 Friedländer, S. 149.

303 Ib., S. 152 f.

304 Ib., S. 150; vgl. 2Kor 12,16 und oben S. 80 ff.

nie zu Ende kommendes Prüfen und Fragen bestimmt. Aber nun kehrt das Nichtwissen in ein letztes Wissen zurück. Denn das Nichtwissen im Logos war gegründet auf ein Darleben des Nichtgewußten. Und wo kann es ein tieferes Wissen geben, als wenn man im Leben und Sterben eben das ist, wonach man in Worten zu forschen niemals abläßt?"[305]

Im Blick auf Paulus ist die Frage zu stellen, ob diese sokratische Ironie zur Zeit des Urchristentums noch verstanden wurde. Cicero und Quintilian behandeln die Ironie thematisch und auch unter Hinweis auf Sokrates, aber von einem Verständnis des philosophischen Sachverhaltes kann bei ihnen keine Rede sein[306]. Von dem Kyniker Demonax schreibt Lukian[307] ausdrücklich, daß er die sokratische Ironie, was er auch immer darunter verstanden haben mag, ablehnte. Die kynisch bestimmten Philosophen befleißigen sich des „σπουδογέλοιον", aber dies ist nicht mit der sokratischen Ironie zu verwechseln[308]. So ist der Begriff „εἰρωνεία" zur Zeit des Paulus nicht mehr als eine Bezeichnung für Spott und Schabernack[309]. Bei Philo[310] taucht er sogar im Lasterkatalog auf: „ὁ εἴρων" ist synonym mit „ὁ γόης", dem es doch ursprünglich einmal entgegengesetzt war. Im philosophischen Gespräch bemüht man einen z. T. sehr billigen Sarkasmus, um den Gegner zu erledigen[311]. Dieser negative Gebrauch wird im Diognetbrief auch in die urchristliche Literatur aufgenommen[312].

Um so überraschender ist die Tatsache, daß wir bei Paulus ein Verständnis von Ironie vorfinden, das dem des Sokrates entspricht. Dabei sind die tiefgreifenden Unterschiede natürlich nicht zu übersehen. Paulus führt den technischen Terminus „εἰρωνεία" nicht an, noch beruft er sich auf Sokrates; auch dessen Nichtwissen spielt für ihn keine Rolle und kann es wohl auch nicht[313]. Unter dem Begriff „Wissen" kann sich Paulus ja nur das durch Christus geoffenbarte göttliche Wissen, die „γνῶσις τοῦ θεοῦ" vorstellen[314]. Freilich gibt es auch für Paulus eine negativ qualifizierte „Weisheit dieser Welt"[315], wie andererseits das Nichtwissen des Sokrates

---

305 Ib., S. 153.

306 Vgl. W. Büchner, Hermes 76, S. 356 ff.; A. Haury, L'ironie et l'humeur chez Cicéron, 1955; G. Zoll, Cicero Platonis Aemulus, 1962, S. 29, 115.

307 Demonax 6.

308 Vgl. Gerhard, Phoinix von Kolophon, S. 228 ff.; Bultmann, Stil der paulinischen Predigt, S. 60 ff.

309 Vgl. Plutarch, De recta rat. 44 D; Reg. et imperat. apophth. 199 F; Apophth. Lacon. 236 C; Lukian, Dial. mort. VI (XX), 5; Ver.hist. II, 17 (beidemal Sokratesverspottung); pisc. 22 (Plato); Joseph., bell. I, 522.

310 Philo, De sacr. 32; De plant. 106; De cherub. 17; Quis heres 43; De vita Mosis I, 274; vgl. auch 2 Makk 13,3.

311 Typisch ist Iup. trag. 52; Lex. 1.

312 Diogn. 4,1; vgl. A Patristic Greek Lexicon, ed. by G. W. H. Lampe, 1962, s. v.

313 Vgl. 1Kor 14,38; 15,34.

314 2Kor 10,5; 11,6.

315 Vgl. 1Kor 1,17 ff.; 2,1 ff.; 3,19; 2Kor 1,12.

auf dem Hintergrund seines Wissens um die Gottheit gesehen werden muß.

Wie der sokratische Dialog, so ist auch der in 2Kor 10—13 geführte paulinische ein „erzieherischer“ Dialog. Die korinthische Gemeinde ist beeindruckt von den „Errungenschaften“ der Gegner des Paulus, wie die Jünger des Sokrates zunächst die Kenntnisse der Sophisten bestaunt haben. Die schwierige und beinahe aussichtslose Aufgabe des Apostels besteht darin, seine Gemeinde aus dieser „Verzauberung“ zu befreien und zur Wahrheit zurückzuführen. Sein Ziel ist es, wie für Sokrates, sie durch ironische Gesprächsführung, bei der die Gemeinde freilich nicht direkt zu Worte kommt, zur Selbstprüfung zu bewegen: „Ἑαυτοὺς πειράζετε εἰ ἐστὲ ἐν τῇ πίστει, ἑαυτοὺς δοκιμάζετε.“[316] Zugleich werden die Gegner, wie wir bereits mehrfach gesehen hatten, in die Rolle der Sophisten gedrängt. Zunächst aber gilt es, einen Blick auf die beiden Parodien zu werfen:

2Kor 12,2—4

Geht es darum, daß hier eine „Himmelfahrt“ parodiert wird, so sind wir damit zweier oft verhandelter Fragen enthoben[317]. Es besteht keine Notwendigkeit, den hier berichteten Vorfall mit anderen Angaben des Paulus in Übereinstimmung zu bringen, noch auch den zu beobachtenden Gegensatz zwischen den V. 2—4 vorausgesetzten anthropologischen Anschauungen mit den sonstigen anthropologischen Vorstellungen des Paulus auszugleichen. Paulus parodiert Typisches und identifiziert sich damit nur ironisch. Ob damit auf wirkliche Ereignisse im Leben des Paulus und wenn ja, auf welche, angespielt wird, läßt sich hiermit weder beweisen noch bestreiten.

Bekanntlich läßt sich der Bericht in zwei analoge Teile zerlegen[318]:

I

a) οἶδα ἄνθρωπον ἐν Χριστῷ
b) πρὸ ἐτῶν δεκατεσσάρων, —
c) εἴτε ἐν σώματι οὐκ οἶδα,
d) εἴτε ἐκτὸς τοῦ σώματος οὐκ οἶδα,
e) ὁ θεὸς οἶδεν, —
f) ἁρπαγέντα τὸν τοιοῦτον
g) ἕως τρίτου οὐρανοῦ.

[316] Vgl. 2Kor 13,5; auch Plato, Charmid. 158 D; Alkib. I, 124 C usw.; Friedländer, Platon, I, S. 149 f.

[317] Vgl. die Kommentare; Güttgemanns, Der leidende Apostel, S. 156 ff.; Schmithals, Gnosis, S. 197 ff.; Georgi, Gegner, S. 296 ff.

[318] Vgl. Windisch, Zw. Kor., S. 370 f. Der Bericht ist vollständig, und die Annahme eines plötzlichen Abbrechens ist unnötig (gegen Windisch, S. 371, 379).

II

a) καὶ οἶδα τὸν τοιοῦτον ἄνθρωπον –
b)
c) εἴτε ἐν σώματι
d) εἴτε χωρὶς τοῦ σώματος [οὐκ οἶδα],
e) ὁ θεὸς οἶδεν, –
f) ὅτι ἡρπάγη
g) εἰς τὸν παράδεισον
h) καὶ ἤκουσεν ἄρρητα ῥήματα, ἃ οὐκ ἐξὸν ἀνθρώπῳ λαλῆσαι.

2Kor 12,1 bringt zunächst eine Überleitung zum Abschnitt 2–10, ist aber textkritisch unsicher[319]. Das rührt wohl daher, daß die Abschreiber den Text nicht mehr verstanden haben[320]. Gleichwohl wird der jetzt von Nestle-Aland gebotene Text von guten Zeugen gestützt und ist auch in sich sinnvoll, so daß die Skepsis mancher Exegeten als übertrieben gelten muß[321].

In knapper Form stellt Paulus noch einmal die beiden Ausgangsbedingungen fest, um dann zum Thema zu kommen. Die schon 11,30 genannte Forderung „καυχᾶσθαι δεῖ“ wird anerkannt[322]. Natürlich ist diese Anerkennung ironisch zu nehmen, d. h. Paulus lehnt sie in dem von den Gegnern intendierten Sinne ab, erkennt sie aber in seinem eigenen Verständnis an (11,30b)[323]. Der „Nutzen“ des „καυχᾶσθαι“ wird, scheinbar im Widerspruch zum Vorigen, abgestritten: „οὐ συμφέρον“. Wieder nimmt Paulus damit einen technischen Begriff der Popularphilosophie auf[324], um ironisch den „Nutzen“, wie ihn die Gegner verstehen, zu verwerfen und gleichzeitig seinen eigenen „Nutzen“ zu verfolgen (vgl. 12,19: „τὰ δὲ πάντα, ἀγαπητοί, ὑπὲρ τῆς ὑμῶν οἰκοδομῆς“[325]). Diese beiden Voraussetzungen widersprechen sich nur auf den ersten Blick; sie entsprechen sich, wenn man ihre ironische Verwendung in der Narrenrede für ihre Interpretation beachtet[326].

---

[319] Zur Textkritik vgl. WINDISCH, Zw. Kor., S. 367; HEINRICI, Zw. Kor., S. 384 f.; PLUMMER, Second Cor., S. 339.

[320] So mit Recht LIETZMANN-KÜMMEL, S. 152 f.

[321] Wie etwa WINDISCH, Zw. Kor., S. 367.

[322] Vgl. oben S. 72 ff. So mit Recht auch KÄSEMANN, Legitimität, S. 61 ff.; ihm schließen sich an: SCHMITHALS, Gnosis, S. 197 ff.; 333 f.; GEORGI, Gegner, S. 296 ff.; GÜTTGEMANNS, Der leidende Apostel, S. 154 ff.

[323] Hier gehen wir über die in der vorigen Anm. genannten Exegeten hinaus.

[324] Zu τὸ σύμφορον vgl. 1Kor 6,12; 10,23 (auch 1Kor 7,35; 10,33; 12,7; 2Kor 8,10). Zum popularphilosophischen Topos vgl. J. WEISS, Erster Kor., S. 158 f.; GERHARD, Phoinix von Kolophon, S. 124 f.; K. WEISS, Das Nützliche in der griechischen und der biblischen Ethik, Wissenschaftl. Zeitschr. der Univ. Rostock 12, 1963, S. 291–294.

[325] V. 19 bezieht sich auf die gesamte vorhergehende Apologie.

[326] WINDISCHS Auslegung ist deswegen verfehlt, weil er den parodistischen Cha-

Paulus kommt alsdann auf das Thema des folgenden Abschnittes zu sprechen; er überschreibt ihn „ὀπτασίαι καὶ ἀποκαλύψεις". Es kann nicht zweifelhaft sein, daß er damit vorgibt, auf die gegnerische Forderung des „καυχᾶσθαι δεῖ" einzugehen. Was er 2–10 darlegt, ist also das, was die Gegner unter „καύχησις" und unter den „σημεῖα τοῦ ἀποστόλου" (12,12) verstehen. Sicher ist auch, daß die Gegner an dergleichen Material keinen Mangel leiden, sondern selbstsicher aufzutreten vermögen[327].

Zu a) Über die Einkleidung des Berichtes ist viel gerätselt worden: Paulus redet in der 3. Person, meint aber offensichtlich sich selber (12,5)[328]. Lietzmann ist wohl auf dem Wege zur richtigen Erklärung, wenn er meint, Paulus habe seine Erzählung „absichtlich in die ‚objektive' Form der dritten Person gekleidet"[329]. Zwar gibt Lietzmann keine Begründung an, aber es gibt Gründe dafür, daß Paulus eine stilistische Eigentümlichkeit anwendet (vgl. oben S. 76). Es ist auffällig, daß Epiktet[330] manchmal Beispielerzählungen in dieser Weise einführt; auch manche der von Lukian[331] im „Philopseudes" parodierten Wundergeschichten werden in dieser oder ähnlicher Form eingeleitet.

Zu b) Die Datierung und Lokalisierung gehört ebenfalls zum Stil dieser Erzählungen, wofür Windisch[332] Material angeführt hat.

Zu c—e) Paulus spielt auf bekannte Vorstellungen über die Ekstase an[333], entzieht sich aber gleichwohl ironisch der Entscheidung, welche nun vorzuziehen sei. Beide stimmen nicht mit der sonstigen Anthropologie des Paulus überein[334].

Zu f) Der Begriff „ἁρπάζειν" ist technisch[335].

Zu g) Der „dritte Himmel" und das „Paradies" bezeichnen wohl zwei hintereinanderliegende Stadien der Himmelsreise[336].

Zu h) Die letzte Zeile enthält die ironische Spitze des Berichtes. Im

---

rakter des Abschnittes nicht erkennt. Zwar bemerkt er, daß Paulus eine „Narrenrede" halten will, versteht aber nicht, worin diese eigentlich besteht (Zw. Kor., S. 366 ff.). Die entscheidende Frage: „Wie kommt er dann auf diesen Gegenstand hier zu sprechen?" (S. 369) vermag er nicht zu beantworten.

327 Hier stimme ich wieder Käsemann und den ihm folgenden Exegeten zu (s. oben Anm. 322); gegen Windisch, Zw. Kor., S. 368.

328 Vgl. Windisch, Zw. Kor., S. 369 f.; Käsemann, Legitimität, S. 63 f. Ganz unwahrscheinlich ist die Erklärung Güttgemanns, Der leidende Apostel, S. 160 f., Paulus rede nicht von sich, sondern von Jesus.

329 Lietzmann-Kümmel, S. 153.

330 Etwa Diss. I, 10,2: οἶδα ἐγὼ πρεσβύτερον ἄνθρωπον ... (vgl. auch 26,11).

331 Vgl. Philops. 11, 14, 16, 22, 27, 30, 33; Plutarch, De def. orac. 419 B.

332 Zw. Kor., S. 373.

333 Vgl. Windisch, Zw. Kor., S. 374–377; Schmithals, Gnosis, S. 199 f.; Schweizer, ThW VII, S. 1041.

334 Vgl. nur 1Kor 15,50 ff.

335 Vgl. Bauer, Wb., s. v.; Betz, Lukian, S. 169.

336 Vgl. das Material bei Windisch, Zw. Kor., S. 371 ff.; W. Traub & G. von Rad, ThW V, S. 496–543; J. Jeremias, ib., S. 763–771; Güttgemanns, Der leidende Apostel, S. 159.

„Paradies“ hört Paulus „unaussprechliche Worte“, die er aber, eben weil es sich um unaussprechliche Worte handelt, nicht mitteilen kann und darf. Die Ironie nutzt die doppelte Bedeutung des Begriffs „ἄρρητος“[337] aus und beruft sich außerdem auf die religionsgeschichtliche Vorstellung, nach der u. U. dem zum Himmel Gefahrenen verboten werden kann, nach seiner Rückkehr über das zu berichten, was er gesehen und gehört hat[338].

2Kor 12,7b–10

Eine detaillierte Analyse des Abschnittes habe ich in meinem Aufsatz „Eine Christus-Aretalogie bei Paulus“[339] gegeben, die hier nicht wiederholt zu werden braucht. Folgende Disposition hatte sich nach dieser Analyse ergeben:

V. 7b: Die Beschreibung der Krankheit des Paulus verwendet stilgerecht mythische und metaphorische Wendungen. Das Leiden des Paulus ist den Korinthern bekannt gewesen und wird von ihnen als Evidenz für die mangelnde „καύχησις“ ihres Apostels gewertet. Der „Pfahl im Fleische“ ist ihrer Auffassung nach Evidenz dafür, daß Paulus sich noch unter der Herrschaft eines Satansengels befindet, damit aber im Bereich der unerlösten „Schwachheit“ zurückgeblieben ist[340].

V. 8a: Hier ist die Hinwendung zum Kyrios genannt, ebenfalls ein typischer Zug der Heilungswunder[341].

V. 8b: Paulus nennt den Inhalt des Gebetes in indirekter Form, — auch dies ist typisch[342].

V. 9a: Paulus schildert die Offenbarung eines „Heilungsorakels“[343]:

„ἀρκεῖ σοι ἡ χάρις μου·
ἡ γὰρ δύναμις ἐν ἀσθενείᾳ τελεῖται.“

Das Logion hat die Form eines Orakels und enthält die ironische Pointe der kleinen Komposition. Es ist ein „Heilungsorakel“, lehnt aber gerade die erbetene Heilung ab, ein Vorgang, für den es außerchristliche Parallelen gibt. Die Heilung wird nicht deshalb abgelehnt, weil Paulus quantitativ etwas über die von Christus ihm gewährte „χάρις“ hinaus erbeten hätte, sondern weil der Begriff von „χάρις“, der in der Bitte implizit vorausgesetzt ist, „χάρις“ als Heilkraft versteht, damit aber nicht der „χάρις“ des Gekreuzigten entspricht, d. h. der Macht, die ihn berufen hat

---

337 Vgl. Bauer, Wb., s. v.

338 Vgl. Windisch, Zw. Kor., S. 377 ff., der aber die Ironie nicht erkennt und darum erwägt: „vielleicht hielt ein ausdrückliches Geheiß ihn davon ab, es Anderen mitzuteilen“ (S. 377).

339 ZThK 66, 1969, S. 288–305.

340 Ib., S. 290–292.

341 Ib., S. 292.

342 Ib., S. 293.

343 Ib., S. 293–303.

und in seiner apostolischen Existenz trägt. Der zweite, begründende, Teil des Orakels legt also das Verständnis von „χάρις“ in der Weise fest, daß er sie sachlich mit der sich in der „Schwachheit“ manifestierenden „δύναμις“ gleichsetzt.

V. 9b: enthält die „καύχησις“ im eigentlichen Sinne[344]. Freilich ist sie so abgefaßt, daß in ihr die dem Paulus zuteil gewordene theologische Erkenntnis zum Ausdruck gebracht ist: seine „καύχησις“ ist eine „καύχησις ἐν ταῖς ἀσθενείαις“.

V. 10a: folgt ein kurzer „Peristasenkatalog“, ebenfalls formal am rechten Platz[345].

V. 10b: schließt die Komposition ab mit einer paradoxen Gnome in Ich-Form[346], in die Paulus seine Erkenntnis und Erfahrung prägnant zusammenfaßt: „ὅταν γὰρ ἀσθενῶ, τότε δυνατός εἰμι.“

Was ist nun das Ergebnis der von Paulus vorgetragenen „καύχησις“? Man wird wegen der ironischen Verschiebungen mehrere Ergebnisse unterscheiden müssen.

Zunächst muß man feststellen, daß Paulus die gegnerische Forderung des „καυχᾶσθαι δεῖ“ ad absurdum geführt hat. Er hat nachgegeben, hat die „Apostelzeichen“ in aller Geduld unter ihnen gewirkt (12,1–10.12), hat aber nicht das erreicht, was er nach den Vorstellungen der Gegner hätte erreichen müssen.

Der Bericht der ekstatischen Entrückung enthielt zwar, was man an Vokabular und Aussagen erwarten mußte, führte aber nicht dazu, daß Paulus die im Paradies vernommenen „unaussprechlichen“ Worte mitteilen konnte.

Das „Heilungswunder“ entsprach zwar den Stilgesetzen und den religionsgeschichtlichen Vorstellungen der Aretalogie, aber die Heilung selbst blieb aus.

Dabei bleibt Paulus in beiden Berichten innerhalb der mit der literarischen Form und den religionsgeschichtlichen Vorstellungen gegebenen Möglichkeiten. Die Parodien zerstören die literarischen Vorbilder gerade nicht, sondern nutzen sie auf eine besondere Weise aus. Die kategorische Forderung des „καυχᾶσθαι δεῖ“ ist deswegen absurd, weil man ihr formal nachkommen kann, ohne am Ende die „Zeichen des Apostels“ wirklich vorgewiesen zu haben. Das heißt aber, daß die bei den Gegnern einfach vorausgesetzte Deckungsgleichheit von „Aretalogie“ und „Evidenz“ nicht besteht. Paulus hat zwei Aretalogien vorgeführt, bei denen die „Evidenz“ ausbleibt. Nur wenn er die „unaussprechlichen Worte“ mitgeteilt hätte und Evidenz für die Heilung von seiner Krankheit hätte vorweisen können, hätte sich nachprüfen lassen, ob das, was er vorbringt, der Wahrheit entspricht und nicht bloß eine Illusion ist. Umgekehrt gilt das Entsprechen-

---

[344] Ib., S. 303. [345] Ib., S. 303. Vgl. 2Kor 11,23 ff. [346] Ib., S. 303.

de: die von den Gegnern naiv vorausgesetzte Deckungsgleichheit von „Erfahrung“, „Bericht von Erfahrung“ und „Evidenz für die Wahrheit des Erfahrenen“ führt zu einem religiösen und sogar literarischen Formalismus, der von jedem „Schlaumeier“ – wie Paulus gerade (12,16) demonstriert hat – leicht imitiert werden kann. Das heißt aber, daß selbst der, der die „Apostelzeichen“ vorzuweisen in der Lage ist, damit noch in keiner Weise die Wahrheit seiner Erfahrung unter Beweis gestellt hat. Es kann sich gleichwohl und trotz allem um einen gerissenen Betrüger handeln.

Es ist deutlich, daß die paulinische Argumentation in anderen Kategorien und unter anderen geschichtlichen Bedingungen den gleichen Irrtum aufdeckt, den auch der platonische Sokrates immer wieder bei den Sophisten aufdeckt, daß diese nämlich ihren äußeren „Erfolg“ einfach als Ausweis der Wahrheit ihrer Lehren nehmen. In beiden Instanzen ist die Argumentation offensichtlich schlüssig: das „καυχᾶσθαι“ – so wie die Gegner es verstehen – ist in der Tat „nutzlos“ (12,1).

Müssen wir Paulus an diesem Punkte zustimmen, so läßt sich ein weiterer Schluß nicht umgehen. Wenn das, was als „Evidenz“ ausgegeben wird, gleichwohl „Betrug“ sein kann, läßt sich die Möglichkeit nicht abweisen, daß die Gegner des Paulus, die in so reichem Maße über derartige Evidenz verfügen, gleichwohl Betrüger sind.

Paulus scheut sich nicht, die korinthische Gemeinde geradezu brutal mit dieser Möglichkeit zu konfrontieren. Wieder ist es die „Narrenrede“, die ihm die Möglichkeit gibt, das als Behauptung einfach hinzuwerfen, was sonst unstatthaft gewesen wäre und wohl kaum ernsthaft vernommen worden wäre.

Die Gegner, so erkühnt sich Paulus zu behaupten, sind in Wirklichkeit „falsche Apostel“, „Betrüger in missionarischer Verkleidung“ und „Diener des Satans“, die sich als „Diener der Gerechtigkeit“[347] ausgeben. Wer das für phantastisch hält, möge bedenken, daß es bekanntlich für den Satan eine Kleinigkeit ist, sich in einen „Lichtengel“ zu verwandeln. Was aber Satan fertigbringt, bringen auch dessen Diener fertig; zudem ist die „Verwandlungsfähigkeit“ immer schon ein Merkmal religiöser Scharlatane gewesen[348]. Treibt Paulus hier den Keil des Verdachtes zwischen die Gemeinde und seine Gegner, so wird die ganze Apologie auch den Beweis für diese „närrischen“ Behauptungen erbringen.

Paulus hat aber nur scheinbar den Gegnern und ihrer Forderung nach dem „καυχᾶσθαι“ nachgegeben. In Wirklichkeit hat er gerade vermieden, den von ihnen mit ihrem „Rühmen“ betretenen Weg der „Überheblichkeit“ einzuschlagen.

An dieser Stelle ist ein Blick zu werfen auf die wichtigen, zwischen die beiden Parodien eingeschobenen Selbstinterpretationen 12,5–7a. Paulus

---

347 2Kor 11,13–15.

348 Vgl. dazu W. Burkert, Rh.M. 105, 1962, S. 41 ff.

fällt sozusagen für einen Moment aus der Rolle, um sicherzustellen, daß sein Verhalten auch richtig verstanden wird.

Im Blick auf die ekstatische Entrückung (12,2—4) hat er tatsächlich nicht sich selber gerühmt[349], obwohl er sich selber meinte, sondern er hat einen anderen gerühmt, den „ἄνθρωπος" (12,2.3). Sich selber zu rühmen ist anstößig[350], einen andern zu rühmen ist gestattet, wie wir sahen[351]; eigentlich wären die Korinther verpflichtet gewesen, Ruhm auf ihn auszubringen[352]. Anders in 12,7b—10: hier hat sich Paulus tatsächlich selber gerühmt, aber er hat sich, wie er immer wieder betont, nur seiner „Schwachheiten" gerühmt[353].

Das heißt aber, er hat sich nicht der „Überheblichkeit" schuldig gemacht („διὸ ἵνα μὴ ὑπεραίρωμαι")[354]. Obwohl er sich gerühmt hat, hat er sich nicht über das menschliche Maß hinaus erhoben und ist nicht der Hybris verfallen.

An dieser Stelle liegt ja, wie wir bereits sahen[355], für Plutarch das eigentlich Anstößige des Selbstlobes: es verführt den Menschen zur Selbstvergötterung. Will man einen Menschen loben, so gilt es insbesondere, das „παρρησιάζεσθαι" zu üben. Ein Lob auf einen Menschen darf nicht in Schmeichelei ausarten, es muß bei der Wahrheit und der Wirklichkeit bleiben, sich an das dem Menschen zugemessene Maß halten. Es gilt das *menschlich* Lobenswerte zu loben, die Vernünftigkeit, Menschenliebe usw.[356].

Paulus hält sich an diese Regeln. Er bleibt bei der Wahrheit[357]. Ein Zeichen des Narren ist es ja, sein Narrsein zu bestreiten[358] und zu behaupten, er sage die Wahrheit, — was auch stimmt! Nur als Narr kann er die Wahrheit sagen, und nur so wird die Wahrheit vom Leser oder Hörer vernommen und zur Auswirkung gelangen. Paulus bleibt also bei der Wahrheit und Wirklichkeit dessen, was die Korinther bei ihm sehen und

---

349 2Kor 12,5: ὑπὲρ τοῦ τοιούτου καυχήσομαι. Das Futurum erklärt sich dadurch, daß die Verse 2—4 nicht die καύχησις selbst darstellen, sondern daß diese anschließend erfolgen müßte (vgl. Betz ZThK 66, 1969, S. 303); Paulus verzichtet aber darauf.

350 Vgl. Windisch, Zw. Kor., S. 380 f.

351 Vgl. oben S. 76.

352 2Kor 12,11: ἐγὼ γὰρ ὤφειλον ὑφ' ὑμῶν συνίστασθαι.

353 11,30; 12,5.9.10.

354 12,7; vgl. 2Thess 2,4; 2Kor 10,5; 11,20. Zum religionsgeschichtlichen Hintergrund vgl. Betz, Lukian, S. 103.

355 Vgl. oben S. 76.

356 Plutarch, De se ipsum 543 D—E.

357 2Kor 12,6: ἀλήθειαν γὰρ ἐρῶ.

358 2Kor 12,6. Windisch (Zw. Kor., S. 381) stellt mit Recht fest: „Die ... Erklärung zeichnet sich nicht gerade durch Deutlichkeit aus." M. E. meint Paulus, daß es keine Narretei sei, wenn er sich seiner Schwachheit im Blick auf V. 2—4 rühmte, sondern daß es die Wahrheit sei. Er läßt den Gedanken aber fallen, um auf vor Augen Liegendes zu sprechen zu kommen und um im Anschluß daran in das „Rühmen in seinen Schwachheiten" auszubrechen (12,9—10).

hören können[359]. Mit dieser Einstellung bekennt sich Paulus zu einer alten griechischen Weisheit, der Absage an das Übermaß und Unmaß. F. Wehrli[360] und H. J. Mette[361] haben gezeigt, daß die Wurzeln dieses ethischen Grundsatzes in der delphischen Frömmigkeit liegen. Dieser ist im Griechentum immer lebendig gewesen – wie er auch immer verletzt worden ist! – und muß Paulus auf dem Wege über die Popularphilosophie zugekommen sein. Er kann darauf rechnen, daß die Gemeinde diese Zusammenhänge erkennt, auch wenn er sie nicht ausspricht. Ebenso kann er darauf hoffen, daß auf seine Gegner ein schlechtes Licht fällt, die in dieser Hinsicht gar keine Bedenken zu hegen scheinen.

Nun hat aber Paulus keineswegs auf das „Rühmen" überhaupt verzichtet. Im Gegenteil, die ganze verzweigte Argumentation läßt ja erkennen, daß von Anfang an eine ganz andere Art des „καυχᾶσθαι" mitläuft und mehr und mehr bestimmend wird. Wenn er in 10,17 den Grundsatz aufstellt: „ὁ δὲ καυχώμενος ἐν κυρίῳ καυχάσθω", so soll damit das „καυχᾶσθαι" eben in keiner Weise aufgehoben werden. Vielmehr ist die ganze Apologie nichts anderes als die Durchführung *dieses* „καυχᾶσθαι". Seine ironische Rede hat folglich den Gegnern nie etwas zugegeben, sondern war von vornherein darauf angelegt, sein eigenes Verständnis von „καυχᾶσθαι" zum Zuge zu bringen. Gerade weil er die gegnerische Forderung des „καυχᾶσθαι δεῖ" ironisch aufnimmt, kann er sie in seinem Sinne umdeuten.

Das paulinische „καυχᾶσθαι" ist ein „καυχᾶσθαι ἐν κυρίῳ"[362], es ist ein „καυχᾶσθαι ἐν ταῖς ἀσθενείαις"[363]. Paulus faßt *dieses* „Rühmen" in die zunächst schwer verständliche Selbstaussage „ὡς ὅτι ἡμεῖς ἠσθενήκαμεν"[364]. In ihr stimmt also Paulus dem zu, was schon die gegnerische Anklage hervorgehoben hatte: „ἡ παρουσία τοῦ σώματος ἀσθενής"[365]. Vor allem ist es sein Leiden, der „Pfahl im Fleische", das als unübersehbarer Ausweis seiner „Schwachheiten" anzusehen ist[366]. Was an Paulus also als „Evidenz" nachweisbar ist, ist etwas Negatives: „Schwachheiten". Für die Gegner ist die Sachlage damit klar. In Paulus haust ein „Satansengel" (12,7), der die Krankheit hervorruft; er wandelt also noch „im Fleisch" (10,2), befindet sich also noch im unerlösten Zustande und hat daher keinen Anteil an Christus (10,7). Er kann also kein legitimer Apostel sein.

Die Gegenargumentation besteht nun darin, daß Paulus diese gegnerischen Schlußfolgerungen in sich zerstört.

---

359 2Kor 12,6; vgl. 10,7.

360 F. Wehrli, ΛΑΘΕ ΒΙΩΣΑΣ, S. 78 ff.

361 H. J. Mette, ΜΗΔΕΝ ΑΓΑΝ, 1933; vgl. M. P. Nilsson, Geschichte der griechischen Religion, I³, S. 735 ff.; G. Bertram, ThW VIII, S. 295–307.

362 2Kor 10,17; vgl. 1Kor 1,31.

363 2Kor 11,30; 12,5.9.10.

364 2Kor 11,21; vgl. Windischs Vermutungen (Zw. Kor., S. 348 f.).

365 2Kor 10,10 (vgl. oben S. 44 ff.).

366 2Kor 12,7–10 (vgl. oben S. 92 ff.).

Zunächst bestreitet Paulus das am Tage Liegende nicht: „ἡμεῖς ἠσθενήκαμεν“. Als „Narr“ kann er die Wahrheit ruhig aussprechen. Es ist seine „ἀτιμία“, die da zutage kommt[367]. Im gleichen Atemzuge beginnt er dann, „kühn“[368] von seinen „Errungenschaften“ zu schwärmen. Er parodiert den Enkomientopos „περὶ εὐγενείας“[369]: seine Gegner rühmen sich, „Hebräer“ zu sein? – Er ist es auch! – Sie sind „Israeliten“? – Er ist es auch! – Sie sind „Same Abrahams“? – Er ist es auch! – Sie sind „Diener Christi“? – Er ist es noch mehr!

Natürlich mißt Paulus diesen „Errungenschaften“ keinerlei Wert bei. Nur als „Narr“ kann er sich überhaupt auf dieses Preisen einlassen[370]. Worauf Paulus bei den Gegnern konkret anspielt, hat Georgi untersucht und braucht hier nicht erörtert zu werden[371]. Die Verspottung des Topos „περὶ εὐγενείας“ aber gehört zum Repertoire des Popularphilosophen und wird bei den Korinthern sicher gehört werden[372].

Die negative Einstellung zur „εὐγένεια“ mag auf Sokrates zurückgehen[373]. Schon Bion von Borysthenes[374] verspottete seine eigene Herkunft, als er von Antigonus darauf angesprochen wurde. Berechnet darauf, den Antigonus zu schockieren, antwortete er, sein Vater sei ein Freigelassener gewesen, der seine Nase am Ärmel abwischte, ein Fischhändler also. Sein Gesicht sei nicht zum Vorzeigen gewesen, denn es habe die bittere Handschrift des ehemaligen Herrn darauf eingegraben gehabt. Seine Mutter sei aus dem Hurenhaus gekommen usw. Von Diogenes von Sinope berichtet Diogenes Laertius[375], dieser habe grundsätzlich vornehme Abstammung und dergleichen verspottet. In der späteren Popularphilosophie werden solche Anschauungen weit verbreitet gewesen sein. Auch Philo[376] spielt darauf an, wenn er meint, allein der Weise sei von vornehmer Abstammung. Die von Paulus so bereitwillig eingeräumte „ἀτιμία“ ist also, „bei Lichte besehen“, gar nichts Negatives[377].

Paulus macht dann weiter in närrischer Weise anschaulich, wie sich seine „Schwachheiten“ geradezu im Übermaße in seinen „περιστάσεις“ manifestiert haben. Er führt eine lange Liste schrecklicher Erlebnisse

---

[367] 2Kor 11,21; vgl. 10,1 und oben S. 44 ff.

[368] Vgl. oben S. 83.

[369] 2Kor 11,22 f. Zum Topos der vornehmen Abstammung vgl. L. Bieler, ΘΕΙΟΣ ΑΝΗΡ, I, 1935, S. 22 ff., 134 ff.; Betz, Lukian, S. 104 ff.; Bauer, Wb. s. v. εὐγενής; Joël, Sokrates, II, S. 349 ff.

[370] 2Kor 11,21.

[371] Vgl. Georgi, Gegner, S. 51 ff.; Windisch, Zw. Kor., S. 350 ff.

[372] Paulus hatte die Korinther schon 1Kor 1,26 darauf aufmerksam gemacht.

[373] Vgl. Maier, Sokrates, S. 250 f., 388 f., 420 Anm. 3.

[374] Diog. L. IV, 46. Wir wiesen schon oben S. 83 darauf hin.

[375] VI, 72; die Stelle verdanke ich Oltramare, Les origines, S. 47, Nr. 16 (vgl. auch dort S. 266, Nr. 16).

[376] Vgl. P. Wendland, Philo und die kynisch-stoische Diatribe, S. 51.

[377] Vgl. schon 1Kor 4,10. Zur „Umwertung aller Werte“ s. oben S. 51.

auf, die er bei seiner missionarischen Arbeit hat durchstehen müssen: Gefängnis, Prügel, Steinigungen, Schiffbrüche, Hunger, Durst, Todesgefahren aller Art, dazu die täglichen Sorgen um die Gemeinden[378].

Die paulinische Verwendung des sog. „Peristasenkataloges“ entspricht der Art, wie diese noch wenig erforschte literarische Form in der kynisch-stoischen Diatribe verwendet wurde[379]. Ihre literarische Form, Funktion und Herkunft sind noch nicht geklärt. A. Fridrichsen[380] hat vermutet, daß Paulus sich stilistisch an die Aufzählungen von Ruhmestaten und Leiden anschließt, wie sie in orientalischen Königsinschriften, den res gestae römischer Kaiser und im griechischen Roman zu finden sind. Auch die politische Rede wäre zu nennen. Diese wird auch schon in der Alten Komödie parodiert[381]. Am Anfang von Plutarchs Schrift „De se ipsum citra invidiam laudando“ wird der Hinweis auf bestandene Leiden und Schwierigkeiten als Bestandteil des Selbstlobes genannt[382].

Die kynische Verwendung der Form kennen wir vor allem aus einem Fragment einer Diatribe des Teles[383] „Περὶ περιστάσεων“. Dort wird der Kyniker ermahnt, in allen widrigen Lebensumständen nach der Devise des Bion zu leben: „βιώσῃ ἀρκούμενος τοῖς παροῦσι, τῶν ἀπόντων οὐκ ἐπιθυμῶν, τοῖς συμβεβηκόσιν οὐ δυσαρεστῶν[384].

Den Hintergrund dieser Mahnung bildet zweifellos die kynische Lehre von der Autarkie[385], nach der es Aufgabe des Philosophen ist, überlegen die Rollen zu spielen, die ihm die Tyche zuteilt[386], und jede Art von „μεμψιμοιρία“ zu vermeiden[387]. Man solle nicht versuchen, die Verhältnisse zu ändern, sondern man solle sich ihnen anpassen, wie sie sind; nur so komme man durch[388]. Derselbe Sachverhalt wird von Bion[389] anders

---

378 2Kor 11,23–28; vgl. 1Kor 4,10–13; 2Kor 4,7–10; 6,4–10.

379 Vgl. J. Weiss, Beiträge zur paulinischen Rhetorik (Theologische Studien, B. Weiss zu seinem 70. Geb. dargebracht, 1897, S. 165–247), S. 185 f.; Bultmann, Stil der paulinischen Predigt, S. 19, 27 ff., 80; Lietzmann-Kümmel, z. St.; Windisch, Zw. Kor., S. 349 ff.; Georgi, Gegner, S. 33 f., 64, 186 f., 194 f., 244, 295.

380 Vgl. A. Fridrichsen, Zum Thema „Paulus und die Stoa“, eine stoische Stilparallele zu 2Kor 4,8 f. (Con. Neot. IX, 1944, S. 27–31); Ders., Zum Stil des paulinischen Peristasenkatalogs 2Cor. 11,23 ff. (Symb. Osl. 7, 1928, S. 25–29); Ders., Peristasenkatalog und res gestae (Ib. 8, 1929, S. 78–82); R. Höistad, Eine hellenistische Parallele zu 2Kor 6,3 ff. (Con. Neot. IX, 1944, S. 22–27).

381 A. Burckhardt, Spuren der athenischen Volksrede in der alten Komödie, 1924, bes. S. 43 f.

382 539 B–C.

383 Teletis Reliq., S. 52–54; vgl. Dio Chrys., or. VIII, 15 ff.; Lukian, Peregr. 18.

384 Vgl. Teletis Reliq., S. 38 f. (auch 11; 42), wo weiteres Material genannt ist. Helm, Lucian und Menipp, S. 243, verweist auf Übernahme des Topos durch Philo. Vgl. weiter Oltramare, Les origines, S. 52 ff., 274 ff.

385 Teletis Reliq., S. 5 ff.: περὶ αὐταρκείας.

386 Ib., S. 6; vgl. Epiktet, Diss. II, 6,17.

387 Ib., S. 6, Z. 5.

388 Ib., S. 9 f.; vgl. Epiktet, Ench. 5; Marc. Aurel. IX, 13.

389 Nach Diog. L. IV, 48.

ausgedrückt: „Übel nicht ertragen zu können ist ein großes Übel" („μέγα κακὸν τὸ μὴ δύνασθαι φέρειν κακόν"). Vorbild für diese Haltung ist wieder Sokrates[390], ihr Ziel ist der Zustand der „ἀπάθεια"[391]. Für die große Menge, die bekanntlich immer den Schein der Wirklichkeit vorzieht[392], ist es natürlich unverständlich und lächerlich, wenn jemand — wie Paulus es tut — sich solch schrecklicher Erlebnisse auch noch „rühmen" will. Nicht so aber für den, der vom kynischen Lebensideal bestimmt ist! Das närrische Rühmen des Paulus in 2Kor 11,23—27 ist daher keineswegs so ungewöhnlich, wie man zunächst anzunehmen geneigt ist. Es steht dem kynischen Denken nahe[393] und wird seine Wirkung auf die Korinther nicht verfehlt haben, denn die Ausrichtung dieser Gemeinde zeigt ja auch sonst dem Kynischen verwandte Züge. Jeder aber, der die paradoxe „καύχησις" des Paulus verschmäht, stellt sich damit auf die Seite der „Welt" oder der „dummen Menge", für die nur spektakuläre Erfolge Grund zum Rühmen sind.

2Kor 11,23—27 wertet also das Eingeständnis „ἡμεῖς ἠσθενήκαμεν" (11,21) radikal um. Die Schwachheit ist plötzlich nicht mehr etwas bloß Negatives, sondern enthüllt eine ungeheure „Kraft"[394]. Denn der Apostel hat ja schließlich all diese kritischen Situationen durchgestanden und ist lebend daraus hervorgegangen. Und nicht nur das — in allem und über alles hinaus hat er auch noch die „Kraft", an die Gemeinden zu denken, für sie zu sorgen und sich für andere, die sich ebenfalls in kritischen Situationen befinden, einzusetzen[395].

Untermauert wird diese Argumentation durch eine christologische Begründung, die am Ende der Apologie vorgetragen wird[396]. Danach war es die „Schwachheit Christi", die sich in seiner Kreuzigung offenbarte. Doch war dieses Schwachsein im Grunde keine Schwäche, sondern ein zur Wirkung Kommen der „Kraft Gottes", wie die Auferstehung zeigte[397]. Diesen Vorgang überträgt Paulus auf sein eigenes Schwachsein: sein „ἀσθενεῖν" ist ein „ἀσθενεῖν ἐν Χριστῷ"[398]. Die „Evidenz" für diese Gleichsetzung liegt in zwei Tatsachen: Paulus kann darauf hinweisen, daß er in allen Krisen und durch alle Krisen hindurch „mit Christus aus

---

390 Teletis Reliq., S. 9. 391 Ib., S. 55 ff. 392 Ib., S. 3 f.

393 Die Diatribe Epiktets über die περιστάσεις (I, 24) beginnt mit der Feststellung: Αἱ περιστάσεις εἰσὶν αἱ τοὺς ἄνδρας δεικνύουσαι. Den Hinweis verdanke ich Georgi, Gegner, S. 194.

394 Teles überliefert von Krates folgenden Spruch: οὐκ οἶσθα πήρα δύναμιν ἡλίκην ἔχει, θέρμων τε χοῖνιξ καὶ τὸ μηδενὸς μέλειν (Teletis Reliq., S. 44). Die Armut wirkt als positive „Kraft", die sich freilich auch darin bewährt, daß Krates für niemanden als für sich selbst aufzukommen hat.

395 2Kor 11,28—29; vgl. Käsemann, Legitimität, S. 53 ff.

396 13,3—4; vgl. Güttgemanns, Der leidende Apostel, S. 142—154.

397 13,3: ὃς (sc. Christus) εἰς ὑμᾶς οὐκ ἀσθενεῖ ἀλλὰ δυνατεῖ ἐν ὑμῖν.

398 13,4: καὶ γὰρ ἡμεῖς ἀσθενοῦμεν ἐν αὐτῷ. Das ἐν αὐτῷ ist auf Christus zu beziehen. Vgl. die Kommentare, z. St.

der Kraft Gottes heraus lebt"[399] und daß dieses sein Leben u. a. dem Aufbau der korinthischen Gemeinde gedient hat und dient[400]. Paulus kann daher sagen, daß seine Schwachheit „ὑπὲρ Χριστοῦ"[401] ist und daß gerade sie es ist, die sein „Χριστοῦ εἶναι"[402], das die Gegner ihm aberkennen wollen, beweist[403].

Am Ende dieses Gedankenganges ist es klar: nicht das „καυχᾶσθαι", wie es die Gegner verstehen, sondern allein so, wie Paulus es versteht, ist „καυχᾶσθαι ἐν κυρίῳ"[404]. Denn „nicht wer sich selbst empfiehlt", wie die Gegner, sondern „wen der Herr empfiehlt", wie Paulus, der allein ist „δόκιμος"[405].

b) Die Frage einer finanziellen Unterstützung des Apostels durch die Gemeinde

Ein weiterer Beweisgrund gegen Paulus war den Gegnern damit in die Hand gegeben, daß er auf sein apostolisches Unterhaltsrecht in seinen Beziehungen zur korinthischen Gemeinde verzichtet hatte[406]. Aus 2Kor 11, 7–12 läßt sich, in Verbindung mit anderen Abschnitten der paulinischen Korrespondenz, erschließen, daß die Gegner diesen Verzicht des Paulus als Beweis dafür auslegten, daß er sich selbst nicht als Apostel ansah.

Der Abschnitt 11,5 ff. befaßt sich mit mehreren Einwänden gegen die Eignung des Paulus als Apostel: mit seinem „ὑστερηκέναι" im Vergleich mit den konkurrierenden Aposteln (11,5)[407], d. h. vor allem mit seinem Laientum in der Rede (11,6)[408], und schließlich mit seinem Verzicht auf Unterhalt (11,7 ff.).

Zu beachten ist, daß die Darlegungen Teil der „Narrenrede" sind und darum ironisch verstanden werden müssen. 11,7 führt mit einer ironischen Frage direkt ins Zentrum der Sache: „Habe ich etwa eine Sünde begangen, als ich mich erniedrigte, damit ihr erhöht würdet, – denn: ich habe euch das Evangelium Gottes umsonst verkündigt?" Diese absurde Frage beantwortet sich von selbst, aber es ist wichtig, die einzelnen Aspekte ge-

[399] 2Kor 13,4.

[400] 2Kor 13,4: εἰς ὑμᾶς; vgl. 12,15 und WINDISCH, Zw. Kor., S. 419, der auf die Parallelen in 1,6; 4,12 hinweist.

[401] 2Kor 12,10.

[402] 10,7.

[403] Vgl. SCHMITHALS, Gnosis, S. 186 ff.; GEORGI, Gegner, S. 227 f.; BETZ, Nachfolge und Nachahmung, S. 173; LÜHRMANN, Offenbarungsverständnis, S. 60 ff.

[404] 2Kor 10,17.

[405] 10,18. Vgl. HEINRICI, Zw. Kor., S. 340 f., der zu Recht auf 1Klem 30,6 aufmerksam macht; WINDISCH, Zw. Kor., S. 314 f.

[406] GEORGI, Gegner, S. 234 ff., dessen Ausführungen ich allerdings nur teilweise zustimmen kann.

[407] Vgl. unten S. 118 ff.

[408] Vgl. oben S. 57 ff.

sondert zu betrachten. Daß Paulus mit seinem Verzicht eine „Sünde" begangen habe, werden ihm seine Gegner kaum vorgeworfen haben, sondern wird ironische Übertreibung – ein bekanntes rhetorisches Mittel[409] – des Paulus sein. Zwei Tatbestände machen das Absurde deutlich: der Verzicht auf seinen Unterhalt ist eine Tat der Selbsterniedrigung[410], damit aber das Gegenteil von „Sünde". Sie ist erfolgt zum Zwecke des Aufbaus der korinthischen Gemeinde, was als Faktum nicht zu leugnen ist[411]. Paulus folgt hier schließlich nur einem alten missionarischen Grundsatz, nach dem das Evangelium umsonst verkündigt werden muß[412].

Darüber hinaus, so ironisiert Paulus, habe er andere Gemeinden „ausgeplündert", um sich den „Sold" für seine Dienste zugunsten der Korinther auszahlen zu lassen[413]. In 11,9 kommt Paulus dann auf seine Schwierigkeiten in Korinth selbst zu sprechen. Zur Beschreibung dieser Schwierigkeiten spielt er ironisch mit dem Begriffspaar „ὑστερεῖν/ὑστέρημα". In 11,5 hatte er gerade den gegnerischen Vorwurf des „ὑστερεῖν" im Vergleich mit den anderen Aposteln zurückgewiesen, um nun auf den wirklichen „Mangel" zu sprechen zu kommen. Dieser bestand darin, daß er mitten unter den korinthischen Christen gelebt und gearbeitet und dabei Mangel an finanziellen Mittel gelitten habe[414], daß er ihnen aber dennoch nicht zur Last gefallen sei[415]. Vielmehr hätten die makedonischen Gemeinden die korinthische Mission finanziell gesichert. Paulus wird hier sarkastisch. Die Korinther waren wohlhabend genug und hätten sich nicht von den makedonischen Christen aushalten zu lassen brauchen. Unversehens ist also aus dem „Mangel", den sie an Paulus entdecken zu können

---

409 Windisch, Zw. Kor., S. 334 erkennt die Ironie nicht und erwägt, entweder stamme der Ausdruck „Sünde" von den Korinthern oder Paulus habe sich selbst „in ernster Gewissensprüfung" die Frage vorgelegt. Zur ἀντίθεσις vgl. Plutarch, De se ipsum 541 F–542 A, der auch Beispiele anführt. Zur Übertreibung als Mittel der Verteidigung vgl. Lausberg, Handbuch, I, § 259.

410 Wir hatten bereits an Hand von 2Kor 10,1 gesehen, daß die ταπεινότης einen positiven Wert darstellt (vgl. oben S. 51). Andere neutestamentliche Stellen ließen sich ebenfalls heranziehen: 2Kor 12,21; Mt 18,4; 23,12; Lk 14,11; 18,14; Phil 2,8; 4,12. Zur Sache vgl. P. Kuhn, Gottes Selbsterniedrigung in der Theologie der Rabbinen (Studien zum Alten und Neuen Testament, 17, 1968); Grundmann, ThW VIII, S. 16 ff.

411 2Kor 13,3–4.

412 2Kor 11,8 f.; vgl. 1Kor 9,18 (ἀδάπανον); Mt 10,8; Act 8,20; Apoc 21,6; 22,17; dagegen: Mt 10,10; Lk 10,7; 1Kor 9,9; 1Tim 5,18.

413 2Kor 11,8. Vgl. Windisch, Zw. Kor., S. 335; K. Latte, Art. Συλᾶν (PW, 2. Reihe, IV, 1931, Sp. 1035–1039).

414 Paulus spielt mit den verschiedenen Bedeutungen von ὑστερεῖν und ὑστέρημα.

415 Der Ausdruck καταναρκᾶν (12,13) übertreibt absichtlich den Sachverhalt. Windisch schlägt als Übersetzung vor: jemanden „bis zur Betäubung ausnehmen, pressen, oder mit einem anderen Bilde: habe niemand mit Forderungen totgedrückt" (Zw. Kor., S. 336).

glaubten, ihr eigener Mangel geworden. Um nicht mißverstanden zu werden, schließt Paulus den Gedanken 11,9 mit der feierlichen Erklärung ab, daß er von den Korinthern, so wie er in der Vergangenheit niemals Unterstützung angenommen habe, auch in Zukunft nichts annehmen werde. Das wird bekräftigt durch die Eidesformel[416].

Wir wissen nicht, aus welchem Grunde Paulus gerade im Falle Korinths auf sein apostolisches Unterhaltsrecht verzichtet hatte. Besondere Gründe müssen ihn dazu bewogen haben. Seine jetzige Haltung ist jedenfalls durch die Gegner bestimmt, wie wir aus dem schwierigen Satz 11,12 entnehmen können. Die Wendung „ὃ δὲ ποιῶ, καὶ ποιήσω" (11,12) steht in Parallele zu „ἀβαρῆ ἐμαυτὸν ἐτήρησα καὶ τηρήσω" (11,9; s. auch 12,13. 14)[417]. Die Gegner sind es, die einen nicht näher bezeichneten, sicher aber gegen Paulus gerichteten „Anlaß" suchen. Paulus hingegen stellt sein Verhalten so ab, daß er ihnen die Möglichkeit zu diesem „Anlaß" nimmt[418]. Fügen wir noch die Tatsache hinzu, daß die Gegner von den Korinthern Unterstützung annehmen[419], so haben wir auch den Grund, warum es Paulus ihnen nicht gleichtun will. Mit seinem Hinweis, daß er von den Korinthern finanziell nicht unterstützt worden ist noch unterstützt werden will, kann er gegenüber den Gegnern einen Vorteil für sich buchen. Das erkennen offenbar die Gegner stillschweigend damit an, daß sie durch die Korinther versucht haben, Paulus zur Annahme von Geld und also zur Aufgabe seiner vorteilhaften Position zu bewegen[420]. Dieser ist freilich zu klug, um in die Falle hineinzulaufen. Er macht den Unterschied zwischen seinem und dem Verhalten der Gegner möglichst augenfällig, damit diese nicht in die Lage versetzt werden können zu sagen, mit ihnen verhielte es sich genauso wie mit Paulus[421].

So jedenfalls stellt sich die Lage aus der Sicht des Paulus dar. Wir dürfen nicht übersehen, daß er hier betont polemisch argumentiert und daß es ihm in erster Linie darum geht, die Korinther zurückzugewinnen. Er benutzt die Möglichkeit, seinen Gegnern einen vernichtenden Schlag zu versetzen, eine Möglichkeit, die mit der Tatsache gegeben ist, daß seine Gegner finanzielle Unterstützung von der Gemeinde angenommen haben, er aber nicht.

---

416 Vgl. Windisch, Zw. Kor., S. 337 f.

417 Vgl. Windisch, ib., S. 339 f.

418 Ib., S. 340.

419 Vgl. die ironischen Bemerkungen 11,20 und Windisch, Zw. Kor., S. 346 f.

420 2Kor 11,12: ... ἵνα ἐν ᾧ καυχῶνται εὑρεθῶσιν καθὼς καὶ ἡμεῖς. Georgi, Gegner, S. 235, deutet zu Unrecht umgekehrt: „Die Gegner nahmen Geld, um den gleichen Anspruch wie Paulus geltend zu machen (11,12). Sie wollten sich mit ihm auf eine Stufe stellen und zeigen, daß sie die gleichen Rechte besaßen." Die richtige Auslegung trägt W. Bousset vor (Die Schriften des Neuen Testaments, II³, 1917, S. 211).

421 Der Text, wie ihn Nestle-Aland bieten, ist verständlich, und man braucht, wie Windisch, Zw. Kor., S. 340 es tut, keine Auslassungen anzunehmen. Der erste ἵνα-Satz definiert die Absichten des Paulus, der zweite die seiner Gegner.

Die ganze Problematik hat aber bereits eine Vorgeschichte, wie aus dem 1Kor zu entnehmen ist. Schon in 1Kor 9 findet sich eine „Apologie", die den Verzicht des Paulus auf finanzielle Unterstützung durch die Gemeinde zu begründen versucht. Es ist aufschlußreich, beide Argumentationen einander gegenüberzustellen. Paulus bezeichnet seine Darlegung in 1Kor 9 als „ἀπολογία" (1Kor 9,3), ohne daß klar wäre, welchen „Kritikern" diese Apologie antworten soll[422]. Das Kapitel ist sachlich in sich abgeschlossen und könnte sehr wohl ursprünglich in einem anderen sachlichen Zusammenhang gestanden haben[423].

Paulus begründet in 9,4—11.13—14 zunächst recht ausführlich das Unterhaltsrecht der Apostel allgemein, um dann 9,12 dieses Recht auch für sich in Anspruch zu nehmen. Wenn andere es in Anspruch nähmen, dann habe er um so mehr einen Anspruch auf dieses Privileg. Wir wissen nicht, um welche „anderen" es sich konkret handelt, noch aus welchen Gründen ihnen die Gemeinde Unterstützung gewährt. Das Problem stellt sich offenbar auch erst durch den Verzicht des Paulus auf sein Unterhaltsrecht[424]. Dieser Verzicht ist tatsächlich sonderbar. Als Grund für seine Haltung gibt Paulus an, er wolle auf diese Weise verhindern, daß seiner Evangeliumspredigt ein Hindernis in den Weg gelegt würde[425]. Worin dies aber bestanden haben sollte, erfahren wir nicht. Es hat den Anschein, als sei Paulus aus irgendeinem Grunde der Meinung gewesen, daß er *in Korinth* das Evangelium nur dann ungehindert verkündigen könne, wenn er auf *dortige* Unterstützung verzichte. Das kann aber doch nur heißen, daß er auf Schwierigkeiten zu stoßen glaubt, wenn er mehr beansprucht als ein untergeordneter Missionar[426].

Positiv führt Paulus als Grund für seinen Verzicht an, daß die Verkündigung des Evangeliums für ihn nicht eine Sache der Freiwilligkeit sei, die dementsprechend Lohn verdiene, sondern ein „Zwang" („ἀνάγκη"), für den kein Lohn beansprucht werden sollte[427]. Paradoxerweise ist diese „ἀνάγκη" zugleich aber die Basis für die apostolische Freiheit. Als „Zwang" läßt sie nur eine einzige Verpflichtung zu: die Verpflichtung dem Evangelium gegenüber[428]. Von allen anderen Verpflichtungen hat er sich folg-

---

[422] οἱ ἀνακρίνοντες sind wohl die Korinther selber, wie 1Kor 4,3. CONZELMANN, Erster Kor., S. 180, meint, sie stünden „(noch) außerhalb der Gemeinde von Korinth".

[423] Vgl. CONZELMANN, Erster Kor., S. 178 ff., dem ich folge; G. DAUTZENBERG, Der Verzicht auf das apostolische Unterhaltsrecht (Biblica 50, 1969, S. 212–232).

[424] 1Kor 9,12.15.

[425] 1Kor 9,12.

[426] Aus 1Kor 9,1–2 geht zweifellos hervor, daß die Gegner dem Paulus das Apostelamt bestreiten wollen.

[427] 1Kor 9,16 ff. Vgl. E. KÄSEMANN, Eine paulinische Variation des ‚amor fati', ZThK 56, 1959, S. 138–154 (= Exegetische Versuche und Besinnungen, II, S. 223–239).

[428] 1Kor 9,23.

lich freizuhalten, um sich die Freiheit zu erhalten, sich mit allen menschlichen Situationen identifizieren zu können[429]. Offenbar ist er der Auffassung, daß diese seine Freiheit gefährdet ist, sobald er sich darauf einläßt, seine korinthischen Vorrechte wirklich auszuüben. Es entzieht sich unserer Kenntnis, wie es zu dieser Unvereinbarkeit von apostolischer „ἐξουσία" und apostolischer „ἐλευθερία" konkret gekommen ist. Wir sehen aber, daß die Nötigung bestand, die Gründe für seine sonderbare Haltung ausführlich darzulegen. Das wiederum läßt darauf schließen, daß diese den Korinthern auch unverständlich war. Man kann sich des Eindrucks nicht erwehren, daß wir in 1Kor 9 die wirklichen Hintergründe, die das Verhalten des Paulus bestimmt haben, nicht erfahren.

Gegenüber 1Kor 9 ist die Argumentation in 2Kor 11 eindeutig chronologisch später. Der Ton ist wesentlich schärfer geworden. Paulus führt neue Gründe zu seiner Rechtfertigung an, da die früheren offenbar zu seinen Ungunsten ausgelegt worden sind. Er besteht aber auf seiner früheren Haltung.

Aufschlußreich ist zunächst sein ironisches Zugeständnis in 2Kor 12,16: „ἀλλὰ ὑπάρχων πανοῦργος δόλῳ ὑμᾶς ἔλαβον". Wieder wendet er damit einen beliebten Topos auf sich an[430], wie wir noch sehen werden. Daß er ein listenreicher „πανοῦργος" sei, muß nicht nur die gegnerische Deutung seiner Gemeindegründung in Korinth, sondern auch die Aufnahme seiner Darlegungen in 1Kor 9 widerspiegeln. Vor allem die dort geäußerte Bereitschaft, „allen alles zu werden" (9,22), kann nur als solche „πανουργία" aufgefaßt worden sein[431].

Der Ausdruck „πανοῦργος" ist wichtig genug, daß wir ihm einige Beachtung widmen müssen[432]. Für unseren Zusammenhang kann nur der negative Gebrauch von Interesse sein, denn nur so ist er im NT überhaupt belegt. Bei Paulus knüpft dieser negative Gebrauch eindeutig an das seit der Alten Komödie[433] beliebte Schimpfwort an, das z. Z. des NT sehr weit verbreitet ist, wie sich aus dem Sprachgebrauch bei Schriftstellern wie Josephus[434], Philo[435], Test. XII Patr.[436], Plutarch[437] und Lukian[438] leicht entnehmen läßt. Natürlich läßt es sich auf jede Art von Gegner anwenden.

---

429 9,19 ff.

430 Vgl. Windisch, Zw. Kor., S. 402 f.

431 Vgl. 2Kor 11,3 sowie H. Chadwick, ‚All Things To All Men' (I Cor. IX.22) (NTS 1, 1955, S. 261–275).

432 Leider bietet der ThW-Artikel von O. Bauernfeind (V, S. 719–723) in dieser Hinsicht wenig.

433 Vgl. die Belege bei Müller, Philol. 72, 1913, S. 326, 332.

434 Vgl. bell. I, 223; IV, 503 (dort auch τόλμα).

435 Philo gebraucht den Ausdruck als Schimpfwort (Quod det. 165) und häufig im Lasterkatalog (De mut. 150; De somn. II, 66; 148; De sacr. 22; 32; De post. 43; De praem. 52; De confus. 117; De vita Mosis II, 53; De decal. 125; 141; De ebr. 223). Sonst herrscht der ethische Kontext vor: πανουργία ist das Gegenteil von εὐσέβεια und ὁσιότης und das eigentliche Resultat des Sündenfalles (De opif. 155 f.). Die ἡδονή ist darum τὸ πανουργότατον und das absolute

Interessant ist freilich, daß der Ausdruck schon bei Plato auf spezifische Personen bezogen wird. Ausgehend von dem prinzipiellen Gegensatz von „πανουργία“ und „σοφία“[439] kann Plato sagen, daß man allgemein den Sophisten für einen „πανοῦργος“ hält[440]; der platonische Sokrates nennt denn auch bekannte Sophisten bei diesem Namen[441]. Auch in der kynisch-stoischen Diatribe finden wir „πανοῦργος“ als reichlich verwendetes Schimpfwort in der antisophistischen Polemik wieder[442]. Als typisch sei Philo[443] angeführt, der bekanntlich die wahre Philosophie des Judentums der Sophistik gegenüberstellt, die er mit „γοητεία“ gleichsetzt[444]. Philo schließt hierbei an Plato und die Diatribe an[445]. Die Belege bei Lukian finden sich bezeichnenderweise in den von Menipp beeinflußten Schriften[446]. Das Stellenmaterial berechtigt zu der Annahme, daß das Schimpfwort „πανοῦργος“ vor allem Verwendung findet im antisophistischen Kampf[447] sowie im Kampf gegen den religiösen Aberglauben[448]. So scheint es nicht nur von Paulus, sondern auch von Pastor Hermae aufgenommen worden zu sein[449].

Kehren wir zur Interpretation von 2Kor 12,16 zurück, so ergibt sich, daß es paulinische Ironie ist, die ihn dieses Schimpfwort auf sich beziehen läßt. Ist das Missionswerk in Korinth illegitim gewesen, so verklagen ihn die Gegner mit Recht der „Goetie“, und dann ist sein Verhalten in der Tat

---

Gegenteil von ἀρετή (De leg. I, 102; II, 107 f.). Vgl. weiterhin Quod Deus 163–164; De plant. 111; De agr. 73; De sacr. 48; De post. 82; Flacc. 1; Legat. 171.

436 Hier sind nur πανουργεύω und πανουργία belegt (vgl. den Index in der Ausgabe von Charles); in Test. Iss. I, 11 (β) ist πανουργία synonym mit δόλος wie 2Kor 12,16.

437 Plutarch gebraucht die Wortgruppe ebenfalls ethisch oder als Schimpfwort: vgl. Adv. Colot. 1125 A; Quomodo adolescens 26 A; 27 A/F; 28 A; De capienda 91 B; Inst. Lac. 237 E: τολμᾶν καὶ πανουργεῖν.

438 Vgl. Dial. mort. V (XV), 2; VI (XVI), 3; XII (XXV), 6; Tim. 23, usw., als Schimpfwort.

439 Plato, Menex. 247 A; Leg. 5,747 C; Theait. 176 D; Hipp. Min. 368 E.

440 Soph. 239 C; Prot. 317 B; vgl. Schmid-Stählin, Geschichte der griech. Lit., I/3, 1940, S. 21.

441 Vgl. Gorg. 499 B; Meno 81 E; Phaidr. 271 C; Euthyd. 300 D; Theait. 177 A; Rep. 3, 409 C. Zum Ausdruck βαυκοπανοῦργος vgl. Büchner, Hermes 76, 1941, S. 341.

442 So mit Recht schon Windisch, Zw. Kor., S. 133.

443 De post. 101; Quod det. 24; 71.

444 De post. 101; De decal. 125; vgl. auch Plutarch, Quomodo adulator 63 B.

445 In Quod det. 24 tritt die Gestalt des Elenchus personifiziert auf und ruft vom Irrwege der πανουργία zurück. Dieses Stilmittel entspricht der Diatribe; im Hintergrund steht auch hier Sokrates und sein ἐλέγχειν.

446 Pisc. 9; 18; Prom. 4; Hermot. 79 (auch dort Anspielung auf Sokrates).

447 Vgl. schon Bion bei Diog. L. IV, 46 f., 49, 52.

448 Vgl. Philo, De decal. 125; 141; Plutarch, De def. orac. 417 A.

449 Hermas, Vis. III, 3,1; vgl. sim. V, 5,1; mand. III, 3.

nichts als „πανουργία". Paulus scheint den ungeheuren Vorwurf einfach bestehen zu lassen. Jedoch benutzt er ihn unter der Hand, um seinen Gegnern einen schweren Schlag zu versetzen. Schon in der „Narrenrede" hatte Paulus sich ja als den zu erkennen gegeben, der im Gewande des Narren, darum also auch in Wirklichkeit, die „ἁπλότης εἰς Χριστόν" vertritt[450] und in dieser Rolle die Wahrheit ausspricht, während seine Gegner auf die Seite der Unwahrheit gestellt werden[451].

Worin besteht nun die Möglichkeit des Gegenschlages? Um dies zu verstehen, müssen wir uns zunächst den religionsgeschichtlichen und soziologischen Hintergrund des Problems vor Augen führen.

Im allgemeinen gelten in der antiken Religion zwei Tatbestände: das Kultpersonal empfängt normalerweise in irgendeiner Form eine Vergütung durch die Kultgemeinschaft. Sodann gilt die Meinung, daß Gelderwerb persönliche Unfreiheit mit sich bringt und daß deshalb bestimmte Tätigkeiten nicht direkt mit dem Gelderwerb verbunden werden oder gar um dessentwillen ausgeübt werden sollten.

Betrachten wir zunächst die Situation im Judentum. Das rabbinische Judentum führt folgende Bestimmung auf Antigonus von Sokho (um 180 v. Chr.)[452] zurück: „Seid nicht wie Diener, die dem Herrn dienen, in der Absicht Lohn zu erhalten, sondern seid wie Diener, die dem Herrn dienen, ohne die Absicht Lohn zu erhalten; nur die Ehrfurcht vor dem Himmel sei über euch."[453] Es ist die Frage, ob dieser Ausspruch lediglich Kritik übt an der theologischen Vergeltungslehre und dem Rechnen mit göttlichem Lohn[454] oder ob er, vielleicht gleichzeitig mit dem ersteren, das irdische Annehmen von Bezahlung als für den Rabbi ungehörig abweist[455]. Im

---

[450] 2Kor 11,3. Das Gegenteil von πανουργία ist begrifflich ἁπλότης. Vgl. Plutarch, Quaest. Conv. VII, 10, 716 A. S. auch R. Vischer, Das einfache Leben (Studienhefte zur Altertumswiss., 11, 1965), S. 10 ff.

[451] Vgl. hierzu die interessante Stelle bei Plutarch, Quaest. conviv. VII, 10, 716 B–C: οἱ δὲ τὴν πανουργίαν δεινότητα καὶ φρόνησιν ἡγούμενοι τὴν ψευδοδοξίαν καὶ ἀνελευθερίαν εἰκότως ἀβελτέρους ἀποφαίνουσι τοὺς ἐν οἴνῳ λέγοντας ἀφελῶς καὶ ἀδόλως τὸ φαινόμενον. Von solcher Haltung aber befreie der Gott Dionysos: τὸ δουλοπρεπὲς καὶ περιδεὲς καὶ ἄπιστον ἐξαιρῶν καὶ ἀπολύων τῆς ψυχῆς ἀληθείᾳ καὶ παρρησίᾳ χρῆσθαι πρὸς ἀλλήλους δίδωσιν. S. ferner Quomodo adulat. 66 C.

[452] Bemerkenswert ist der griechische Name dieses Rabbi, in dessen Lehre Forscher verschiedentlich hellenistische Einflüsse vermutet haben. Vgl. M. Hengel, Judentum und Hellenismus, 1969, S. 119; 148; 260.

[453] Abot I, 3; die zitierte Übers. ist die von L. Goldschmidt, Der babylonische Talmud, IX, 1967, S. 665.

[454] So R. T. Herford, Die Pharisäer, 1928, S. 143 ff.; Ders., Pirke Aboth. The Ethics of the Talmud: Sayings of the Fathers, 1962, S. 23 f.; Hengel, Judentum und Hellenismus, S. 236; 260.

[455] Diese Möglichkeit wird erwogen von C. Taylor, Sayings of the Jewish Fathers Comprising Pirqe Aboth in Hebrew and English, with Notes and Excursuses, 1897², S. 13 f.

letzteren Falle wäre auf die „Lišmah-Lehre“ abgezielt, nach der das Gesetz um seiner selbst willen gehalten werden muß, ohne Erwartung irdisch-welthafter Vorteile[456]. Die Lehre wird auch von anderen Vätern eingeschärft. R. Nechonja b. Haqana (um 70 n. Chr.) erklärt, daß dem, der das Joch der Tora auf sich nimmt, das Joch des Königtums und der weltlichen Beschäftigung abgenommen wird. Umgekehrt wird jedem, der das Joch der Tora abwirft, das Joch des Königtums und das Joch der weltlichen Beschäftigung auferlegt[457]. Wie immer dieser Ausspruch im einzelnen zu verstehen ist, — das Joch der Tora und das Joch weltlicher Beschäftigung schließen einander aus.

Oft werden die Aussprüche des R. Zadok und des R. Hillel in Abot 4,7 zitiert, um die Ablehnung von Bezahlung zu belegen. Trotz des unsicheren Textes[458] läßt sich die Absicht erkennen: „R. Çadoq[459] sagte: Mache sie[460] nicht zur Krone, damit zu prangen, auch nicht zum Grabscheite, damit zu zu graben. Ebenso sagte auch Hillel[461]: Wer sich der Krone bedient, schwindet hin. Du lernst also: Wer aus den Worten der Tora Nutzen zieht, nimmt sein Leben aus der Welt.“[462]

Im 6. Abschnitt der „Pirqe Abot“ wird die „Lišmah-Lehre“ zuerst auf R. Meir zurückgeführt und dann im Sinne asketischer Haltung gedeutet[463]. Die Anekdote am Schluß über den Tannaiten R. Jose b. Qisma (um 110 n. Chr.) ist sicher grundsätzlich-exemplarisch aufzufassen und hat eine unübersehbare Ähnlichkeit mit noch zu nennenden kynischen Anekdoten[464]. „R. Jose b. Qisma erzählte: Einst ging ich auf dem Wege, da begegnete mir ein Mann und bot mir den Friedensgruß, und ich erwiderte ihn ihm. Darauf sprach er zu mir : Meister, aus welchem Orte bist du? Ich erwiderte ihm: ich bin aus einer großen Stadt von Weisen und Gelehrten. Da sprach er zu mir: Meister, vielleicht bist du einverstanden, mit uns in unserem Orte zu wohnen, und ich würde dir Tausende und Abertausende von Golddenaren, Edelsteinen und Perlen geben? Da erwiderte ich ihm:

---

456 Zu dieser Lehre vgl. besonders S. Schechter, Aspects of Rabbinic Theology, 1961, S. 159 ff.

457 Abot III, 6; vgl. II, 17.

458 Zum hier gegebenen Text vgl. Herford, Pirke Aboth, S. 101–103. Zur Frage der Bezahlung bei den Rabbinen vgl. Str.-Billerbeck, I, S. 561 ff.; J. H. Greenstone & J. D. Eisenstein, Art. Fee (Jewish Encyclopedia V, 1943, S. 355–357); R. Gordis, The Rabbinate — The History of Jewish Spiritual Leadership (Two Generations in Perspective: Notable Events and Trends 1896 —1956, dedicated to I. Goldstein, ed. by H. Schneidermann, 1957, S. 236–256).

459 ואל תעשה עטרה להתגדל־בה ולא קרדום לאכול מהן

460 D. h. die Tora.

461 ודאשתמש בתגא חלף הא למדת כל־הנהנה מדברי תורה נוטל חייו מן העולם:

462 Die Übers. ist die von Goldschmidt (IX, S. 675).

463 Abot VI, 1.4.5.6. Vgl. L. Finkelstein, The Pharisees, I, 1962³, S. 186 ff.

464 Vgl. unten 112.

Mein Sohn, selbst wenn du mir alles Silber und Gold, alle Edelsteine und Perlen der Welt geben würdest, wohne ich nur in einem Orte der Tora. Denn beim Hinscheiden des Menschen begleiten ihn nicht Silber und nicht Gold, auch nicht Edelsteine und nicht Perlen, sondern nur die Tora und gute Handlungen, wie es heißt ...“[465]

Ob es sich bei dem rabbinischen Verbot, Bezahlung anzunehmen, um hellenistischen Einfluß handelt oder um eine Tradition, die auf die atl. Propheten zurückgeht, oder um beides, ist schwer zu entscheiden. Auf jeden Fall wird ja schon bei Amos die Frage der Bezahlung als entscheidend für die Rechtmäßigkeit oder Unrechtmäßigkeit der Prophetie angesehen[466].

Auf griechischem Boden herrscht die analoge Auffassung. Das Kultpersonal[467] verfügt über finanzielle Einkünfte, aber dem Philosophen wird dieses Recht bestritten[468].

Die Ansicht, daß Gelderwerb persönliche Unfreiheit einschließt[469], veranlaßt Plato[470], die beiden ersten Stände des Staates, den der Herrscher und den der Krieger, von der Notwendigkeit des Gelderwerbs zu befreien. Dies bedeutet freilich, daß diese Stände von der Öffentlichkeit unterhalten werden.

Es gehörte zu dem eigentümlichen Auftreten des Sokrates, daß er es im Gegensatz zu Sophisten und Rhetoren strikt ablehnt, sich für seine philosophischen Bemühungen finanziell honorieren zu lassen[471]. Das hat nach Plato seinen Grund darin, daß Sokrates es ablehnt, als „Lehrer“ zu gelten und „Unterricht“ zu erteilen, ja daß er es für ein grundsätzliches Mißverständnis hält, seinem Philosophieren einen „Nutzen“ beizumessen[472].

---

[465] Abot VI, 10. Der letzte Satz entspricht der kynischen Diatribe; vgl. Lukian, Dial. mort. X (XX): dieser Dialog berichtet, wie Charon verschiedene Verstorbene ins Totenreich übersetzt, den Reichen, den Tyrannen, den Athleten usw. Alle müssen ihr mitgeschlepptes Gut zurücklassen und nackt ins Fährboot steigen. Nur Menipp, die kynische Idealgestalt (vgl. 2), hat nichts zurückzulassen und darf selbst seine guten Eigenschaften mitnehmen (vgl. 9). Vgl. auch Helm, Lucian und Menipp, S. 192 ff.

[466] Amos 7,12–14; vgl. Micha 3,5–7.11 und H. W. Wolff, Dodekapropheton, Amos (Bibl. Komment. Altes Testament, XIV/2, 1969), S. 359 ff. zu Amos 7,14; vgl. weiter 1Sam 12,4; 2Kg 5,16–27; Prov 23,23.

[467] Vgl. P. Stengel, Die griechischen Kultusaltertümer, 1920[3], S. 39 ff. Paulus führt das Gesetz 1Kor 9,13 an.

[468] Georgi, Gegner, S. 234, übersieht diesen Sachverhalt, wenn er unter Berufung auf Dibelius, Philipperbrief, z. St. 1Thess 2,7 davon ausgeht: „Geld haben nämlich die meisten Philosophen genommen. Angegriffen wurde der Geldgewinn nur, wenn er ausartete und Methode und Sache bestimmte.“

[469] Vgl. F. Hauck et al., Art. Erwerb (RAC VI, S. 436 ff.).

[470] Vgl. Plato, Rep. 416 D; 550 C–551 B.

[471] Vgl. E. Zeller, Die Philosophie der Griechen, II/1, 1922[5], S. 57 f., 60. Die Angabe ist zuverlässig verbürgt.

[472] Vgl. Plato, Apol. 30 B; Rep. 349 C und Zeller, S. 60.

Der positive Grund liegt auf theologischem Gebiet. Xenophon überliefert als Ausspruch des Sokrates: „Nichts zu bedürfen ist göttlich, möglichst wenig zu bedürfen kommt der göttlichen Vollkommenheit am nächsten.“[473] In der Folgezeit hat dieser Ausspruch eine ungeheure Wirkung ausgeübt. Sie schlägt sich in vielfältiger Weise nieder in der Weisheit vom „Wert des einfachen Lebens“[474].

Die Frage ist nicht mit Sicherheit zu entscheiden, wie weit das Bild des armen Sokrates, der um seiner inneren und äußeren Freiheit willen, d. h. aber um seines göttlichen Auftrags willen, jede Bezahlung ablehnt, auf den historischen Sokrates zurückgeht. Gigon[475] rechnet diesen Zug offenbar zu dem nicht Verifizierbaren; andererseits ist er von mehreren Seiten aus bezeugt, so daß es schwerfällt, ihn für ganz unhistorisch zu halten[476].

Deutlich ist die Funktion dieses Sokratesbildes bei den Sokratikern: für sie ist Sokrates der Philosoph schlechthin, die höchstmögliche Verkörperung der Philosophie in einem Menschen[477]. Die Nachahmung des Sokrates befindet darüber, ob einer als „wahrer“ Philosoph gelten kann oder ob er zu den Sophisten und Pseudophilosophen zu rechnen ist. Innerhalb dieses Komplexes kommt der Frage, ob jemand Bezahlung annimmt oder nicht, entscheidende Bedeutung zu. Dabei wird Protagoras zur Gegenfigur aufgebaut und verkörpert den Sophisten schlechthin[478]. Gigons Urteil sei hier wiedergegeben: „Protagoras wird als der erste bezeichnet, der für seinen Unterricht Bezahlung forderte, und zwar jeweils hundert Minen. In der Sokratik ist ja das Problem, ob der Philosoph um Geld lehren, mahnen und beraten dürfe, viel erörtert worden, und es ist kein Zweifel, daß Platon hier ein Kennzeichen sieht, an dem man den wahren vom falschen Philosophen unterscheiden könne; doch hat auch die Mehrzahl der Sokratiker selbst (Antisthenes, Aristippos, Aischines) um Geld gelehrt. Es fließen hier sicherlich mehrere Motive zusammen. Die Frage, wieweit musische Tätigkeit sich mit Gelderwerb vertrüge, ist schon in der alten Dichtung aufgeworfen worden: nicht nur Pindar hat dem Simonides vorgeworfen, daß er seine Muse um Geld arbeiten lasse. Dann spielt selbstverständlich die attische Komödie eine große Rolle. Eupolis hat Protagoras als ‚Schmeich-

---

[473] Xenoph., mem. I, 6,10, ed. Sauppe: ἐγὼ δὲ νομίζω τὸ μὲν μηδενὸς δεῖσθαι θεῖον εἶναι, τὸ δ' ὡς ἐλαχίστων ἐγγυτάτω τοῦ θείου, καὶ τὸ μὲν θεῖον κράτιστον, τὸ δ' ἐγγυτάτω τοῦ θείου ἐγγυτάτω τοῦ κρατίστου. Vgl. P. Wilpert, Art. Autarkie (RAC I, S. 1039 ff.).

[474] Vgl. H. Hommel, Das hellenische Ideal vom einfachen Leben, Studium Generale XI, 1958, S. 742–751; Vischer, Das einfache Leben, passim; Gerhard, Phoinix von Kolophon, passim.

[475] Gigon, Sokrates, S. 64.

[476] Vgl. Zeller, Philosophie, II/1, S. 46 f., 54, 57, 60, 152 ff., 162 ff.; Vischer, Das einfache Leben, S. 48 ff.

[477] Vgl. Gigon, S. 69 ff.

[478] Ib., S. 209 ff.

ler', als Parasit beim reichen Kallias geschildert, und zum Parasiten gehört auch, daß er Geld nimmt, wo immer er es kriegen kann. Man könnte vermuten, daß die Polemik Platons (und Xenophons) in diesem Punkte in weitem Umfang einfach die Bosheiten der Komödie weiterführt, und daß Protagoras einfach darum als der erste gilt, der um Lohn gelehrt habe, weil die attische Komödie ihn als ersten Sophisten auf diese Weise auf die Bühne gebracht hat ... Zweifellos haben die ausländischen Sophisten Geld verlangt. Aber damit waren sie in Athen unvermeidlich deklassiert zu einer Schicht höherer Lohnarbeiter. Wenn die Sokratik aber die Philosophie in Athen einbürgern wollte, so mußte sie vor allem diese soziale Deklassierung rückgängig machen. Dies war nur möglich, wenn sich die in Sokrates verkörperte wahre Philosophie von jeder Lohnarbeit aufs schärfste distanzierte."[479]

Plato hat sich, dem Beispiel des Sokrates folgend, für seinen Unterricht nicht bezahlen lassen. Er scheute sich andererseits nicht, Geschenke reicher Freunde anzunehmen und sie zum Nutzen der Philosophie zu verwenden[480]. Freilich war er von Haus aus wohlhabend und konnte sich diese Sokratesnachfolge leisten[481]. Aischines[482] war da offenbar schlechter dran und mußte sich von seinen Schülern bezahlen lassen. Der erste Sokratiker, der sich bezahlen ließ, soll nach der Tradition Aristippus gewesen sein[483]. Auch Antisthenes nahm wohl Geld, als er nach dem Tode des Sokrates eine philosophische Schule in Athen eröffnete[484]. Bemerkenswert ist die Feindseligkeit, die zwischen den einzelnen Gruppen von Sokratesschülern über diesen Punkt herrschte. Sokratische Haltung bewies auch der Megariker Stilpo, als Demetrius Poliorketes nach der Plünderung von Megara sein Eigentum zurückerstatten wollte. Um die Höhe seines Verlustes befragt, erwiderte Stilpo, er habe niemanden die Wissenschaft forttragen sehen[485].

Die eigentliche Radikalisierung der sokratischen Ablehnung von Bezahlung aber blieb den Kynikern vorbehalten. Sie gaben sich nicht zufrieden mit einer rein „innerlich" verstandenen Unabhängigkeit, sondern

---

[479] Ib., S. 242 f.

[480] Vgl. Diog. L. III, 9, der seine Nachrichten aus einem Essay des Onetor mit dem Titel „εἰ χρηματιεῖται ὁ σοφός" entnommen haben will. Vgl. Zeller, II/1, S. 419.

[481] Zeller, II/1, S. 393 Anm. 1, hat Material aus späterer Zeit zusammengestellt, das zeigt, daß man auch Plato an das Sokratesbild anglich, indem man nun auch von der Armut des Plato spricht.

[482] Diog. L. II, 62; vgl. Zeller, II/1, S. 240 Anm. 5.

[483] Diog. L. II, 65.

[484] Diog. L. VI, 9; vgl. Zeller, II/1, S. 282 Anm. 4; von Arnim, Leben und Werke des Dio von Prusa, S. 25 f. Unklar ist die Haltung des Eukleides, vgl. Zeller, S. 246 Anm. 2; zu Menedemus ib., S. 276 f.

[485] Vgl. Zeller, ib., S. 273 f.

suchten diese auch äußerlich darzustellen. Schon Antisthenes knüpfte bewußt an Sokrates an: um „αὐτάρκεια", „ἀρετή" und „εὐδαιμονία" zu erreichen, bedarf man nur eines: der Stärke des Sokrates[486]. In extremer Form hat dann Diogenes von Sinope[487] diese Haltung vertreten und, wie bekannt, öffentlich zur Schau gestellt. Die Diogeneslegende hat sich dieses Diogenesbildes bemächtigt und eine eindrucksvolle Gestalt geschaffen, deren Historizität aber eine Frage für sich ist[488]. Auf jeden Fall ist das Diogenesbild Vorbild aller späteren kynischen und kynisch beeinflußten Richtungen[489]. Diogenes soll ursprünglich aus seiner Vaterstadt haben fliehen müssen wegen Falschmünzerei, ein Vergehen, das er später generell seinen Zeitgenossen vorwirft[490]. Eine große Zahl von Anekdoten illustriert seine Bedürfnislosigkeit, wobei wiederum Sokrates das Vorbild abgibt[491]. Jeglichen philosophischen Lehrbetrieb erachtet er für Zeitverschwendung[492]. Nicht nur lehnt er Geschenke und Bezahlung ab[493], er lebt vielmehr in paradoxer Umkehrung vom Betteln[494]. Er kann auch, als er in Geldverlegenheit ist, seine Freunde, anstatt sie um Geld zu bitten, zur „Rückzahlung" auffordern[495]. Wie sich Plato aus der Sklaverei freikaufen ließ, so lehnt er ab, sich, in gleicher Lage befindlich, freikaufen zu lassen[496]. Verbunden mit dieser Haltung ist eine scharfe Polemik gegen die wohlhabenden Philosophen, vor allem Plato, und gegen die Rhetoren[497]. Die wahre Philosophie dagegen bringt keinen Nutzen[498]. Denn alle Dinge gehören den bedürfnislosen Göttern, und der kynische Weise darf als Götterfreund an dieser bedürfnislosen Allmacht der Götter teilhaben[499]. Sollte einer als Philosoph ein Vermögen erben, so verschenkt er es oder wirft es weg – ein Zug, den Krates zum Bilde des kynischen Weisen hinzufügt[500]. Dieses Idealbild geht dann in die Diatribe ein. Von Teles ist eine

[486] Diog. L. VI, 11; vgl. Zeller, ib., S. 288 ff., 310, 312. Zu Antisthenes vgl. D. R. Dudley, A History of Cynicism, 1937, S. 1 ff.

[487] Vgl. Dudley, S. 17 ff.; F. Sayre, The Greek Cynics, 1948, S. 50 ff., 68 ff.

[488] Bekanntlich soll Diogenes von Plato Σωκράτης μαινόμενος genannt worden sein (Diog. L. VI, 54).

[489] Zum Bilde des kynischen Weisen vgl. Zeller, S. 288 ff., 314 ff.; R. Höistad, Cynic Hero and Cynic King, 1949; Vischer, Das einfache Leben, S. 76 ff.

[490] Diog. L. VI, 20; vgl. 56 und Vischer, Das einfache Leben, S. 76 f.

[491] Diogenes wiederholt den bei Xenoph., mem. I, 6,10 (s. oben Anm. 473) genannten Ausspruch des Sokrates (vgl. auch Diog. L. VI, 105; Lukian, Cynic. 12 und Zeller, S. 316 Anm. 2).

[492] Vgl. z. B. Diog. L. VI, 24; 48; 57.

[493] Vgl. ib., VI, 38; 50; 60.

[494] Vgl. ib., VI, 22 f.; 49; 56 und Zeller, S. 317 f.

[495] Diog. L. VI, 46: Χρημάτων δεόμενος ἀπαιτεῖν ἔλεγε τοὺς φίλους, οὐκ αἰτεῖν.

[496] Diog. L. VI, 29 f.; 74 f.; vgl. Zeller, S. 323 f.

[497] Vgl. Diog. L. VI, 24–26; 40; 53; 58; 67.

[498] Vgl. ib., VI, 6; 29; 63; 64; 74; 86; 88 und Zeller, S. 321.

[499] Vgl. Diog. L. VI, 37; 96; 104 und Zeller, S. 314 f.

[500] Vgl. Diog. L. VI, 87 f. (auch 82 von Monimus); Apul., Apol. 22; Philostr., Vita Ap. I, 13,2 und Zeller, S. 285 Anm. 1–2.

Diatribe „Περὶ αὐταρκείας“ erhalten, in der die Armut[501] personifiziert auftritt und in der Diogenes und Sokrates als Exempla ihres Lebensweges gelten[502]. Die weite Verbreitung dieser und damit zusammenhängender Auffassungen hat R. Vischer[503] in seiner Arbeit „Das einfache Leben“ nachgewiesen.

Bei Epiktet sind die Bilder des Sokrates und Diogenes sehr einander angeglichen. Beides sind Idealgestalten, die die Bedürfnislosigkeit verkörpern[504]. Fragment 11 zeigt Sokrates im Gespräch mit dem makedonischen König Archelaus, der ihn reich machen will. Sokrates lehnt das Angebot freilich ab: in Athen gebe es billig Mehl zu kaufen und genügend Wasserbrunnen, womit seine äußeren Bedürfnisse vollauf gestillt seien[505]. Andererseits lehnt Epiktet die inzwischen entartete kynische Lebensweise ab, sofern sie sich durch absurden Primitivismus interessant zu machen sucht[506]. Ihm geht es um das „einfache Leben“, nicht um primitives Vagabundendasein[507]. Mit allen Philosophen dieser Richtung ist Epiktet aber darin einer Meinung, daß die Philosophie nicht dem Erwerb äußerer Güter dienen kann[508]. Der wahre Philosoph ist im Unterschied zu Sophisten und Rhetoren arm, d. h. er begnügt sich mit dem Vorhandenen[509].

Der Gedanke, daß man den wahren vom falschen Philosophen daran unterscheiden kann, ob dieser arm oder reich ist, spielt schon in der Komödie[510] eine eminente Rolle. Dort wird einerseits der Typ des ungepflegten Bettelphilosophen verspottet, andererseits aber auch dessen Gegenbild, der gut gepflegte, wohlbekleidete, würdig einherschreitende vornehme Platoniker[511]. Dem feinen Äußeren wird dabei nicht selten eine niedrige, nur auf den Geldgewinn ausgerichtete Gesinnung beigesellt. Dieser Typ taucht dann, ins Extreme karikiert, in der lukianischen[512] und römischen

---

501 Vgl. auch die Diatribe IVa (Περὶ πενίας) und F. Hauck, ThW VI, S. 37–40.

502 Teletis reliq., S. 7–9, 17 ff.; vgl. Geffcken, Kynika, S. 6 ff.; Vischer, Das einfache Leben, S. 60 ff.

503 Vischer, Das einfache Leben, S. 64 ff.; vgl. den Katalog von Diatribethemen bei Oltramare, Les origines, S. 44 ff., 263 ff.

504 Vgl. F. Schweingruber, Sokrates und Epiktet, Hermes 78, 1943 (S. 52–79), S. 61, 66.

505 Vgl. auch Diss. IV, 1,159–169.

506 Vgl. Diss. III, 22 (Περὶ κυνισμοῦ); Ench. 47.

507 Vgl. Vischer, Das einfache Leben, S. 70 f.

508 Vgl. Diss. I, 15; 26,9; 29.

509 Vgl. Teletis reliq., Fragm. IVA, wo die Frage der Armut ausführlich behandelt wird (s. dazu auch Vischer, Das einfache Leben, S. 63 f.). Vor allem sind hier auch die „Sokratikerbriefe“ zu nennen (vgl. die Briefe 1, 6, 8, 9, 15, 19, 20, 22, 27 in der Ausg. von Köhler vgl. oben Anm. 278).

510 Vgl. Helm, Lucian und Menipp, S. 372 ff.

511 Vgl. Helm, Lucian und die Philosophenschulen (N. Jahrb. f. d. klass. Altert. IX, 1902, S. 267 ff.).

512 Vgl. Lukians Ikaromenipp 5, wo ein solcher Philosoph beschrieben ist, und 16, wo die „Sünden“ von solchen Philosophen beschrieben werden: der Stoiker Agathokles führt wegen seines Honorars einen Prozeß mit einem seiner Schüler. Weiteres Material s. bei Betz, Lukian, S. 114 f.; Bompaire, Lucien, S. 357 ff.

Satire[513] auf. Hier werden alle philosophischen Schulen, auch die Kyniker, wegen ihrer Habsucht angeprangert. Dieser Kritik entspricht die Auffassung von der völligen Dekadenz nicht nur der Philosophie, sondern aller Bildung[514]. Im hellenistischen Judentum finden wir die gleichen Lehren. Vor allem sind es die Essener und die Therapeuten, die von Josephus und Philo[515] als Musterbeispiele vorbildlicher Haltung hingestellt werden. Auch hier dient diese Lehre dazu, die wahren von den falschen Philosophen zu unterscheiden[516].

Es ist nun bezeichnend, daß der Übergang vom Pseudophilosophen zum religiösen Scharlatan fließend ist. Der Vorwurf der Geldgier wird diesem wie jenem gegenüber erhoben. Die Gleichsetzung von „σοφιστής“ und „γόης“ ist, wie W. Burkert[517] gezeigt hat, bereits bei Plato belegt. Auch sachlich gibt es merkwürdige Übereinstimmungen zwischen Sophisten und Goeten. Burkert[518] bemerkt zu Gorgias: „ . . . Schüler des Empedokles, der sich der Zauberkunst rühmte, war Gorgias, der erfolgreiche Sophist. Ist nicht wirklich der Sophist weithin Nachfolger des wandernden Wundermannes? Heimatlos, auf eigenes Können vertrauend, tritt er im Purpurgewand vor das Volk hin und sucht es durch seinen Vortrag in seinen Bann zu ziehen. Freilich, statt des magischen γόος hält er einen λόγος ἐπιτάφιος, statt magischer Formeln bietet er Redefiguren, und ψυχαγωγία heißt jetzt nicht mehr ‚Geisterbeschwörung‘, sondern Wirkung auf den Hörer, Unterhaltung. Doch um die Kraft des λόγος zu illustrieren, verweist Gorgias in erster Linie auf die Macht der Zaubersprüche. Hier bestehen Beziehungen, die nicht zufällig sind, und insofern ist die Gestalt des γόης auch für unser Bild vom klassischen Griechentum mehr als ein Kuriosum.“

Für die spätere Zeit ist Lukians „De morte Peregrini“ instruktiv. Pere-

[513] Vgl. Varro, Sat. 245; Petronius, Sat. 83; 85 ff.; Geffcken, Studien zur griechischen Satire (N. Jahrb. f. d. klass. Altert. 27, 1911, S. 485 ff.); K. Mras, Varros menippeische Satiren und die Philosophie (N. Jahrb. f. d. klass. Altertum 33, 1914, S. 390–420); M. Schanz und C. Hosius, Geschichte der röm. Lit. I[4], 1927, S. 556 ff.; zum Verhältnis von Diatribe und Satire vgl. E. G. Schmidt, Diatribe und Satire, Wiss. Zeitschr. d. Univ. Rostock 15, 1966, S. 507–515.

[514] Vgl. Petronius, Sat. 88, wo als Grund die „pecuniae cupiditas“ angegeben wird.

[515] Vgl. P. Wendland, Philo und die kynisch-stoische Diatribe (P. Wendland und O. Kern, Beiträge zur Geschichte der griechischen Philosophie und Religion, 1895), S. 8 ff.; Bousset-Gressmann, Religion des Judentums, S. 78 f.; I. Heinemann, Philons griechische und jüdische Bildung, 1962, S. 431 ff.

[516] In De vita contempl. stellt Philo dem asketischen Leben der Therapeuten höhnisch das Symp. Platos gegenüber (§ 40 ff.). Vgl. Bousset-Gressmann, Religion des Judentums, S. 465 ff.

[517] W. Burkert, Rh. M. 105, 1962, S. 55. Schon in der Komödie begegnet der Typ des falschen Propheten und betrügerischen Arztes (vgl. Ribbeck, Alazon, S. 14 ff. und oben S. 33 ff.).

[518] Burkert, Rh. M. 105, S. 55.

grinus Proteus ist zugleich philosophischer und religiöser Goet, ein Mann, der nach Lukian nur am Gelde und am Ruhm interessiert ist[519]. Den bekannten Topos, daß der Philosoph sein Geld verschenkt, berichtet Lukian auch von Peregrinus; lächerlicherweise habe er es später aber zurückfordern wollen. Dasselbe gilt für Alexander von Abonuteichus, der letztlich nur auf das Geld derer aus ist, die das Orakel konsultieren, obwohl er sein Interesse am Gelde durch ein Orakel des Gottes dementieren läßt. Alexander ist zugleich Prophet des Gottes Glykon und Wiederverkörperung des Philosophen Pythagoras[520]. Der Vorwurf des Gelderwerbs mittels eindrucksvoller Wunder erscheint bei Lukian mehrfach in Polemiken gegen das Goetentum. Peregrinus Proteus und Alexander von Abonuteichus waren bereits genannt worden[521]. Hinzu kommt der „Philopseudes", der sich ja eigens mit dem Goetentum auseinandersetzt[522].

Innerhalb der Apologie wird das Argument in der Verteidigungsrede des Apollonius von Tyana verwendet, die wir in Kap. II herangezogen hatten. Apollonius weist auf seine Armut hin und darauf, daß er nie Geschenke angenommen habe. Hingegen sei der Ankläger Euphrates ein Mann, der gern Geld annimmt und darum auch sehr reich ist[523].

In der Apologetik des Urchristentums, die Lukas mit seiner Apostelgeschichte unternommen hat, sehen wir den Topos auf das Urchristentum angewendet. Dieser Apologetik nach bekämpft das Christentum den Aberglauben der Zeit und überwindet ihn im Zuge seiner Ausbreitung. So wird der wahrsagende Geist von Paulus aus einer Sklavin ausgetrieben, die ihren Besitzern durch die Wahrsagerei großen Gewinn eingebracht hat[524]. Die religiöse Begeisterung der Epheser für die Artemis hat nach Lukas in Wirklichkeit rein finanzielle Gründe: ein Niedergang des Kultes, so befürchten die Epheser, würde einen Rückgang des Geschäftes mit den silbernen Artemistempelchen nach sich ziehen[525].

Die Auseinandersetzung zwischen Philippus und dem Magier Simon gibt Lukas die Gelegenheit, einen Grundsatz anzuführen, nach dem in der urchristlichen Mission verfahren wird: die Gabe Gottes kann man nicht durch Geld erwerben. Simon, der eben dies versucht, wird von Philippus darum verflucht[526]. Die synoptische Tradition führt diese Haltung auf Jesus selbst zurück, der in der sog. Tempelreinigung den Tempel, d. h.

---

519 Vgl. etwa Peregr. 1, 2, 12, 13, 14 ff., 32; Iup. conf. 19 und Betz, Lukian, S. 10 f.

520 Alex. 40.

521 Der Topos kann auf den Orakelgott selber ausgedehnt werden: vgl. Lukian, Iup. trag. 30 f.; Dial. mort. III (X); auch das von W. Schubart besprochene Fragment: Aus einer Apollon-Aretalogie, Hermes 55, 1920, S. 188 bis 195.

522 Vgl. das Material bei Betz, Lukian, S. 112—114.

523 Philostr., Vita Apoll. VIII, 7.

524 Act 16,16.

525 Act 19,24 ff.

526 Act 8,20.

das religiöse Leben schlechthin, von der Geschäftemacherei säubern will[527]. Auch die Missionsinstruktion Mk 6,8–11 Parr. schließt Geldbesitz und Gelderwerb für die wandernden Missionare aus[528].

Um nun auf 2Kor 11 zurückzukommen: wenn Paulus sich also freimütig dazu bekennt, daß er in der Vergangenheit tatsächlich auf finanziellen Unterhalt durch die Gemeinde in Korinth verzichtet hat, befindet er sich in Übereinstimmung mit sehr alten und ehrwürdigen Haltungen, die im Judentum auf die Propheten und im Griechentum auf die sokratische Tradition zurückgehen. Sein lakonisch vorgetragener Entschluß, bei seinem Verzicht zu bleiben (11,9.12), beruht deshalb nicht auf Trotz oder Bitterkeit, sondern auf wohlfundierten Überlegungen seiner Verteidigungsstrategie[529].

Paulus versetzt den Gegnern gleichzeitig zwei Schläge. Einmal ist sein Verzicht auf finanzielle Zuwendungen ein für damalige Ansicht eindeutiger Beweis dafür, daß man ihn nicht als Goet einstufen kann[530]. Leute, die das dennoch tun, machen sich selbst verdächtig. Paulus scheut sich nicht, den Spieß herumzudrehen: seine Gegner sind es, die sich mit ihrer Bereitschaft, Geld anzunehmen, als Goeten ausweisen. Dieser Schluß wird der Gemeinde zu Korinth mit schonungsloser Ironie vor Augen geführt. In Wirklichkeit sind die Gegner die falschen Apostel, die betrügerischen Missionsarbeiter, die sich nur äußerlich in Apostel Christi verwandelt haben (11,13)[531].

Die Frage liegt nahe, wie sich die Korinther so leicht haben hinters Licht führen lassen können. Paulus macht darauf aufmerksam, daß dies einerseits den teuflischen Verstellungskünsten dieser Satansdiener zu verdanken sei. Wie es für Satan nicht schwer ist, sich in einen Lichtengel zu verwandeln[532], so kann es auch keine Schwierigkeit für seine Diener bedeuten, sich als „Diener der Gerechtigkeit“ auszugeben (vgl. 11,13–14)[533]. Hinzu kommt, wie Paulus beißend anmerkt, daß die Korinther eben „sehr kluge“ Leute sind, die so leicht bereit sind, „Narren“ bei sich Einlaß zu gewähren[534], und die es gar nicht zu bemerken scheinen, wenn sie von

527 Mk 11,15 ff. Parr.; Joh 2,13 ff.

528 Vgl. Mk 12,40 Parr.; Mt 10,8; Did 11–12; Hermas, mand. 11. S. auch 1Kor 9,4–5.

529 So mit Recht Heinrici, Zw. Kor., S. 361; Lietzmann-Kümmel, z. St. 11,12; Windisch, Zw. Kor., S. 336, meint feststellen zu können, daß Paulus sich wohl von anderen Gemeinden unterstützen ließ, „nur nicht von der Gemeinde, der er gerade diente“.

530 Vgl. Windisch, Zw. Kor., S. 399; Georgi, Gegner, S. 239.

531 Zu den Selbstbezeichnungen der Gegner vgl. Georgi, Gegner, S. 31 ff.

532 Vgl. Windisch, Zw. Kor., S. 340–343.

533 Zum γόης als Verwandlungskünstler vgl. oben S. 21.

534 Die Antithese ἄφρονες – φρόνιμοι stellt alles auf den Kopf; alle sind jetzt Narren, jeder auf seine Weise: Paulus, die Korinther, die Gegner. Vgl. 1Kor 4,8.10 und Windisch, Zw. Kor., S. 346 f.

Gaunern nach allen Regeln der Kunst an der Nase herumgeführt werden (11,19–20)[535].

Dagegen liegt es am Tage, daß man Paulus weder direkt noch indirekt ein Interesse an finanziellen Vorteilen vorwerfen kann. In 12,17–18 führt er dazu den technischen Begriff „πλεονεκτεῖν“[536] ein, der das Verhalten von Sophisten und Goeten beschreibt. Sein Verzicht auf finanzielle Unterstützung wird von ihm als „Evidenz“[537] dafür angeführt, daß er nicht dieser Kategorie von Gaunern zugezählt werden kann (12,16a). Auch seine Abgesandten, unter denen Titus namentlich genannt ist, folgen als Schüler des Paulus seinem Verhalten (12,17–18)[538]. Mit der grundsätzlichen Absage an das „πλεονεκτεῖν“ steht der Apostel wieder im Einklang mit dem griechisch-humanistischen Denken insofern, als dort „πλεονεξία“ angesehen ist als „der Griff hinaus über das dem Menschen Zugeordnete“ und folglich das der „σωφροσύνη“ Entgegengesetzte[539]. Manche Exegeten[540] meinen, die Gegner des Apostels hätten diesem Geldgier vorgeworfen und ihn dazu veranlaßt, sich gegen diesen Vorwurf zu verteidigen. Jedoch sahen wir, daß der Vorwurf gegen ihn gerade darin bestand, daß er *keine* finanziellen Zuwendungen seitens der Korinther in Anspruch genommen hat.

Wie ist dieser Widerspruch zu erklären? Man wird nicht mechanisch vorgehen dürfen und jeweils aus der Verteidigung direkt auf eine entsprechende Anklage schließen dürfen. Vielmehr gilt es, jeweils die Gepflogenheiten der Rhetorik zu beachten. Dadurch, daß Paulus so betont den Verdacht der „πλεονεξία“ von sich weist, der ihm doch eigentlich gar nicht angetragen worden war[541], lenkt er eben den gleichen Verdacht auf die Ge-

---

[535] Bei der Kennzeichnung der Gegner in 11,20 handelt es sich um stark übertreibende, karikierende Polemik des Paulus. Daß die Gegner tatsächlich ihre Predigt „mit herrischem Auftreten und schlauer, durchgreifender Ausbeutung“ verbunden haben, wie WINDISCH, Zw. Kor., S. 347, meint, kann daraus nicht geschlossen werden.

[536] Vgl. G. DELLING, ThW VI, S. 266–274.

[537] Es handelt sich technisch um ein „Testimonium aus der Vergangenheit“; vgl. Gal 1–2.

[538] Vgl. LIETZMANN-KÜMMEL, z. St. 12,17: „... vermutlich hat das in Wirklichkeit niemand behauptet, so daß Pls diese Alternative einfach dadurch ad absurdum führen kann, daß er sie stellt – so argumentiert er auch V. 18.“ Jedoch meinen Lietzmann-Kümmel dann, die Verdächtigungen bezögen sich auf die Kollektensache (2Kor 8,20); man muß dagegen feststellen, daß von der Kollektensache in 2Kor 10–13 keine Rede ist. Vgl. zum Problem auch WINDISCH, Zw. Kor., S. 404 ff.

[539] Vgl. DELLING, ThW VI, S. 268.

[540] Vgl. LIETZMANN-KÜMMEL, z. St. 12,16; WINDISCH, Zw. Kor., S. 402 f.; DELLING, ThW VI, S. 273.

[541] Zur αὔξησις vgl. LAUSBERG, Handbuch, I, § 259; A. D. LEEMAN, Orationis Ratio, 1963, Reg. s. v. amplificatio; MEYER, Platons Apologie, S. 15 f.

genpartei. Diese Taktik entspricht der Rhetorik und ist ein Schachzug des Paulus bei seinem Bemühen, die Gegner als Sophisten zu diskreditieren.

Ähnlich wird es sich verhalten mit der Versicherung des Paulus, die Gemeinde solle nicht meinen, sein Unterhaltsverzicht bedeute, daß er sie weniger liebe als andere Gemeinden (12,15)[542] oder daß sie, verglichen mit anderen, zu kurz käme (12,13). Ironisch fragt er, welche Einbußen sie denn damit hätten hinnehmen müssen, daß er ihnen nicht zur Last gefallen sei. Auf jeden Fall sollten sie ihm das begangene „Unrecht" verzeihen (12,13; vgl. 11,7). Hier werden wohl kaum konkrete Vorwürfe vorliegen[543]. Vielmehr wird Paulus ironisch-lächerliche Folgerungen aus seinem Verhalten konstruieren, um sie und damit die gegnerischen Vorwürfe insgesamt ad absurdum zu führen.

Im gleichen Zuge bringt er seine Gegner dadurch in Mißkredit, daß er versichert, es gehe ihm eben um die Korinther, nicht um ihren Besitz (12, 14). Es sei ja doch Brauch, daß die Eltern für die Kinder sparen und nicht umgekehrt[544]. Er selber sei nur zu gerne zum Opfer, sogar zum Selbstopfer, bereit. Man kann daraus nur den Schluß ziehen, daß Paulus die Korinther viel mehr liebt, als die Gegner es tun. Warum sollte er dann aber, wie dies doch offenbar der Fall ist, von der Gemeinde weniger wiedergeliebt werden (12,15)? Nun ist es also Paulus, der zu wenig geliebt wird! Mit seiner scheinbar naiven Frage hat er de facto die Korinther ins Unrecht gesetzt. Nicht daß sie bloß auf die paulinischen Gegner hereingefallen sind! Sie haben dem Paulus Unrecht zugefügt, indem sie sich von den Gegnern haben einfangen lassen (11,20)[545].

Zusammenfassend läßt sich also sagen, daß Paulus die finanzielle Unterstützung durch die Korinther nicht deshalb abgelehnt hat, weil er grundsätzlich ein asketisches Armutsideal verträte. Ursprünglich müssen konkrete, uns nicht mehr erkennbare Gründe vorgelegen haben, die ihn dazu bestimmten, auf sein Recht auf Unterhalt zu verzichten. In 2Kor 10—13 wird diese Situation vorausgesetzt. Sie gibt Paulus nunmehr die Gelegenheit, einen antisophistischen Topos zu verwenden, der ihn entlastet und seinen Gegnern die Rolle geldgieriger Betrüger zuschiebt.

---

[542] Vgl. 2Kor 11,11, wo ebenso wenig Anhalt dafür gegeben ist, daß die Korinther tatsächlich einen solchen Vorwurf erhoben hätten. Anders urteilen LIETZMANN-KÜMMEL, z. St. 12,15.

[543] Gegen LIETZMANN-KÜMMEL, z. St.; vgl. auch WINDISCH, Zw. Kor., S. 397 ff.; GEORGI, Gegner, S. 237.

[544] Vgl. den 6. Sokratikerbrief § 7 (zitiert ist die Ausg. von KÖHLER [s. oben Anm. 278], S. 18, Z. 4—5): Καίτοιγε ὁ νόμος μέχρι ἥβης κελεύει παῖδα ἐκτρέφεσθαι ὑπὸ γονέων.

[545] So mit Recht WINDISCH, Zw. Kor., S. 401 f.

c) *Paulus im Vergleich mit anderen Aposteln*

Den dritten Beweisgrund dafür, daß Paulus kein legitimer Apostel sein kann, haben seine Gegner darin gesehen, daß er einen Vergleich mit seinen Amtskollegen nicht auszuhalten vermag.

Schon im 1Kor sieht sich Paulus wieder und wieder veranlaßt, auf diesen Punkt einzugehen. Er muß zugeben, daß er nicht mit „normalen" Maßstäben gemessen werden kann, sondern als „Sonderfall" behandelt werden muß. Verglichen mit anderen Aposteln, so räumt er ein, nimmt er sich wie ein „ἔκτρωμα" aus[546]. Zwar hat er auch den Herrn gesehen und ist auch als Apostel berufen worden, aber nur als letzter und darum als der „geringste der Apostel"[547]. Hinzu kommt, daß es bei seiner Berufung etwas „ungewöhnlich" zugegangen ist, und eigentlich war der frühere Verfolger des Apostelamtes nicht würdig. Aber zur Bestreitung des Amtes besteht dennoch kein Anlaß. Was er ist, so erklärt Paulus, ist er nun einmal durch die göttliche „χάρις" geworden, und die wird niemand in ihrer Legitimität bestreiten wollen[548].

Doch muß Paulus auch zugeben, daß es Leute gibt, die eben das tun (1Kor 9,2). Wir wissen nicht genau, um was für Leute es sich hierbei konkret gehandelt hat und ob sie bereits in der Gemeinde festen Fuß gefaßt haben. Ihr Auftreten ist jedenfalls bedrohlich genug, um ihn zur Abfassung seiner Apologie in 1Kor 9 zu veranlassen[549]. Er geht dabei davon aus, daß er von seinen Gegnern einem Beurteilungsverfahren unterworfen wird, das für ihn ungünstig verläuft[550].

Die paulinische Verteidigung im 1Kor ist aufs ganze gesehen schwach. Er versucht, sich durch rhetorische Manöver dem Problem zu entziehen. Was ist schon Apollos? Was ist schon Paulus[551]? Nur Christus ist imstande, einen Apostel zu beurteilen[552]! Beurteilen wir uns nach dem, was mit unseren menschlichen Kriterien feststellbar ist, so müssen wir zugeben, wir sind „nichts" und haben alles, was wir sind, durch göttliche Gnade empfangen[553]. So richtig diese Ausführungen sind, so wenig werden sie dem Problem gerecht, das die paulinischen Gegner der korinthischen Gemeinde auf den Tisch gelegt haben. Es ist deshalb auch nicht erstaunlich, daß der Fragenkomplex in 2Kor 10–13, weit davon entfernt, sich aufgelöst zu haben, von den Gegnern nunmehr als Beweisgrund dafür angesehen wird,

---

546 1Kor 15,8; vgl. CONZELMANN, Erster Kor., S. 305 f.

547 1Kor 15,8–9; vgl. Eph 3,8 und T. BOMAN, Paulus abortivus (1Kor 15,8) (St. Th. 18, 1964, S. 46–50); CONZELMANN, Erster Kor., S. 306 f.

548 1Kor 15,10; CONZELMANN, Erster Kor., S. 307 f.

549 Vgl. CONZELMANN, Erster Kor., S. 180.

550 Darauf deutet der Begriff ἀνακρίνειν hin. Vgl. 1Kor 9,3; 4,3.

551 1Kor 3,5.

552 1Kor 4,1–5.

553 1Kor 13,2; 4,7.

daß es sich bei Paulus um einen raffinierten Betrüger handelt[554]. Nun erst holt der Apostel zum Gegenschlag aus.

Es steht als Tatsache fest, daß er, gemessen am Maßstab seiner Gegner, ein „Versager" ist. Paulus leugnet das nicht, sondern beginnt damit, daß er es zugibt. In 2Kor geht es nun allerdings nicht mehr darum, daß er mit Kephas oder Barnabas verglichen wird[555], sondern jetzt handelt es sich eindeutig um den Vergleich zwischen ihm und seinen gegenwärtigen Konkurrenten[556]. Diesen Leuten gegenüber, so gibt Paulus gerne zu, ist er „ein Versager": „ἡμεῖς ἠσθενήκαμεν"[557].

Im Anschluß an bekannte Topoi der Popularphilosophie geht er alsdann daran, das von den Gegnern geübte Vergleichsverfahren selber zu diskreditieren.

Gleich im Anschluß an das Zitat aus dem gegnerischen „Gutachten" (10,10) bemerkt Paulus, daß die dort über ihn ausgesprochenen Beurteilungen dadurch gewonnen wurden, daß die Beurteiler ihn mit sich selber verglichen und an sich selber maßen, wobei sie sich dann selbst als Maßstab betrachteten. Dieses Verfahren muß sich aber notwendig als „Selbstempfehlung" auswirken. In 10,12 entlarvt er diesen Mechanismus als absurd; die Absurdität ist vor allem durch die Worthäufungen angezeigt. Der schwierige Satz muß ironisch genommen werden[558]. Paulus versichert, er „wage"[559] es nicht, sich unter Leute zu rechnen und sich messend mit ihnen zu vergleichen, die sich selbst empfehlen. Warum wagt er es nicht? Mehrere Gründe sind dafür maßgebend. Zunächst einmal spielt Paulus auf eine Redeform an, die in der Rhetorik ihren Platz hat: die Synkrisis[560]. Sie hat seit alters ihren Platz im Enkomium und wurde bereits früh in die professionelle Rhetorik eingebaut; später diente sie auch der Geschichtsschreibung[561]. Im Enkomium dient die Synkrisis dazu, durch Ver-

[554] Vgl. GEORGI, Gegner, S. 229 ff., dem ich aber in Einzelheiten nicht immer zustimmen kann.

[555] Vgl. 1Kor 9,1 ff.; 15,3 ff.

[556] Das haben die Arbeiten von BULTMANN, Exegetische Probleme (Exegetica, S. 315 ff.); SCHMITHALS, Gnosis, S. 106 ff.; GEORGI, Gegner, S. 14 ff., gezeigt.

[557] 2Kor 11,21; vgl. 10,1.10; 12,21 und oben S. 97 ff.

[558] Zur textkritischen Problematik vgl. WINDISCH, Zw. Kor., S. 307 ff.; PLUMMER, Second Cor., S. 287. Der längere Text ist schwieriger und darum (abgesehen von der besseren Bezeugung) vorzuziehen (gegen WINDISCH, Zw. Kor., S. 309; KÄSEMANN, Legitimität, S. 56 f.; BULTMANN, Exegetica, S. 314; GEORGI, Gegner, S. 230); ich stimme daher KÜMMEL zu (bei Lietzmann-Kümmel, S. 208).

[559] Zu τολμᾶν vgl. oben S. 67 f.

[560] Vgl. O. HENSE, Die Synkrisis in der antiken Litteratur, 1893; HIRZEL, Der Dialog, passim; F. FOCKE, Synkrisis, Hermes 58, 1923, S. 327–368; SCHMID-STÄHLIN, Geschichte der griech. Lit., II/1, S. 518 f.; W. KROLL, Art. Rhetorik (PW, Suppl.-Bd. VII, 1940, Sp. 1128 ff.); LAUSBERG, Handbuch. I, §§ 404, 1130; BOMPAIRE, Lucien, S. 271 ff. 289 ff.

[561] Vgl. H. ERBSE, Die Bedeutung der Synkrisis in den Parallelbiographien Plutarchs, Hermes 84, 1956, S. 398–424; LEEMAN, Orationis Ratio, I, S. 246, 316, 377.

gleiche, zumeist mit Höherstehenden und oft mit mythischen Gestalten, den zu Lobenden glänzen zu lassen und seine „ὑπεροχή“ zu erweisen[562]. Natürlich konnten sich hier Lobhudelei und Schmeichelei in der widerwärtigsten Weise ausbreiten[563]. So ist es nicht überraschend, wenn die Synkrisis zur bevorzugten Zielscheibe antirhetorischer und antisophistischer Polemik wurde. Vor allem sind es wieder die Kyniker, die die Enkomien und mit ihnen die Synkrisis verhöhnen[564]. Bestes Beispiel ist wiederum Lukian, der in seinen Satiren in reichstem Maße von diesem Mittel Gebrauch macht[565].

Interessant ist die Weise, wie in der von uns schon mehrfach herangezogenen „Narrenrede“ des Alkibiades im platonischen „Symposium“ von der Synkrisis Gebrauch gemacht worden ist. Es geschieht in sehr eigenartiger Form. Mit welchem Wesen soll man Sokrates auch vergleichen können? Alkibiades wählt sehr bezeichnend ein „höheres Wesen“, aber nun ausgerechnet den komisch-häßlichen Silen Marsyas[566].

Die paulinische Kritik der Synkrisis entspricht der Kritik, wie sie in der Popularphilosophie geübt wurde. Der sich selbst Lobende muß immer wieder auf Vergleiche zurückgreifen, und zwar auf möglichst hochgegriffene; diese Methode aber führt leicht zu Exzessen[567]. Es ist ferner Unfug, sich mit sich selbst vergleichen zu wollen, wie Lukian in seiner geradezu programmatischen Schrift „Pro imaginibus“ (19) ausdrücklich darlegt. Daher ist es auch aussichtslos, sich mit Leuten vergleichen zu wollen, die sich selbst empfehlen, denn diese sind auf nichts anderes bedacht, denn als die „Unvergleichlichen“ aus der Vergleichung hervorzugehen. Paulus wäre also nie imstande, die von den Gegnern gesetzten Erwartungen zu erfüllen. Mit anderen Worten: Leute, die wie seine Gegner sich mit sich selber vergleichen, sich selber empfehlen und andere mit eben demselben Maßstab, nämlich sich selber, messen, „verstehen nichts“[568]. Dieses Urteil

---

[562] Die ὑπεροχή (vgl. 1Kor 2,1) eines so Gepriesenen liefert dann bestimmte εἴδη, κανόνες und νόμοι zum Zwecke der Nachahmung (ζῆλος). Zur Methode vgl. Focke, Hermes 58, S. 354 ff.

[563] Lukians Diatriben Imag.; pro imag.; rhet. praec. 7–13; Demosth. enc. 4–21; Tim. 23 usw., parodieren den literarischen Topos. Die verherrlichte Mätresse Panthea kennzeichnet die Lobhudelei des Lycinus als ὑπέρμετρος, ὑπερεπαινεῖν, κολακεία und γοητεία (pro imag. 1, 7, 17, 20, 22). Zur Synkrisis bei Lukian vgl. Bompaire, Lucien, S. 269 ff.

[564] Vgl. Hirzel, Der Dialog, I, S. 387 f.; II, S. 40; Focke, Hermes 58, S. 330.

[565] Vgl. die Schilderung eines κόλαξ in Lukians pro imag. 20 und Plutarchs Schrift Quomodo adulator ab amico internoscatur. Zur Sache s. auch Bompaire, Lucien, S. 269 ff.

[566] Plato, Symp. 215 AB, 221 A; vgl. Focke, Hermes 58, S. 334 f.; Joël, Sokrates, II, S. 728 ff.

[567] Pro imag. 19: πρὸς τὸ ὑπερέχον ὡς οἷόν τε ... Vgl. Plutarchs Schrift De se ipsum (s. oben S. 75 ff.).

[568] 2Kor 10,12: οὐ συνιᾶσιν.

über das gegnerische Verfahren entspricht durchaus zeitgenössischen Vorstellungen.

Von dieser Basis aus müssen nun die beiden Selbstaussagen des Paulus in 11,5 und 12,11 ins Auge gefaßt werden.

In 11,5 konstatiert Paulus zu Beginn seiner „Narrenrede" – er parodiert hierbei wieder die Terminologie der Gegner[569] –, er schätze sich so ein, daß er den sog. „Überaposteln" in nichts nachsteht: „λογίζομαι γὰρ μηδὲν ὑστερηκέναι τῶν ὑπερλίαν ἀποστόλων."

Eine solche Selbsteinschätzung kann natürlich nur in einer „Narrenrede" erlaubt sein. Dies nicht nur, weil sie das Gegenteil von dem, was die Gegner bewiesen zu haben glauben, einfach ohne jede Sicherung behauptet, sondern vor allem deswegen, weil die damit ausgesprochene Hybris sonst unerträglich wäre. Zutat des Paulus ist eigentlich nur, daß er die Gegner mit dem ironischen Titel „Überapostel"[570] auszeichnet. Dadurch ist der Effekt einer doppelten Ironie erreicht: Paulus legt den Finger auf die Hybris der gegnerischen Selbsteinschätzung[571] und ironisiert sich zugleich selber mit seinem närrischen Bemühen, es ihnen gleichtun zu wollen. Diese Selbstironie fällt auf die Gegner zurück und zerstört ihr Verfahren des „λογίζεσθαι". Im gleichen Zuge aber meint Paulus wirklich, was er sagt: daß er den „Überaposteln" in nichts nachsteht.

Zwischen 11,5 und 12,11 steht aber die „Narrenrede", die im Ergebnis die gegnerische Feststellung des paulinischen „Mangels" aufgehoben und als sinnlos erwiesen hat.

12,11 blickt auf die „Narrenrede" zurück und faßt als deren Resultat zusammen: „οὐδὲν γὰρ ὑστέρησα τῶν ὑπερλίαν ἀποστόλων, εἰ καὶ οὐδέν εἰμι."

Der erste Teil dieser Aussage wiederholt nur, unter Bezug auf die vorhergegangene „Narrenrede"[572], das in 11,5 einfach Behauptete, das nun „bewiesen" ist. Entscheidend ist aber der bedingende Zusatz: „wenn ich denn schon nichts bin". Er zieht nämlich hiermit die eigentliche Folgerung aus der Ankündigung der „Nutzlosigkeit" (12,1) der ganzen, in der

---

569 Zu λογίζεσθαι vgl. Georgi, Gegner, S. 222 f.; 227 f.

570 So mit Recht Lietzmann-Kümmel, S. 146 z. St., anders aber Windisch, Zw. Kor., S. 330. Auch diese Ausdrucksweise ist typisch: schon der platonische Sokrates bezeichnet die Sophisten polemisch als πάσσοφοι (Plato, Protag. 315 E; Theait. 149 D usw.). Lukians Satiren bringen häufig Ausdrücke wie ὑπεράνθρωπος, ὑπερνέφελος, τρισόλβιος, πάνσοφος (Belege bei Betz, Lukian, S. 103), πάνσεμνος (Vit. auct. 26; Anach. 9).

571 Zum Selbstbewußtsein der Gegner vgl. Schmithals, Gnosis, S. 157 ff.; Georgi, Gegner, S. 31 ff., 219 ff., 292 ff.

572 Der Aorist in ὑστέρησα blickt zurück auf die „Narrenrede", nicht etwa auf die Zeit, in der Paulus in Korinth war (wie Lietzmann-Kümmel, S. 157 z. St., und Windisch, Zw. Kor., S. 395 z. St., annehmen).

„Narrenrede" vorgetragenen „καύχησις"[573]. Paulus folgert, daß er dort faktisch bewiesen habe, daß er „nichts" ist. Da er zugleich auch die „καύχησις" der Gegner entwertet hat, ergibt sich, daß diese auch „nichts" sind. Folglich steht er den „Überaposteln" „in nichts" nach.

Das Zugeständnis des Paulus in 12,11c „εἰ καὶ οὐδέν εἰμι" ist aber nun nicht einfach ein Trick. Vielmehr gehört diese Selbstaussage hinein in die uns längst bekannte Auseinandersetzung zwischen Philosophie und Rhetorik. Wir finden eine entsprechende Einräumung zuerst bei Plato im Munde des Sokrates.

Phaidros befragt Sokrates im gleichnamigen Dialog über die Wirkung, die eine Rede des Lysias über die Liebe auf ihn ausgeübt habe[574]. Als Sokrates dann in das überschwengliche Lob, das Phaidros selbst dieser Rede bereits gespendet hat, einstimmt, hält der Schüler dies für „παίζειν"[575], wie er es bei seinem Lehrer schon oft erfahren hat. Das ist es auch, wie wir trotz der Abwehr des Sokrates sogleich sehen werden. Phaidros selbst stellt Sokrates dann die synkritische Frage, ob irgendein anderer Grieche wohl Größeres und Besseres über diesen Gegenstand zu sagen gehabt hätte. Plato spielt damit wohl auf das Chairephon-Orakel an, das Sokrates als den weisesten der Weisen proklamiert hatte[576]. Sokrates aber will sein Lob ironisch auf das rein Rhetorische beschränkt wissen. Ob Lysias das Richtige zum Thema[577] gesagt habe, sei ihm entgangen, und zwar, wie er sagt: „wegen meiner Nichtigkeit"[578]. Im Hinblick auf die Sache selbst wolle er sich gern dem Phaidros anschließen, der ja davon mehr verstehe als er[579].

Dieses Eingeständnis seiner eigenen „οὐδενία" ist für Sokrates keine höfliche Geste, sondern entspringt philosophischen Überlegungen. Dies läßt sich aus weiteren Stellen entnehmen, an denen Plato Sokrates sich mit den Rhetoren auseinandersetzen läßt.

---

573 Windisch scheint dies zu erwägen, aber seine Auffassung der Stelle ist unklar (Zw. Kor., S. 396). Heinrici, Zw. Kor., S. 409, weist auf 1Kor 13,2 und Gal 6,3 hin.

574 Phaidr. 234 C.

575 Ib., 234 D.

576 Die Tradition vom Orakel des Chairephon selbst ist synkritisch und enthält außerdem das Agonmotiv (vgl. Focke, Hermes 58, S. 328 ff.). R. Herzog hat zu dem Buch von E. Horneffer, Der junge Platon, 1922, ein Kapitel beigesteuert, das sich unter der Überschrift „Das delphische Orakel als ethischer Preisrichter" mit den sog. Delphischen Legenden befaßt. Diese Legenden beantworten die Frage nach dem Frömmsten, dem Glücklichsten und dem Weisesten und sind verbunden mit einer synkritischen Einschätzung der Güter des Lebens (vgl. dazu auch Wehrli, ΛΑΘΕ ΒΙΩΣΑΣ, S. 30 ff.). Paulus trifft sich mit der Intention dieser Legenden, wenn diese feststellen: nicht wer sich selbst als der Frömmste, Glücklichste, Weiseste empfiehlt, ist es auch, sondern wen der Gott so bezeichnet (vgl. 2Kor 10,18 und oben S. 99 f.).

577 Phaidr. 234 E: τὰ δέοντα.

578 Ib.: ἐπεὶ ἐμέ γε ἔλαθον ὑπὸ τῆς ἐμῆς οὐδενίας.

579 Ib., 234 D.

In Theait. 172 C behauptet Sokrates, es sei ganz natürlich, daß diejenigen, die ihre Zeit der Philosophie widmen, dann, wenn sie vor Gericht eine Rede halten sollen, kläglich versagen. Er führt diesen Gedanken weiter aus, indem er zunächst die unfreie und durchtriebene Art der Rhetoren schildert[580], um diese dann der scheinbaren und lächerlich wirkenden Weltfremdheit des wahren Philosophen gegenüberzustellen[581]. Schließlich faßt er ironisch das Ergebnis in der Feststellung zusammen, daß der Philosoph in bezug auf die „knechtischen Dienstleistungen", zu denen auch die Rhetorik gehört, als Einfaltspinsel erscheint[582].

Dieser Eindruck, den der Philosoph so erzeugt, ist nun der Sache der Philosophie angemessen, denn allein diese Haltung entspricht der Forderung der „Flucht von hier nach dort" und der „Nachahmung der Gottheit"[583]. Die wahre, vom Menschen zu erstrebende Meisterschaft kann ja, im Unterschied zur sog. rhetorischen Meisterschaft, nur auf dem Wege der Nachahmung der Gottheit, die allein gerecht ist, erreicht werden[584]. Die „Flucht von hier nach dort" kann dann aber nur bedeuten, daß die Philosophen nur „οὐδενία τε καὶ ἀνανδρία" aufzuweisen haben, wenn sie im Blick auf ihre diesseitigen Fähigkeiten beurteilt werden sollen[585]. Folglich müssen die Vorstellungen von „Meisterschaft" umgekehrt werden: die Erkenntnis dessen, was Sokrates vorträgt, ist die wahre Weisheit, während Unkenntnis darüber in Wirklichkeit Torheit und Schlechtigkeit ist[586].

Nun ist diese Umkehrung der Beurteilung keineswegs eine neue Art von „Rhetorik der Weltflucht". Vielmehr ist die „οὐδενία", von der er spricht, der anthropologische Realgrund, auf dem seine philosophischen Einsichten beruhen. Ihr entspricht, daß er auf dem Gebiete der Erkenntnis von „Nichtwissen" spricht. Was das heißt, ergibt sich anläßlich der Frage, die ihm im Theait. 196 E von Theaitetos gestellt wird: Welchen Tropos hat denn die sokratische Rede, wenn ihre Grundlage das „Nichtwissen" ist?[587] Sokrates' Antwort ist konsequent: sie entspricht überhaupt keinem Tropos[588]. Dieser scheinbar fatale Verzicht erlaubt ihm nun aber gerade das „Wagnis", davon zu reden, worum es sich beim Erkennen denn nun eigentlich handelt[589]. In dieser Weise von der Erkenntnis zu reden, bezeichnet Sokrates dann mit voller Absicht als göttliche Weisheit und stellt sie der rhetorischen, angeblichen Weisheit, nämlich der gottlosen Weisheit, entgegen[590]. Wiederum ist dies nicht ein bloß dialektischer

---

580 Theait. 172 D ff.
581 Ib., 173 C.
582 Ib., 175 DE.
583 Ib., 176 B.
584 Ib., 176 C.
585 Ib.
586 Ib.
587 Ib., 196 E.
588 Ib., 197 A: Οὐδένα ὤν γε ὃς εἰμί, . . .
589 Ib.: . . . τολμήσω εἰπεῖν οἷόν ἐστι τὸ ἐπίστασθαι; Sokrates dreht den rhetorischen Begriff des τολμᾶν um ins Ironische, wenn Theaitetos erstaunt feststellt: Τόλμα τοίνυν νὴ Δία. Vgl. auch 197 C.
590 Ib., 176 C, E.

Trick, sondern theologisch durchaus schlüssig, denn die sokratische Weisheit entspricht der Weisheit des delphischen Apollo. Sie ist nichts anderes als die Anwendung der delphischen Maxime „Erkenne dich selbst" auf die Erkenntnislehre[591]. Wird das Verhältnis aber so gesehen, so folgt daraus die tödliche Feindschaft zwischen Rhetorik und Philosophie, wie wir sie bei Plato dargestellt finden. Es ist diese Philosophie, die den falschen Ansprüchen der Rhetorik im Wege steht. Erst wenn es dieser gelingen sollte, die Philosophie ganz und gar in den Ruf zu bringen, sie sei „nichts wert", wäre ihr Sieg vollkommen, da ihre Ansprüche dann nicht mehr bestritten werden würden[592]. Dieser Begriff der „οὐδενία" ist dann als Schlagwort in die antiphilosophische Polemik eingegangen[593].

Dies läßt sich mit Sicherheit den Diatriben Epiktets entnehmen. Diss. III,9 enthält eine Auseinandersetzung zwischen Epiktet und einem nach Rom gekommenen Rhetor. Epiktet konstruiert den Fall, daß der Rhetor ihm einen Besuch abstattet, um ihn in einer konkreten Sache um Rat und Hilfe zu bitten[594]. Epiktet weist ein solches Ansinnen scharf ab: mit derartigen Bitten zu ihm zu kommen, hieße, ihn nicht als Philosophen, sondern als Gemüsehändler und Schuster zu gebrauchen. Philosophen aber haben keine derartigen Ratschläge anzubieten[595].

Epiktet fährt fort, indem er eine Szene konstruiert, in der der Rhetor nach seinem Besuch bei Epiktet ein Urteil über diesen abgibt. Wie geht es zu, wenn man einem Philosophen begegnet? Es sollte nicht so sein, meint er, daß man ihn während einer Reise wie eine Sehenswürdigkeit aufsucht und sich fragt: „Wir wollen mal sehen, was er wohl zu sagen hat." Dabei kann nur das geschehen, daß man wieder fortgeht und das Urteil fällt: „Epiktet war nichts, seine Sprache war voller Solözismen und Barbarismen."[596] Als zweifellos konstruierte Szene ist sie aber auch typisch und spiegelt die Auseinandersetzung zwischen den Philosophen und den Rhetoren. Auch hier spielt Epiktet ganz deutlich den Sokrates[597].

In paränetischer Form treffen wir den gleichen Gedanken im Encheiri-

---

[591] Vgl. W. Schadewaldt, Der Gott von Delphi und die Humanitätsidee, 1965², S. 27: „Dieses ‚Wissen des Nichtwissens' ist im Wesen delphisch. Wie sonst den Menschen überhaupt, entwirft der Gott hier auch das Wissen des Menschen auf die menschliche Unzulänglichkeit und Beschränktheit. Doch eben als ein Wissen, das sich als Unwissenheit weiß, kann das menschliche Wissen nun wieder in der Wahrheit sein und ein Sein haben — das angemaßte Wissen, das dem Gott wie jede menschliche Anmaßung verhaßt ist, hat keine innere Wahrheit und ist beides in einem: ‚Dünkel' wie auch ‚Schein' (doxa)."

[592] So erklärt auch Sokrates in Platos Euthyd. 305 D.

[593] Vgl. Aristoph., Eccles. 144, wo zu einem schlechten Redner gesagt wird: οὐδὲν γὰρ εἶ.

[594] Diss. III, 9,10.

[595] Ib., 11.

[596] Ib., 14: εἶτ' ἐξελθὼν 'οὐδὲν ἦν ὁ Ἐπίκτητος, ἐσολοίκιζεν, ἐβαρβάριζεν'.

[597] Vgl. oben S. 112.

dion wieder. Arrian hat an einer Stelle Verhaltensregeln zusammengestellt, die Epiktet angesichts der antiphilosophischen Polemik gegeben hat[598]. Darunter ist dann auch die Mahnung, sich nicht durch folgenden Gedanken in Verwirrung bringen zu lassen: „Ich werde in Unehre und Verachtung leben und überall ein Niemand sein.“[599] Was hier in die Form eines Zweifels gekleidet ist, ist in Wirklichkeit ein Grundsatz philosophischen Selbstverständnisses. Epiktet legt dann weiter dar, daß hinter solchem Zweifel falsche Wertbegriffe stecken, denen sich der Philosoph nicht beugen darf. Es gilt, die Situation zu akzeptieren, die die Nichtphilosophen als verächtlich und unbedeutend betrachten, ohne sich diesem negativen Werturteil zu unterwerfen. Der sich hinter dem falschen Urteil „οὐδεὶς οὐδαμοῦ ἔσῃ“ verbergende Sachverhalt ist doch der, daß der Philosoph in Wirklichkeit „etwas darstellt“, weil er über wesentliche Dinge selber verfügt und es nicht nötig hat, sich von anderen scheinbare Ehren beilegen zu lassen[600]. Was die Nichtphilosophen als „οὐδεὶς οὐδαμοῦ ἔσῃ“ abfertigen, kennzeichnet in Wahrheit die Bedingung der Freiheit des Philosophen. Zugestanden werden muß dann freilich, daß die Dinge, in denen der Philosoph „etwas darstellt“, im Leben „nutzlos“ sind und weder den Freunden Hilfe verschaffen noch in der Gesellschaft eine Rolle spielen können[601].

Der gleiche Sachverhalt wird in Diss. IV, 8, 22 ff. am Beispiel des Sokrates erläutert. Paradoxerweise, so berichtet Epiktet, wandten sich viele Leute an Sokrates, um sich von ihm bei einem berühmten Philosophen vorstellen zu lassen. Charakteristisch für Sokrates war nun, daß er sich nicht hinstellte und zu den Leuten sagte: „Sehe ich denn nicht wie ein Philosoph aus?“ Im Gegenteil, er tat den Leuten den Gefallen und stellte sie einem berühmten Philosophen (d. h. einem Sophisten) vor[602]. Epiktet erklärt die Haltung des Sokrates damit, daß es diesem genügte, ein Philosoph *zu sein*, und daß er froh war, nicht darum besorgt sein zu müssen, ob er auch für einen gehalten würde[603]. Epiktet stellt dann die Frage: In welchem Punkte erwies sich denn Sokrates als Philosoph? Die Antwort

---

[598] Ench. 20 ff.

[599] Ench. 24,1: Οὗτοί σε οἱ διαλογισμοὶ μὴ θλιβέτωσαν 'ἄτιμος ἐγὼ βιώσομαι καὶ οὐδεὶς οὐδαμοῦ'.

[600] Ench. 24,1–2: πῶς δὲ οὐδεὶς οὐδαμοῦ ἔσῃ, ὃν ἐν μόνοις εἶναί τινα δεῖ τοῖς ἐπὶ σοί, ἐν οἷς ἔξεστί σοι εἶναι πλείστου ἀξίῳ;

[601] Vgl. den Abschnitt 24 insgesamt. Ähnlich scheint der Gedankengang in Diss. I, 30,7 zu verlaufen.

[602] H. Schenkl, ad loc., und W. Oldfather, Epictetus, II, S. 176 Anm. 5, verweisen u. a. auf Protag. 310 E; Theait. 151 B, wo Sokrates Leute bei Sophisten einführt. Dieses Verhalten des Sokrates wird auch bei Maximus Tyr. XXXVIII, 4 B behandelt.

[603] Diss. IV, 8,23: . . . ἑνὶ ἀρκούμενος τῷ εἶναι φιλόσοφος, χαίρων δὲ καί, ὅτι μὴ δοκῶν οὐκ ἐδάκνετο· ἐμέμνητο γὰρ τοῦ ἰδίου ἔργου.

ist kurz: im Punkte „Schaden und Nutzen". Was das heißt, wird durch Sokratessprüche erläutert. Zunächst negativ: überall da, wo ich von anderen Schaden zu befürchten habe, bin ich im Grunde nichts[604]. Das ist aber genau dann der Fall, wenn ich in irgendeiner Weise davon abhänge, ob einer sagt oder bestätigt, ich sei der und der Mann. Es kann ja doch nur darauf ankommen, ob ich der und der Mann bin oder nicht. Das allein muß genügen! Verglichen damit ist es Merkmal der „Narren" und Sophisten, daß sie sich hinstellen, auf sich zeigen und deklamieren: „Ich bin alle Leidenschaften und Verwirrungen los! Seid euch nicht im unklaren darüber, ihr Menschen, daß, während ihr umhergewirbelt und hin- und hergerissen werdet wegen lauter Nichtigkeiten, ich allein freigeworden bin von dem ganzen Wirrwarr!"[605] Diese Leute gehen dann auch noch hin und verkündigen den Menschen: „Kommt her alle, die ihr an Podagra, Kopfweh und Fieber leidet, ihr Lahmen und Blinden, und seht, daß ich von allen diesen Leiden gesundet bin."[606] Reden Philosophen in dieser Weise, so sei das nichts als leeres Geschwätz, denn angemessen sei solche Rede nur im Blick auf die Heilungen des Asklepiuskultes. Denn dort könne man Menschen nach einer bestimmten Therapie behandeln und man habe dann den Gesundeten als Beweismittel zur Verfügung[607]. Die Pseudophilosophen aber scheitern daran, daß sie für ihre Behauptungen keine Evidenz beizubringen vermögen[608]. In Wirklichkeit sind folglich die falschen Philosophen „nichts". Deshalb ahmen sie auch wie die Affen heute dies, morgen jenes nach: mal spielen sie den Gladiator, mal den Trompeter, mal den Philosophen, dann wieder den Rhetor. Sie verwandeln sich in alle diese Rollen, weil sie „in ihrer Seele nichts" sind[609].

---

[604] Ib., 25: 'εἴ μέ τις', φησίν, 'βλάψαι δύναται, ἐγὼ οὐδὲν ποιῶ· εἰ ἄλλον περιμένω, ἵνα με ὠφελήσῃ, ἐγὼ οὐδέν εἰμι. θέλω τι καὶ οὐ γίνεται· ἐγὼ ἀτυχής εἰμι'.

[605] Ib., 27: πάλιν γὰρ τοῦτο μωροῦ καὶ ἀλαζόνος, 'ἐγὼ ἀπαθής εἰμι καὶ ἀτάραχος· μὴ ἀγνοεῖτε, ὦ ἄνθρωποι, ὅτι ὑμῶν κυκωμένων καὶ θορυβουμένων περὶ τὰ μηδενὸς ἄξια μόνος ἐγὼ ἀπήλλαγμαι πάσης ταραχῆς'. Epiktet parodiert hier die aus den Heilskulten stammende καύχησις (vgl. oben S. 73, sowie Gerhard, Phoinix von Kolophon, S. 65 ff.).

[606] Diss. IV, 8,28: 'συνέλθετε πάντες οἱ ποδαγρῶντες, οἱ κεφαλαλγοῦντες, οἱ πυρέσσοντες, οἱ χωλοί, οἱ τυφλοί, καὶ ἴδετέ με ἀπὸ παντὸς πάθους ὑγιᾶ ...' Vgl. Corpus Herm. I, 27 f.; Mt 11,28–30 (und dazu H. D. Betz, The Logion of the Easy Yoke and of Rest [Matt 11,28–30], JBL 86, 1967, S. 10–24).

[607] Ib., 29: τοῦτο κενὸν καὶ φορτικόν, εἰ μή τις ὡς ὁ Ἀσκληπιὸς εὐθὺς ὑποδεῖξαι δύνασαι, πῶς θεραπεύοντες εὐθὺς ἔσονται ἄνοσοι κἀκεῖνοι, καὶ εἰς τοῦτο φέρεις παράδειγμα τὴν ὑγιείαν τὴν σεαυτοῦ. Epiktets Bemerkung zeigt zutreffend den „Sitz im Leben" der Aretalogie auf (vgl. Betz, ZThK 66, 1969, S. 304 f.).

[608] Hier wird deutlich, warum die Gegner von Paulus das καυχᾶσθαι verlangen. Vgl. oben S. 73.

[609] Diss. III, 15,6: ... νῦν δὲ μονομάχος, εἶτα φιλόσοφος, εἶτα ῥήτωρ, ὅλῃ δὲ τῇ ψυχῇ οὐδέν, ἀλλ' ὡς ὁ πίθηκος πᾶν ὃ ἂν ἴδῃς μιμῇ ... Vgl. auch Ench. 29,7.

Auf die Existenz des Sokrates spielt auch Lukian im „Somnium" an, wenn er dort die Paideia auftreten und für sich Propaganda treiben läßt. Die Paideia, d. h. die Redekunst, macht dem Lukian klar, daß er ein jämmerliches Dasein führen wird, wenn er sich ihrer Gegenspielerin, der Bildhauerei, verschreiben sollte. Unter Anspielung auf Sokrates bedeutet sie ihm, er werde „nichts", „nur ein Arbeiter" sein, unscheinbar und mit kümmerlichem Verdienst, von niederer Gesinnung usw.[610].

Anders wiederum ist der Topos in Lukians vit. auct. verwendet, einer von Menipp inspirierten Satire auf die Philosophen, in der die Vertreter der philosophischen Schulen auf dem Markte zur Versteigerung feilgeboten werden. Ein Anhänger des Demokrit befindet sich darunter; er erklärt die Geschäfte eines potentiellen Käufers für „nichts", für Tand, für „ein Treiben von Atomen" und „Unendlichkeit"[611]. Der Satiriker selbst spricht durch den Mund des Käufers: für ihn ist in Wirklichkeit der Philosoph ein nichtiger Schwätzer[612].

Der Topos der Philosophenverspottung wird wohl auf Plato, vielleicht sogar auf den historischen Sokrates zurückgehen und seinen „Sitz im Leben" in den Auseinandersetzungen mit den Sophisten haben[613]. Aber auch er ist wohl nur abgeleitet und geht auf eine dahinterliegende Tradition zurück.

Wenn der platonische Sokrates gegenüber den Sophisten bereitwillig zugesteht: „οὐδέν εἰμι", so handelt es sich hierbei ja nur vordergründig um ein „Zugeständnis". In Wirklichkeit ist das „οὐδέν εἰμι" ein Bekenntnis zur alten delphischen Lehre von der Nichtigkeit des Menschen angesichts der göttlichen Macht[614]. Diese Lehre spricht sich aus vor allem in der delphischen Maxime „γνῶθι σαυτόν"[615]. Das hierin vorausgesetzte Selbstverständnis des Menschen wird, soweit ich sehe, zum ersten Male bei Pindar[616] als „Nichtigkeit" beschrieben. Lehre und Terminologie sind sehr einflußreich gewesen, und Sophokles[617], Euripides[618] und Herodot[619] geben

---

610 Lukian, Somn. 9: οὐδὲν γὰρ ὅτι μὴ ἐργάτης ἔσῃ ...

611 Vit. auct. 13: σπουδαῖον γὰρ ἐν αὐτέοισιν οὐδέν, κενεὰ δὲ πάντα καὶ ἀτόμων φορὴ καὶ ἀπειρίη.

612 Ib.: Οὐ μὲν οὖν, ἀλλὰ σὺ κενὸς ὡς ἀληθῶς καὶ ἄπειρος. ὢ τῆς ὕβρεως, οὐ παύσῃ γελῶν;

613 Vgl. oben S. 34.

614 Zur delphischen Lehre vom Menschen vgl. SCHADEWALDT, Der Gott von Delphi, S. 26 ff.

615 Vgl. H. D. BETZ, The Delphic Maxim ΓΝΩΘΙ ΣΑΥΤΟΝ in Hermetic Interpretation, HThR 63, 1970, S. 465–484.

616 Pindar, Nem. VI, 1–4, ed. B. SNELL: Ἓν ἀνδρῶν, ἓν θεῶν γένος· ἐκ μιᾶς δὲ πνέομεν ματρὸς ἀμφότεροι· διείργει δὲ πᾶσα κεκριμένα δύναμις, ὡς τὸ μὲν οὐδέν, ὁ δὲ χάλκεος ἀσφαλὲς αἰὲν ἕδος μένει οὐρανός. Vgl. dazu WEHRLI, ΛΑΘΕ ΒΙΩΣΑΣ, S. 67 ff.; C. M. BOWRA, Pindar, 1964, S. 95–98; SCHADEWALDT, Der Gott von Delphi, S. 22 ff.

617 Philokt. 951; 1217; El. 245; Aj. 1231. Vgl. J. C. OPSTELTEN, Sophocles and

ihr in verschiedener Weise Ausdruck. Leider ist sie nicht speziell untersucht worden.

Daß die delphische Maxime „Erkenne dich selbst" auch in die Synkrisis hineingehört, erfahren wir durch Plutarch. Am Schluß der Schrift „De E apud Delphos" erläutert er die Bedeutung der Maxime und befindet sich in Übereinstimmung mit der alten Auslegung[620]. Dem „Erkenne dich selbst" steht gegenüber das „Du bist" („εἶ") der Tempelinschriften. Indem der in den Tempel Eintretende den Gott in Ehrfurcht grüßt und ihm zuruft „Du bist", bekennt er, daß dem Gott allein Sein und Ewigkeit zukommen. Zugleich aber ruft ihm der Gott mit der anderen Inschrift „Erkenne dich selbst" zu, daß er von Natur aus sterblich und schwach ist. Die Einsicht, daß der Mensch „nichts" ist, ergibt sich also synkritisch aus der Gegenüberstellung von göttlichem und menschlichem Wesen[621].

Eigentümlich ist nun, daß auch Philo von Alexandria von dieser Lehre Gebrauch gemacht und sie mit alttestamentlichen Stellen verbunden hat. Zweifellos hat er die Lehre aus der zeitgenössischen griechischen Philosophie übernommen[622].

Auch für Philo ist die höchste Erkenntnis die Selbsterkenntnis[623]. Sokrates habe dieses Thema zu seinem eigenen und einzigen gemacht, aber dieser sei nur ein Mensch gewesen, während Philo in der Gestalt des Thara die personifizierte Selbsterkenntnis[624] sieht. Selbsterkenntnis aber ist Erkenntnis der menschlichen „οὐδένεια"[625]. Sie aber hängt aufs engste zusammen mit der Gotteserkenntnis. Im Anschluß an Deut 8,12–14 stellt Philo die Frage: Wie erreicht man, daß man Gott nicht vergißt? Er antwortet: Man vergißt Gott dann nicht, wenn man sich der eigenen Nich-

---

Greek Pessimism, 1952, S. 124 ff., 174 ff.; Wehrli, ΛΑΘΕ ΒΙΩΣΑΣ, S. 98 ff.; Schadewaldt, Der Gott von Delphi, S. 24 f.

618 Vgl. Andr. 641; 700; Iph. Aul. 371; Iph. Taur. 115; Herc. Fur. 635.

619 Herodot IX, 58 und Schadewaldt, Der Gott von Delphi, S. 25 f. Zu Homer vgl. B. Snell, Die Entdeckung des Geistes, 1948², S. 15 ff.

620 Vgl. dazu meinen in Anm. 615 genannten Aufsatz.

621 394 C: 'Αλλά γε τῷ εἶ τὸ 'γνῶθι σαυτόν' ἔοικέ πως ἀντικεῖσθαι καὶ τρόπον τινὰ πάλιν συνᾴδειν· τὸ μὲν γὰρ ἐκπλήξει καὶ σεβασμῷ πρὸς τὸν θεὸν ὡς ὄντα διὰ παντὸς ἀναπεφώνηται, τὸ δ' ὑπόμνησίς ἐστι τῷ θνητῷ τῆς περὶ αὐτὸν φύσεως καὶ ἀσθενείας.

622 Auch Plutarch vertritt sie, wenn nach ihm die menschlichen Dinge durch ἀδηλότης καὶ οὐδένεια gekennzeichnet sind (Consol. ad Apoll. 112 D; vgl. De E apud Delph. 392 A–394 C).

623 Vgl. dazu meinen Anm. 615 genannten Aufsatz.

624 De somn. I, 58. Über den Einfluß griechisch-philosophischer Ideen auf Philo vgl. I. Heinemann, Philons griechische und jüdische Bildung, passim.

625 Ib., 60 (ed. Cohn-Wendland): ὁ λίαν καταλαβὼν ἑαυτὸν λίαν ἀπέγνωκε τὴν ἐν πᾶσι τοῦ γενητοῦ σαφῶς οὐδένειας, ὁ δ' ἀπογνοὺν ἑαυτὸν γινώσκει τὸν ὄντα. Vgl. De somn. I, 212.

tigkeit in allen Dingen bewußt bleibt, denn nur so wird man sich der Größe Gottes bewußt bleiben[626].

Diese Lehre setzt Philo nun der falschen Großsprecherei entgegen. In Quis rer. div. 24 ff. diskutiert Philo, welche Art von „θαρρεῖν“ dem Menschen zusteht. Es ist die, welche zweierlei vermeidet: ein „ἄνευ εὐλαβείας παρρησιάζεσθαι“ und ein „ἀπαρρησιάστως εὐλαβεῖσθαι“. Das rechte „θαρρεῖν“ geht von der Erkenntnis des rechten Maßes aus: „τὴν γὰρ οὐδένειαν τὴν ἐμαυτοῦ μετρεῖν ἔμαθον καὶ τὰς ἐν ὑπερβολαῖς ἀκρότητας τῶν σῶν εὐεργεσιῶν περιβλέπεσθαι.“[627]

Die Haltung, die dieser Erkenntnis entspricht, ist die Haltung der „ταπεινότης“[628], ihr entgegengesetzt ist die des Selbstruhms[629], der Prahlerei, Schmeichelei usw.[630]. Unter Berufung auf den geflügelten Wagen in Platos Phaidr. 246 E erklärt Philo dann, daß alle Übeltäter, die gegen die gebotene Haltung verstoßen, letztlich von der „Ananke“ gezügelt und zu Fall gebracht würden[631].

Demgegenüber sei der wahrhaft Weise an zwei Merkmalen erkennbar. Philo zieht zur Erklärung Gen 17,17 heran: „Abraham fiel auf sein Angesicht und lachte.“[632] Das Niederfallen auf das Angesicht geschieht nach Philo aus der Erkenntnis seiner „οὐδένεια“ heraus als ein Versprechen, sich nicht zu überheben. Lachen kann der Weise, weil er Gott als die alleinige Quelle des Guten erkennt. So kommt es der schwachen Kreatur zu, niederzufallen in Traurigkeit. Dann aber soll sie sich wieder von Gott erheben lassen und lachen, denn Gott allein ist ihre Stütze und Freude[633].

Wir haben Philo ausführlich zu Worte kommen lassen, weil er zeigt, wie die delphische Lehre von der Nichtigkeit des Menschen angesichts der Größe der Gottheit mit der atl.-jüdischen Schöpfungslehre verbunden

---

[626] De sacr. 55; De mut. nom. 54 f. als Auslegung von Gen 17,3: „Abraham fiel auf sein Angesicht.“ Abraham tut dies als Ausdruck der Selbsterkenntnis (... καὶ τὴν τοῦ θνητοῦ γένους οὐδένειαν) und in Erkenntnis dessen, der steht (πεσεῖν παρὰ τὸν ἑστῶτα).

[627] Quis rer. 29.

[628] Ib.:ταπεινὸς γεγονώς, καταβεβλημένος εἰς χοῦν, ὅσα εἴς γε τὸ μηδ' ὑφεστάναι δοκεῖν ἀνεστοιχειωμένος.

[629] De congr. 107 sind einander gegenübergestellt ταπεινότης καὶ οὐδένεια und καύχησις καὶ οἴησις.

[630] De somn. II, 292 f. enthält eine ganze Liste derartiger Ausdrücke; es sind alles Ausdrücke aus der kynischen Diatribe, die unter dem Stichwort καταλαζονεύεσθαι zusammengefaßt sind.

[631] De somn. II, 293: ... ἀπαραιτήτῳ ἀνάγκῃ καὶ ἀμειλίκτῳ τὴν ἑαυτῶν ἐν ἅπασι μικροῖς τε καὶ μεγάλοις οὐδένειαν αἰσθήσονται.

[632] De mut. nom. 154.

[633] Ib., 155: τὸ μὲν εἰς πίστιν τοῦ μὴ μεγαλαυχεῖν διὰ κατάγνωσιν τῆς θνητῆς οὐδενείας, τὸ δ' εἰς εὐσεβείας βεβαίωσιν ... 156: πιπτέτω μὲν δὴ καὶ σκυθρωπαζέτω γένεσις ..., ἀνιστάσθω δὲ ὑπὸ θεοῦ καὶ γελάτω· τὸ γὰρ ἔρεισμα αὐτῆς καὶ ἡ χαρὰ μόνος οὗτός ἐστιν. Vgl. De vita Mosis I, 273; II, 240 f.; Quaest. in Genes. II, 54.

werden konnte. Philo hat hier ganz zu Recht eine Affinität wahrgenommen und theologisch fruchtbar gemacht. Daß Paulus, der ja auch in das hellenistische Judentum hineingehört, diese Traditionen aufgenommen haben kann, ist nicht unwahrscheinlich. Freilich interpretiert er sie nicht im Sinne des atl.-jüdischen Denkens, sondern christologisch-soteriologisch (vgl. 2Kor 13,3–4)[634].

Für den griechischen Humanismus ist die Lehre von der Nichtigkeit des Menschen zugleich der Ansatz der Ethik des „Maßes". Schadewaldt[635] hat mit Recht unterstrichen, daß die ganze griechische Ethik eine „Ethik des Maßes" ist und daß sie nicht als eine „Ethik der Mäßigkeit" angesehen werden darf. Aus der delphischen Lehre folgt, daß nicht der Mensch und sein Werk „Maß" für ihn selber sein kann. Plato stellt deshalb der sophistischen Deutung[636] entgegen, daß „das Maß aller Dinge der Gott sei"[637].

Wir haben bereits davon gehandelt, daß nach Paulus ein Messen des Menschen mit sich selbst, bei dem er sein eigener Maßstab ist, eine Absurdität darstellt[638]. Auch für Paulus ist es Gott, der dem Menschen das ihm zukommende Maß zumißt[639].

Paulus legt sein Verständnis dieses Sachverhaltes in dem sehr komplizierten Abschnitt 10,13–15 dar[640]. Das Verständnis dieses Abschnittes ist dadurch behindert, daß Paulus offensichtlich auf uns anderweitig nicht bekannte technische Ausdrücke aus der Mission zurückgreift[641].

Darf also der Christ das ihm zugemessene Maß nicht bei sich selbst suchen, so ist die Frage, wie er dieses sein Maß denn erkennen soll. In der Diskussion mit der Gemeinde scheint es speziell um das „apostolische Maß" zu gehen. Paulus greift nun zur Erklärung dessen, was er unter seinem apostolischen Maß versteht, nicht auf das delphische „Erkenne dich selbst" zurück, sondern argumentiert statt dessen geschichtlich-geographisch mit einem „Testimonium aus der Vergangenheit"[642]. Er unterscheidet zwischen einem für ihn als Apostel maßgeblichen „κανών" und einem „ἀλλότριος κανών" (10,13.15)[643]. Sein „Maß" hat sich offenbar daraus

[634] Vgl. R. Bultmann, Optimismus und Pessimismus in Antike und Christentum (Glauben und Verstehen, IV, S. 69–90).

[635] Der Gott von Delphi, S. 21.

[636] Zum „homo mensura"-Satz vgl. Friedländer, Platon, III², 1960, S. 146.

[637] Plato, Leg. 716 C: ὁ δὴ θεὸς ἡμῖν πάντων χρημάτων μέτρον ἂν εἴη μάλιστα, καὶ πολὺ μᾶλλον ἤ πού τις, ὥς φασιν, ἄνθρωπος· Vgl. Schadewaldt, Der Gott von Delphi, S. 28.

[638] Vgl. oben S. 119 ff.

[639] Vgl. Röm 12,3; 1Kor 7,17; 2Kor 10,13.

[640] Vgl. Windisch, Zw. Kor., S. 309 ff.; Käsemann, Legitimität, S. 56 ff.

[641] Ib., Bauer, Wb., s. v. κανών; vgl. auch P. Stuhlmacher, Das paulinische Evangelium (FRLANT, 95, 1968), I, S. 87.

[642] Vgl. oben Anm. 537 sowie Plutarch, De se ipsum 540 E.

[643] Vgl. Bauer, Wb., s. v. κανών; H. W. Beyer, ThW III, S. 600–606.

ergeben, daß er es gewesen ist, der zuerst mit dem Evangelium nach Korinth gekommen ist (10,14) und die dortige Gemeinde gegründet hat. Diese Tatsache kann nicht geleugnet werden und wird auch von keinem geleugnet. Für Paulus aber ist sie merkwürdigerweise der Beweis dafür, daß diese Gründung innerhalb des ihm von Gott zugemessenen Maßes erfolgt ist und daß er sich nicht des „εἰς τὰ ἄμετρα καυχᾶσθαι“ (10,13.15) schuldig gemacht hat. Dieses wäre nur dann der Fall gewesen, wenn vor ihm schon ein anderer eine Gründung vorgenommen gehabt hätte (10,15). Das aber ist, wie die Korinther wohl wissen, nicht der Fall gewesen. Darum werden ebensowenig, wie die korinthische Gründung illegitim war, die weiteren Gründungen über Korinth hinaus, die Paulus noch vornehmen wird, illegitim sein (10,14). Mit der Versicherung „οὐκ εἰς τὰ ἄμετρα καυχησόμεθα“ hat Paulus wiederum einen fundamentalen Grundsatz der griechisch-humanistischen Ethik beachtet[644]. Die delphische Maxime „μηδὲν ἄγαν“[645] gebietet dem Menschen das Einhalten des von der Gottheit gesetzten Maßes und damit die Haltung der „σωφροσύνη“ im Gegensatz zur „ὕβρις“.

Zugleich mit der Versicherung, er habe sein Maß nicht überschritten, dreht Paulus den Spieß herum: ist nicht er es gewesen, der über sein Maß hinaus gegangen ist, so müssen es wohl seine Gegner gewesen sein. Sie haben sich, als sie nach Korinth kamen, auf fremdem Missionsgebiet eingenistet und haben demnach illegitime Ansprüche geltend gemacht. Es ist nicht mit Sicherheit zu sagen, ob die Gegner oder die Gemeinde dem Paulus direkt vorgeworfen haben, er überschreite sein Maß. Bezeichnend ist auch hier wieder, daß wir eine Selbstaussage des Paulus vor uns haben. Freilich gibt er diesmal nichts zu, sondern streitet einen Sachverhalt ab. Man wird eher dazu neigen, die Selbstaussage als eine paulinische Interpretation anzusehen, mit der er die Beschuldigung abweist, daß er deshalb die korinthische Gemeinde illegitim gegründet hat, weil er kein legitimer Apostel sei. Paulus aber ist daran gelegen zu zeigen, daß seine Gegner einen von allen beachteten Grundsatz der Missionspraxis übertreten haben.

---

[644] Auch hier geht es wieder um einen popularphilosophischen Topos: vgl. etwa Epiktet, Ench. 33,14; 39; Fragm. 1; 34; Diss. II, 20,21; IV, 1,84 usw. Leider ist der ThW-Artikel von K. Deissner in dieser Beziehung wenig ergiebig (IV, S. 635–638).

[645] Vgl. H. J. Mette, ΜΗΔΕΝ ΑΓΑΝ, passim; Wehrli, ΛΑΘΕ ΒΙΩΣΑΣ, passim; L. Schmidt, Die Ethik der alten Griechen, I, 1882, S. 315 ff.; II, S. 415 f.; J. Defradas, Les Thèmes de la Propagande Delphique, 1954, S. 274; K. Latte, ARW XX, 1921, S. 254 ff.; H. Laue, Maß und Mitte, 1960; U. Luck, Art. σώφρων κτλ., ThW VII, 1094–1102; G. Bertram, Art. ὕβρις, ThW VIII, S. 295 bis 307; J. Schmidt, ΜΕΤΡΟΝ ΑΡΙΣΤΟΝ – Maß und Harmonie (Ἐπιστημονικὴ Ἐπετηρὶς τῆς φιλοσοφικῆς σχολῆς τοῦ Πανεπιστημίου Ἀθηνῶν, XV, 1964–65, S. 514–563).

Die Verteidigung des Paulus ist schlüssig, weil das „Testimonium der Vergangenheit", die Tatsache der korinthischen Gründung, als Teil des Christusgeschehens verstanden wurde. Für Paulus ist es undenkbar, daß die Gründung einer christlichen Gemeinde, in der das Kerygma geglaubt wird, illegitim erfolgt sein sollte. Dort, wo das Evangelium geglaubt wird, ist ja Gott selbst am Werke und setzt also das „Maß" dessen, was dem Apostel zusteht. Die Gründung kann also gar kein „εἰς τὰ ἄμετρα καυχᾶσθαι" gewesen sein, sondern steht ganz und gar im Einklang mit dem Grundsatz am Schluß des Abschnittes: legitim ist der, den der Herr empfiehlt (10,18)[646].

4. Die Legitimität des Apostels

Nach allem, was wir in 2Kor 10–13 an Angriffen, die von den Gegnern gegen Paulus vorgetragen wurden, und an dessen Verteidigungsargumenten durchgemustert haben, läßt sich schließen, daß dieser in den Augen seiner Widersacher ein illegitimer Apostel, in antiker Sprache ausgedrückt, ein „Goet" war[647]. Die Gründe und Beweise für diese folgenschwere Anklage müssen in dem der Gemeinde zu Korinth vorgelegten „Gutachten" zur Person des Paulus enthalten gewesen sein[648].

Die korinthische Gemeinde hat sich wohl unter dem Gewicht der Anklage und der Beweisgründe von ihrem Gründer losgesagt oder ihn jedenfalls aufgefordert, endlich „Evidenz" dafür vorzulegen, daß in ihm und durch ihn auch wirklich, wie es bei einem Apostel Jesu Christi der Fall sein muß, der gegenwärtige Christus rede. Die Frage, die sich am Schluß stellt, ist, ob und inwiefern es Paulus gelungen ist, die Angriffe seiner Gegner zu widerlegen, und in welcher Weise er hat hoffen können, das Vertrauen der Gemeinde wiederzugewinnen.

Was die Gemeinde von Paulus erwartet, spricht dieser in 2Kor 13,3 aus: sie suchen bei Paulus die „δοκιμή" dafür, daß in ihm Christus spricht[649]. Man kann daraus entnehmen, daß nicht nur die Gegner die „δοκιμή" des Paulus bestritten haben, sondern daß unter dem Eindruck ihrer Argumente die Gemeinde selber nicht mehr weiß, welches die „δοκιμή" ihres Apostels denn sein könnte. Man kann weiter schließen, daß die Gegner ihrerseits über ausreichende „δοκιμή" – jedenfalls ihrem eigenen Verständnis nach – verfügen[650]. Schließlich wissen wir aus der „Narrenrede",

[646] Vgl. Plutarch, De se ipsum 542 E: τοὺς δὲ ἀναγκασθέντας ἐπαινεῖν αὑτοὺς ἐλαφροτέρους παρέχει καὶ τὸ μὴ πάντα προσποιεῖν ἑαυτοῖς, ἀλλ' ὥσπερ φορτίου τῆς δόξης τὸ μὲν εἰς τὴν τύχην τὸ δὲ εἰς τὸν θεὸν ἀποτίθεσθαι. Historische Beispiele folgen 542 E–543 A.

[647] Er war ἀδόκιμος: vgl. 2Kor 13,6.7.

[648] Vgl. oben S. 44 ff.

[649] 2Kor 13,3: ἐπεὶ δοκιμὴν ζητεῖτε τοῦ ἐν ἐμοὶ λαλοῦντος Χριστοῦ.

[650] Vgl. Windisch, Zw. Kor., S. 315, 417; Georgi, Gegner, S. 228, 232.

was die Gegner unter solcher „δοκιμή“ verstanden haben[651]. Paulus reagiert auf die korinthische Anfrage, indem er die Frage „Wer ist δόκιμος, und wer ist ἀδόκιμος?“ in 13,1 ff. grundsätzlich-theologisch anfaßt und zunächst das Problemfeld ordnet.

Er hatte den Korinthern bereits 12,19 klargemacht, daß es ihm nicht darum gehen kann, sich zu verteidigen[652]. Denn tatsächlich geht es ihm nicht darum, schlüssig zu beweisen, daß er doch über die verlangte „δοκιμή“ verfüge. Paulus würde alles vorher Dargelegte außer Kraft setzen und sich am Ende doch als seinen Gegnern gleich entpuppen, wenn es ihm nur darum zu tun wäre, die Korinther von seiner „δοκιμή“ zu überzeugen. Vielmehr führt er sie hinein in einen theologischen Dialog über die Frage, was es denn eigentlich mit dieser „δοκιμή“ auf sich habe[653]. Offensichtlich handelt es sich bei dieser Frage um das theologische Zentrum des ganzen Briefes. Der Ausdruck „δοκιμή“ ist kaum zu übersetzen: das verhandelte Problem entspricht dem, was wir heute unter dem Stichwort „Evidenz des Christlichen“ abzuhandeln pflegen[654]. Im Verlauf der paulinischen Darlegungen geschieht nun dies, daß feststehende Positionen „verunsichert“ werden. Wenn die Gegner behaupten, Paulus sei „ἀδόκιμος“ und sie seien „δόκιμοι“, so wird man ihnen das am Schluß des Briefes nicht mehr glauben. Gingen die Korinther in den Dialog in Unsicherheit über ihren Gründer und Apostel, so sind sie hernach unsicher auch über die Gegner und über sich selber. In diesem kritischen Augenblick schiebt Paulus ihnen die Entscheidung zu: sie sind es, die nach der „δοκιμή“ des Paulus gefragt haben, sie selber müssen sie auch finden. Die ganze Argumentation des Paulus hatte nur ein Ziel, nämlich die Korinther wieder zu öffnen und bereit zu machen, die Frage, die sie bereits beantwortet hatten, noch einmal kritisch zu überdenken. So kann er wieder hoffen, sie möchten erkennen, daß er nicht „ἀδόκιμος“ ist (13,6). Aber er kann ihnen die Beantwortung der Frage nicht abnehmen[655].

Geht es um das „Evidenzproblem“, so kann es überhaupt nicht darauf ankommen, ob Paulus „δόκιμος“ oder „ἀδόκιμος“ ist, sondern entscheidend kann nur die Frage sein, ob die korinthische Gemeinde „δόκιμος“ oder „ἀδόκιμος“ ist. Lieber will Paulus selber „ἀδόκιμος“ als „δόκιμος“ scheinen (!), wenn nur die Korinther „δόκιμοι“ sind (!) (13,7).

---

[651] Vgl. oben S. 70 ff.

[652] Vgl. oben S. 14 ff.

[653] Diese Methode erinnert merkwürdig an die von Sokrates in den platonischen Dialogen gehandhabte Elenktik und Maieutik.

[654] Vgl. die Diskussion zwischen G. Ebeling und W. Pannenberg. Ebelings Aufsätze „Die Evidenz des Ethischen und die Theologie“ und „Die Krise des Ethischen und die Theologie“ sind abgedruckt in Wort und Glaube, II, 1969, S. 1–41 und S. 42–55; Pannenbergs Aufsatz „Die Krise des Ethischen und die Theologie“ erschien in ThLZ 87, 1962, Sp. 7–16.

[655] Vgl. Heinrici, Zw. Kor., S. 429; Plummer, Second Cor., S. 375 f.; Windisch, Zw. Kor., S. 419 ff.

Darum ist mit der Aufforderung an sie (13,5): „Versuchet euch selber, ob ihr im Glauben seid, prüfet euch selber!" die eigentliche Absicht des Briefes ausgesprochen. Letztlich entscheidend ist für die Korinther, die nach der Evidenz des Christlichen suchen, weder die Evidenz des Christlichen bei Paulus noch bei den Gegnern, sondern das, was sie bei sich selbst als solche ansehen. Ob sie selber „δόκιμοι" sind oder nicht, entscheidet sich freilich daran, wem sie die „δοκιμή" dann zugestehen werden, Paulus oder seinen Gegnern (13,5–6).

Paulus kann ihnen mit seinen Darlegungen also nur soweit behilflich sein, als er unkritische Vorstellungen als solche bloßstellt und sie bereit macht für die Frage, die sie selbst übernommen haben.

Er spaltet den Begriff der „δοκιμή" auf in eine „scheinbare" und eine „wirkliche" „δοκιμή". Wenn er in 13,7 betont, es gehe ihm nicht darum, „δόκιμος" zu scheinen[656], so hat er in seiner „Narrenrede" zuvor gerade gezeigt, wie leicht es ist, einen solchen Schein zu erzeugen[657]. Dadurch zieht er zugleich die „δοκιμή", über die seine Gegner verfügen, in den Verdacht, bloßer Schein zu sein. Demgegenüber betont er immer wieder, daß es bei allem, was er über sich auszusagen hat, um Dinge geht, die auf der Hand liegen. Paulus befindet sich an diesem Punkte in Übereinstimmung mit der zeitgenössischen Rhetorik, die als unbezweifelbaren Sicherheitsgrad für ein Argument angibt: „primum, quae sensibus percipiuntur, ut quae videmus, audimus, qualia sunt signa."[658] Die ironische Aufforderung in 10,7, die Korinther sollten auf das sehen, was vor Augen liegt, hat eine doppelte Absicht[659]. Einmal will Paulus das unkritische Verständnis von „δοκιμή" abbauen, zugleich aber lehren, was „δοκιμή" im christlich-legitimen Sinne bedeuten kann[660]. An der schwierigen Stelle 12,6[661] ist wenigstens soviel klar, daß Paulus in den Parodien 12,2–4 und 7–10 nur das vortragen will, was man durch Sehen und Hören wahrnehmen kann[662]. Wir haben gezeigt, daß ihm das auch gelingt! Die paulinische Unterscheidung läuft also hinaus auf die zwischen einer „scheinbaren" Evidenz, die wir heute als „Propaganda" bezeichnen würden, und wirklicher Evidenz[663].

---

656 . . . οὐχ ἵνα ἡμεῖς δόκιμοι φανῶμεν . . .

657 Vgl. oben S. 93 ff.

658 Vgl. Lausberg, Handbuch, I, § 367α.

659 τὰ κατὰ πρόσωπον βλέπετε. Vgl. Windisch, Zw. Kor., S. 300.

660 Paulus richtet also gerade keinen „Appell an den gesunden Menschenverstand" (gegen Lietzmann-Kümmel, S. 141 z. St.; Windisch, Zw. Kor., S. 300).

661 Vgl. Windisch, Zw. Kor., S. 381 f.; Lietzmann-Kümmel, S. 155 z. St.; J. Cambier, Le critère paulinien de l'apostolat en 2 C 12,6s (Biblica 43, 1962, S. 481–518).

662 2Kor 12,6 (Text nach Nestle-Aland): μή τις εἰς ἐμὲ λογίσηται ὑπὲρ ὃ βλέπει με ἢ ἀκούει ἐξ ἐμοῦ . . .

663 Diese Unterscheidung hat bereits ihre Geschichte, die hier nicht verfolgt werden kann. Faßbar wird sie wohl zuerst in der platonischen Auseinandersetzung mit den Sophisten, in denen das sophistische „Scheinwissen" dem sokratischen „wahren" Wissen gegenübergestellt wird. Vgl. Friedländer, Platon, III²,

Seine eigene „δοκιμή" besteht zunächst in nicht wegzuleugnenden Tatsachen. Trotz aller Unzulänglichkeiten und „Schwachheiten" hat er doch alle Schwierigkeiten, Entbehrungen und obendrein den „Pfahl im Fleische" überlebt[664]. Trotz all der schrecklichen Dinge, die er in 11,23–29 und anderswo aufzählt und an deren Realität niemand zweifelt, ist es offensichtlich, daß er nach wie vor auf dem Plane ist und die Ausbreitung des Evangeliums betreibt. Hinzu kommt die ebensowenig zu leugnende Tatsache, daß die Gemeinde der Korinther existiert und sich bisher eines reichen christlichen Lebens erfreut hat.

Wie steht es mit dieser „Evidenz"? Man wird Paulus zugeben müssen, daß ein „Goet", dem es nur um seinen eigenen Gewinn geht, kaum all das auf sich nehmen würde, was Paulus in seiner Missionsarbeit auf sich genommen hat. Schwerer ist für uns einsichtig, wie die Existenz einer christlichen Gemeinde, wie der zu Korinth, als einfache Evidenz für die Legitimität des Gründers dieser Gemeinde gelten kann. Aber so schwer das für uns verstehbar ist, so sicher ist, daß Paulus in der Tat eine Gemeinde, die auf dem apostolischen Kerygma gegründet ist[665], als eine legitime Gemeinde ansieht. Ein „Goet" wird kaum die „Kraft" haben, eine christliche Gemeinde mit apostolischem Kerygma und einem reichen Glaubensleben zu institutionalisieren. Wenn er es aber tut, wie Paulus es getan hat, kann er kein Goet sein, mag man an ihm aussetzen, was man will[666]. Daß es auch eine legitim gegründete Gemeinde geben kann, die dennoch und trotz ihres apostolischen Bekenntnisses vom Glauben abfällt, ist ein anderes Problem, das Paulus wenigstens als Möglichkeit sieht[667].

Auf jeden Fall liegt für ihn „Evidenz des Christlichen" *innerhalb* der geschichtlich-menschlichen Existenz, sowohl was ihn selbst als auch die Gemeinde angeht. Dagegen bewegt sich der Christ nach dem Verständnis der Gegner auf einer dem Menschlichen gegenüber „höheren" Ebene.

Im Verständnis der Gegner bedeutet das „Heilsereignis", daß, wenn es den Menschen trifft, dieser den Bereich der „menschlichen Schwachheit" verläßt, denn dieser Bereich ist vom Satan und seinen Engeln bewohnt[668]. Das Erlebnis, wenigstens an einer oder an einigen Stellen dem satanischen diesseitigen Leben entronnen zu sein, ist den Gegnern Grund zum Glauben, daß sie an Christus teilhaben. Es gibt ihnen Hoffnung auf die Erlösung dieser Welt und Gewißheit, daß ihr Glaube nicht Illusion ist. Erlösung aber ist für die Gegner grundsätzlich Überwindung des menschlichen Lebens durch das es überformende und verwandelnde göttliche

S. 238 f., 276. Das ganze Problem der „δοκιμή" ist noch kaum angefaßt (Der ThW-Artikel von W. Grundmann, II, S. 258–264, kommt über Paraphrasen nicht hinaus).

664 Vgl. oben S. 95 ff.

665 Vgl. 1Kor 15,3 ff.

666 Vgl. Phil 1,15–18.

667 Vgl. 2Kor 11,2–3; 13,5.

668 2Kor 12,7; vgl. oben S. 92.

Leben, d. h. durch Vergöttlichung. Für Paulus stellt sich der Sachverhalt ungleich komplizierter dar. Für ihn liegt die Evidenz des christlichen Heilsverständnisses eingebettet in die geschichtlich-menschliche Existenz des Einzelnen als Glied einer bestimmten Gemeinschaft. Das bedeutet nicht, daß für ihn beides einfach feststehende Gegebenheiten sind. Paulus unterscheidet zwischen verschiedenen Formen, die menschliches Leben annehmen kann. Nach ihm vollzieht sich menschliches Leben in Bewegungen und Prozessen. So kann Paulus innerhalb der menschlichen Existenz allgemein zwischen dem „nur Menschlichen“[669] und einem bestimmten Menschlichen unterscheiden, das mit dem „Anthropos“ Jesus Christus[670] in die Welt eingetreten ist und an dem die Christen als an dem „Leibe Christi“ teilhaben[671]. Gewiß nennen wir eine solche Vorstellung heute mythologisch. Das aber darf uns nicht verkennen lassen, daß für Paulus die Teilnahme am Leibe Christi gerade nicht bedeutet, daß die Christen damit aus dem Bereich des Menschlichen herausfallen. Im Gegenteil: wie einerseits der Mensch offen ist für eine Beteiligung neuer Faktoren am Menschsein selber, so bedeutet der Anthroposcharakter des Heilsgeschehens in Christus, daß sich in der Teilnahme daran das „nur Menschliche“ als das „eigentlich Menschliche“ erfüllt[672].

In unseren heutigen Vorstellungen können wir diese Lehre des Paulus sehr wohl vernehmen. Auch wir würden sagen, daß es verschiedene Weisen des Menschseins gibt und geben wird: menschliches Leben kann sich auf primitive und kultivierte, auf oberflächliche oder tiefere Weise vollziehen. Es ist immer menschliches Leben. Sowohl gesellschaftliche Einheiten wie auch Individuen können sich auf verschiedenen Ebenen hin- und herbewegen, je nachdem, durch welche sozialgeschichtlichen „Kräfte“ sie gesteuert werden. Sie können sich von „weniger menschlichen“ auf eine „menschlichere“ Ebene begeben und auch in „Unmenschlichkeit“ verkommen. Die Bewegungen werden gesteuert von „Kräften“, die im Leben des Einzelnen und der Gesellschaft wirksam werden.

Wie in seinen anderen Briefen[673] so auch in 2Kor 10—13 sieht Paulus die Erfüllung des Menschlichen in der Teilnahme der Gemeinde und des einzelnen Christen am Christusgeschehen (vgl. 10,14 f.; 11,2; 12,19; 13,5. 9.10), d. h. speziell in der Teilnahme am göttlichen „ἀγαπᾶν“. Paulus hebt in unserem Fragment besonders hervor, daß dieses „ἀγαπᾶν“ den

---

669 Vgl. 2Kor 10,2: κατὰ σάρκα περιπατεῖν. Paulus kann diesen Sachverhalt auch mit den Begriffen „ἀνθρώπινος“ (Röm 6,19; 1Kor 2,13; 4,3; 10,13), „κατὰ ἄνθρωπον“ (Röm 3,5; 1Kor 9,8; 15,32; Gal 3,15) oder einfach „ἄνθρωπος“ (2Kor 12,2 f. 4) bezeichnen.

670 Röm 5,12 ff.; 1Kor 15,21 f. 45—47; vgl. E. Brandenburger, Adam und Christus (WMANT, 7, 1962), passim.

671 Vgl. Betz, Nachfolge und Nachahmung, S. 169 ff.

672 2Kor 12,9: ἡ γὰρ δύναμις ἐν ἀσθενείᾳ τελεῖται.

673 Vgl. Betz, Nachfolge und Nachahmung, S. 184 f.

Korinthern durch seine apostolische Tätigkeit vermittelt worden ist. Um der „ἀγάπη" willen ist er mit dem Evangelium zu ihnen gekommen (11,7—11) und gäbe selbst jetzt gern sein Leben für sie hin (12,15).

Worauf Paulus aber letztlich als auf seine „δοκιμή" hinweist, ist nicht dies, sondern die Manifestationen der „ἀγάπη" bei den Korinthern selbst (!). Freilich verwendet der Apostel in unserem Fragment die Terminologie des „ἀγαπᾶν" nicht eben häufig[674]. Er macht die Korinther darauf aufmerksam, daß es bisher unter ihnen in reichem Maße „δύναμις" gegeben habe[675], überläßt ihnen aber, selber die „ἀγάπη" als die entscheidende Manifestation der göttlichen „Kraft" unter ihnen zu erkennen (13,5).

Es kann kein Zweifel bestehen, daß für Paulus die entscheidende Manifestation der „Kraft Gottes" das „ἀγαπᾶν" ist. Man muß sich auch hier wieder hüten, sich das Verständnis dieses Begriffes durch die Einführung falscher Gegensätze, etwa des Gegensatzes „natürlich/übernatürlich", zu verstellen. Die „Gotteskraft" ist für ihn, wie für die ganze Antike, in dem Sinne „göttlich", als sie ihren Ursprung und Grund außerhalb des Menschen hat und er an ihr teilnimmt, wie er etwa auch am „Leben" teilnimmt, ohne daß dieses von ihm ausginge, auf ihn begrenzt wäre oder ihm gar verfügbar wäre. Dennoch bildet es die Basis aller menschlichen Existenz. Die Teilnahme an dieser Gotteskraft, die durch den „Anthropos" Jesus Christus und durch den in menschlicher Schwachheit wirkenden Apostel Paulus (13,3 f.) vermittelt und unter den gleichfalls menschlichen Korinthern wirksam ist, führt nicht zur Überwindung dieser menschlichen Schwachheit, sondern durch die „ἀγάπη" zu ihrer Erfüllung. Man wird festzuhalten haben, daß es für Paulus in diesem Sinne in der Tat eine „Evidenz des Christlichen" gibt. Sie läßt sich aufzeigen und als solche erkennen, wo eine menschliche Gemeinschaft, wie die der Korinther, die Erfahrung der „Humanisierung" ihrer Existenz mit Bewußtsein gemacht hat.

Die Korinther haben kaum eine andere Möglichkeit, als die Legitimität des Apostels Paulus anzuerkennen. Denn das, was er als seine „δοκιμή" beansprucht, ist die Grunderfahrung ihrer Existenz als Gemeinde und als Christen[676]. In einem „nur menschlichen" Menschen, der gleichwohl die Kraft der „ἀγάπη" vermittelt, muß Christus am Werke sein, wo doch Gott seine „ἀγάπη" im Leibe Christi gegenwärtig sein läßt[677].

---

[674] Vgl. 11,11; 12,15.19; 13,11.13. Wäre die „ἀγάπη" nicht eine göttliche Kraft, könnte Paulus seinen Peristasenkatalog nicht mit 2Kor 11,29 abschließen: τίς ἀσθενεῖ, καὶ οὐκ ἀσθενῶ; τίς σκανδαλίζεται, καὶ οὐκ ἐγὼ πυροῦμαι;

[675] Vgl. 2Kor 12, 9.10.12; 13,3.4.9.

[676] Vgl. besonders 2Kor 2,4.8; 3,2; 5,14; 8,7.8.24.

[677] Vgl. unter diesem Gesichtspunkt den liturgischen Briefschluß 13,11.13.

Kapitel IV

PAULUS UND DIE TRADITION DES GRIECHISCHEN HUMANISMUS

Paulus hatte ganz zu Recht begriffen, daß die gegen ihn erhobene Anklage auf „γοητεία" nicht bloß sein apostolisches Amt in Frage stellte, sondern damit in eins seine gesamte Verkündigung und Theologie in Zweifel zog. Wenn die Gemeinde in Korinth die von den Gegnern gegen Paulus erhobenen Bedenken an diesen weiterreichte, so war damit die Erwartung verbunden, daß er sich rechtfertige. Paulus aber sah sich vor das Dilemma gestellt, daß es eine „Verteidigung" in diesem Falle nicht geben konnte und daß auch weit mehr als bloß sein Apostelamt auf dem Spiele stand. Auf dem Spiele stand das Christusereignis selbst, was es damit auf sich habe, wie der Glaubende darüber zu urteilen habe, ja wie er es zu erfahren habe. Es ging damit auch um die „Christlichkeit" der korinthischen Gemeinde, jedenfalls in dem Sinne, wie Paulus diesen Begriff auslegen würde. Unter dem Gewicht ihrer Argumente hatte sich die Gemeinde den Gegnern geöffnet, hatte aber vielleicht dadurch, daß sie die Anklage gegen Paulus an diesen weiterreichte, eine noch abwartende Stellung eingenommen und die letzte Entscheidung von der Antwort ihres einstigen Gründers abhängig gemacht. In dieser Situation muß Paulus die ihm noch verbliebene Chance nützen, wenn er die Gemeinde aus den Händen der Gegner zurückzugewinnen versuchen will.

Seine Apologie verläuft gleichzeitig auf zwei parallelen Ebenen. Im Vordergrunde spielt sich fast theaterhaft das ungestüm-wilde, närrische, groteske und doch grimmig-ernste Drama seiner Selbstverteidigung ab. Ohne daß dieser Vordergrund etwa zur bloßen Kulisse verflachte, scheint doch gleichzeitig und durchgehend der Dialog mit der Gemeinde über das Christusereignis durch. Beides, „Apologie" und „Dialog" sind kunstvoll miteinander verknüpft und lassen sich nicht voneinander abtrennen.

Paulus ist mit der Gemeinde und sogar mit den Gegnern darin einig, daß die Frage des christlichen Apostolates direkt mit der Frage nach dem Wesen des Christusereignisses zusammenhängt, da dies ja durch den christlichen Apostel „repräsentiert" wird[1]. Dieses Christusereignis betrifft

[1] Vgl. Betz, Nachfolge und Nachahmung, S. 137 ff.

die Existenz des Glaubenden in der Weise, daß es sich in dessen Existenzerfahrung ereignet. Damit ist die Frage der „Evidenz" eines solchen Ereignisses aufgeworfen. Wie man auch immer im einzelnen entscheiden mag, grundsätzlich stimmt Paulus der Forderung zu, daß über die Evidenzfrage Rechenschaft abgelegt werden muß[2]. Ferner stimmt Paulus mit seinen Gesprächspartnern darin überein, daß das Christusereignis keine bloß „dogmatisch-theoretische" Angelegenheit ist, sondern sich als konkrete Heilserfahrung für den Menschen manifestiert. Soweit die Übereinstimmung! Die Wege trennen sich, wenn nun Aussagen gemacht werden müssen über die Frage, welche Erfahrungen es sind, die im christlichen Verständnis als „Heilserfahrungen" zu bezeichnen sind.

Nach der Theologie der Gegner ereignet sich „Heil" für den Menschen, wenn ihm die Erfahrung des Wunders zuteil wird. Freilich geht es ihnen auch wieder um ganz bestimmte Arten von „Wundern". Es handelt sich um solche Wundererfahrungen, die den Menschen aus dem Bereich des „nur Menschlichen" herausheben. Sie gewähren ihm Heilung von quälenden Leiden (wie z. B. 2Kor 12,7—10 kritisiert) oder auch „Heilung" vom Zustande menschlicher Beschränktheit durch die Eröffnung des Zuganges zu den göttlichen Geheimnissen, die hinter den uns umgebenden Weltphänomenen liegen (wie z. B. 2Kor 12,2—4 beschrieben ist). Der Mensch, dem auf diese Weise die Erfahrung des Göttlichen zuteil geworden ist, ist damit aus dem Bereich des „nur Menschlichen" heraus und in eine „neue Welt" versetzt. Diese „neue Welt" steht der göttlichen vollkommenen Welt näher als der „nur menschlichen" Welt. Sie ist nicht länger konditioniert von der „σάρξ" und von der „ἀσθένεια", sondern von der göttlichen „δύναμις" und vom göttlichen „πνεῦμα". Die Hineinnahme eines Menschen in die „neue Welt" bewirkt nun, daß dieser zum „θεῖος ἀνήρ" wird. Die Gegner werden sich weitgehend der gleichen Terminologie wie Paulus bedient haben, um ihre Theologie zum Ausdruck zu bringen. Den Begriff der „Kraft" (vgl. 2Kor 12,9.12; 13,4) haben sie sicher, den der Teilhabe an Christus (vgl. 2Kor 10,7) mit großer Wahrscheinlichkeit verwendet.

Dem so erlösten Menschen gegenüber bleibt der, der sich solcher Erfahrungen nicht zu rühmen weiß, in der „alten", von der „σάρξ" bestimmten Welt (vgl. 2Kor 10,2). Er ist verdammt zur Existenz in der Heillosigkeit im Bereich des „nur Menschlichen". Ein Apostel Jesu Christi aber kann in diesem Verständnis nur der sein, der mit den entsprechenden Erfahrungen begabt als „Vorbote" der „neuen Welt" aufzutreten vermag und über die „Kraft" verfügt, diese „neue Welt" auch über die ihm begegnenden, noch in den alten Verhältnissen lebenden Menschen hereinbrechen zu lassen, um sie in die „neue Welt" hineinzubefreien. Die Er-

[2] Vgl. oben S. 72 ff., 90 ff.

möglichung dieser Erfahrung erfordert eine bestimmte „Kraft", die entbunden wird durch das Vorweisen von Evidenz für in der Vergangenheit gemachte Erfahrungen des Einbruchs des Neuen. Dadurch kommt es zur Wiederholung solcher Wundererfahrungen. Das „Propagandamaterial" (die „Aretalogien") führt zu solcher Entbindung von „Kraft" in „propagandistischen Aktionen". Die Partizipation an solchen Aktionen ist dann im Sinne der paulinischen Gegner als „christliche Heilserfahrung" zu verstehen.

Dieser Theologie ist die paulinische Auffassung vom „Christusereignis" diametral entgegengesetzt. Paulus ist darum grundsätzlich im Recht, wenn er in der gegnerischen Theologie einen anderen Jesus, einen anderen Geist und ein anderes Evangelium verkündigt sieht (2Kor 11,4).

Die Stellungnahme des Paulus erfolgt in Form einer radikalen Kritik der gegnerischen Theologie und einer damit verwobenen Darlegung seiner eigenen Auffassung.

Die Kritik an den Gegnern zielt zunächst darauf ab, die von ihnen bemühte „Evidenz" zu zerstören. Wir haben zu zeigen versucht, wie Paulus in seiner „Narrenrede" vorführt, daß sich solche „Evidenz", wie sie die Gegner verlangen und besitzen, mit einigem Geschick „bewerkstelligen" läßt[3]. Folglich kann die Propaganda der Gegner nicht als Evidenz im verlangten Sinne angesprochen werden. Vielmehr muß sich erst noch auf Grund anderer Kriterien herausstellen, ob ihr überhaupt eine Erfahrung zugrunde liegt oder ob es sich um bloße „Rhetorik" (vgl. 2Kor 10,4—5) handelt. Ohne daß das für antike Leser noch besonders ausgesprochen zu werden braucht, identifiziert Paulus implizit die Theologie der Gegner als „pseudochristliche Sophistik". Das ist nicht bloße Verleumdung, noch eine bloße Konsequenz aus den in Kap. III analysierten argumentativen Schachzügen, sondern es handelt sich bei dem gegnerischen Programm tatsächlich um eine neue, christliche Variation des alten sophistischen Programms. Freilich stehen wir damit noch im Vorfeld der Gegenargumentation des Apostels.

Ins Zentrum treten wir mit einem weiteren Schritt. Paulus bestreitet grundsätzlich, daß durch die Partizipation an den von den Gegnern in Szene gesetzten Aktionen für den Menschen „Heil" geschieht. Heil geschieht für ihn nicht außerhalb, sondern innerhalb des „nur-menschlichen" Bereichs; es geschieht „im Fleisch" (2Kor 10,3: ἐν σαρκί), „in der Hinfälligkeit" (ἐν ταῖς ἀσθενείαις: 2Kor 11,30; 12,5.9.10; 13,4). Man könnte den Gegensatz zwischen ihm und den Gegnern zugespitzt so formulieren: „Heil" erfährt der Mensch nicht als „Überwindung" des „nur Menschlichen", sondern als dessen „Humanisierung".

„Heil" geschieht für Paulus im Bereich des wirklich Evidenten[4]. So ist

[3] Vgl. oben S. 93 ff.

[4] Vgl. oben S. 134 ff.

es für ihn „evident“, daß der Mensch im Bereich der „σάρξ“ lebt. Es ist ein Erfahrungssatz, den er 2Kor 10,3 formuliert: ἐν σαρκὶ γὰρ περιπατοῦντες. Jedermann kann das nachprüfen. An dieser Tatsache ändert sich auch für den Christen nichts, wie die diesbezüglichen „περιστάσεις“ des Paulus zur Genüge beweisen (vgl. 2Kor 11,23 ff.; 12,7 ff.)[5]. Die Behauptung der Gegner, nicht mehr unter den Bedingungen der „σάρξ“ zu existieren, ist in den Augen des Paulus nichts als eine gefährliche Illusion. Es kann in seinem Verständnis nicht die Aufgabe des Theologen sein, solche Illusionen und den Glauben daran zu erzeugen. Im Gegenteil, Paulus sieht es als eine seiner vordringlichen Aufgaben an, solche Illusionen zu entlarven als das, was sie in Wirklichkeit sind – Rhetorik (2Kor 10,4–5)[6].

Offensichtlich ist es der Sinn der über das ganze Fragment verstreuten „Selbstaussagen“ des Paulus, seine Solidarität mit dem „nur Menschlichen“ unübersehbar und für die korinthischen Leser gewiß anstößig in den Mittelpunkt zu stellen. Diese Selbstaussagen beginnen mit dem Zugeständnis 10,1, er sei „ταπεινός“, und gipfeln in der Aussage 12,11c „οὐδέν εἰμι“. Paulus tut hiermit nichts anderes, als daß er sich als „μιμητής“ zum „Χριστὸς ἐσταυρωμένος“ bekennt.

Wir hatten an Hand des Materials in Kap. III zu zeigen versucht[7], daß Paulus mit dieser Aussage zugleich auch eine der fundamentalen Lehren des altgriechischen Humanismus aufnimmt. Er ist mit dieser Tradition darin einig, daß das Bewußtsein der menschlichen „οὐδενία“ unabdingbare Voraussetzung menschlicher Heilserfahrung ist. Mit dieser Tradition ist auch Paulus der Auffassung, daß „Heil“ für den Menschen als „Humanisierung“ – um diesen modernen Begriff hier auf Paulus anzuwenden – der menschlichen Existenz erfahren wird.

Wir stehen damit vor der systematisch-theologischen Frage, wie sich die paulinische Theologie unseres Fragmentes grundsätzlich zum griechischen Humanismus der älteren Gestalt verhält. Bevor wir auf diese Frage näher eingehen, sei kurz die gegenwärtige Fragestellung in der Erforschung des griechischen Humanismus umrissen.

Zu Beginn sei auf die Tatsache aufmerksam gemacht, daß vor allem R. Bultmann seit dem Ende des 2. Weltkrieges das Gespräch mit den Humanisten gesucht hat[8]. Freilich legte er dabei einen Begriff von Humanismus zugrunde, der aus dem Selbstverständnis der humanistischen Bildungsreligion des 19. Jahrh. erwachsen war. „Wir können *Humanismus* als den *Glauben an den Geist* bezeichnen und gleichbedeutend damit als den *Glauben an den Adel des Menschen*.“[9] In einem späteren Aufsatz

---

[5] Vgl. oben S. 97 ff. [6] Vgl. oben S. 68 f. [7] Vgl. oben S. 120 ff.

[8] Vgl. vor allem seinen Aufsatz „Humanismus und Christentum“ aus dem Jahre 1948 (Glauben und Verstehen, II, S. 133–148).

[9] Ib., S. 133.

zum gleichen Thema „Humanismus und Christentum"[10] ist der Begriff des Humanismus neugefaßt. „Der humanistische Glaube an den Menschen ist gar nicht der Glaube an den Menschen in seiner empirischen Vorfindlichkeit, an seine Vernunft, an sein Recht und an sein Vermögen, sich und der Welt die Gesetze zu geben. Er ist vielmehr der Glaube an die Idee des Menschen, die als Norm über seinem konkreten Leben steht und ihm seine Pflicht und eben damit seine Würde, seinen Adel gibt. Humanismus ist der Glaube an den Geist, an dem der Mensch teilhat, und kraft dessen er die Welt des Wahren, des Guten, des Schönen erschafft in Wissenschaft, Recht und Kunst."[11] Auch diese Neufassung ist aber noch ganz dem 19. Jahrh. und seinen Kategorien verpflichtet.

Es ist dann aufschlußreich zu beobachten, wie die Ereignisse des 1. und 2. Weltkrieges Bultmann veranlaßt haben, altgriechische Begriffe wie Hybris, göttliches Gericht, Verfallensein an Wahn usw. in seine Betrachtungen zum Humanismusproblem einzubeziehen[12].

Inzwischen aber hat das Verständnis des altgriechischen Humanismus einen solch grundlegenden Wandel erfahren, daß es nicht mehr möglich ist, die auf Herder zurückgehende Humanismus-Idee des 19. Jahrh. als deren einzige Form anzusehen. Es braucht hier nicht im einzelnen verfolgt zu werden, wie der Begriff der antiken Humanität seit dem Ende des 19. Jahrh. in zunehmendem Maße die Gelehrten gefesselt hat. Der Streit ging und geht noch um die hauptsächliche Frage, ob und inwiefern der sich vor allem bei Cicero findende Begriff „humanitas" von griechischen philosophischen Voraussetzungen abhängig ist. R. Rieks hat die gegenwärtige Forschungslage in seiner ausgezeichneten Arbeit über „Homo, Humanus, Humanitas"[13] dargestellt und wie folgt zusammengefaßt: „Die Bemühungen der meisten Gelehrten allerdings konzentrieren sich auf Cicero. Die Vielzahl der Stellen, an denen der Begriff ‚*humanitas*' bei ihm vorkommt, hat die Blicke der Philosophen gebannt. Auch die mannigfachen Theorien über etwaige Entwicklungsstufen der *humanitas* vor Cicero nehmen fast stets bei diesem ihren Ausgang. Tatsächlich ist Cicero der erste genau fixierbare Punkt in der Entwicklung der römischen *humanitas*, die Zeit vor ihm ist das Feld der vermutenden Rekonstruktion. Die panaitianisch-philosophischen Einflüsse auf den Scipionenkreis lassen sich schwer — und schließlich auch nur wieder durch Cicero — ermessen, und

[10] In: Glauben und Verstehen, III, S. 61—75 (zuerst erschienen 1952).

[11] Ib., S. 65.

[12] Ib., S. 63 f.; vgl. auch Bultmann, Der Gedanke der Freiheit nach antikem und christlichem Verständnis (Glauben und Verstehen, IV, S. 42—51 [zuerst erschienen 1959]); ders., Optimismus und Pessimismus in Antike und Christentum (ib., S. 69—90).

[13] R. Rieks, Homo, Humanus, Humanitas, 1967, gibt auf den Seiten 14—25 einen Überblick über die Forschungsgeschichte. Vgl. auch I. Heinemann, Art. Humanitas (PW, Suppl.-Bd. V, 1931, Sp. 282—310).

ähnlich steht es mit den menandrisch-literarischen Einflüssen auf Plautus, Terenz und die übrigen, nicht erhaltenen Komödiendichter, um von allen anderen möglichen Einwirkungen des griechischen Geistes auf die im 2. Jh. v. Chr. noch recht unentwickelte römische Kultur zu schweigen."[14]

Aber die Römer sind nicht die ersten gewesen, die den Begriff der Humanität entwickelt haben, wie man seit M. Schneidewin[15] angenommen hatte. Zwar ist der Terminus „humanitas" erst seit dem 1. Jh. v. Chr. auf lateinischem Boden belegt[16], aber eine Humanitätsidee gibt es bereits bei den Griechen. Das Diktum B. Snells[17] „Quod non est in verbis, non est in conscientia" darf hier nicht mechanisch angewendet werden. Diese ältere griechische Idee von der Humanität in fast provokativer Schärfe herausgearbeitet zu haben, ist das Verdienst der kleinen, aber sehr eindringlichen Studie von W. Schadewaldt „Der Gott von Delphi und die Humanitätsidee"[18]. Schadewaldts Verdienst erschöpft sich nicht darin, die Humanitätsidee auf die Griechen, und zwar auf die delphische Theologie zurückgeführt zu haben[19]. Er sieht auch deren merkwürdige Aktualität[20]. Das kommt darin zum Ausdruck, daß er der Humanismusidee des 19. Jahrh. eine scharfe Absage erteilt, — ein Vorgang, der den Theologen nicht unberührt lassen kann. „Seit der Aufklärung ist es dann Herder gewesen, der mit echtem Aufklärungsoptimismus proklamieren konnte: ‚Das Göttliche in unserem — menschlichen — Geschlecht sei die Bildung zur Humanität', während Humboldt im Sinn seiner sehr individualistischen Bildungsidee die Selbstverwirklichung des Menschen in seinem Weg von der Individualität über die Universalität zur Totalität vorsah. All dies groß gefühlt und groß gedacht. Nur daß damit in dem neuen individualistischen neunzehnten Jahrhundert auch der Weg eröffnet war, den Menschen nach dem Wort des Sophisten als Maß aller Dinge zu setzen, seine Autarkie nicht lediglich als Freisein von untergeordneten Abhängigkeiten zu verstehen, sondern sie zu einer Autonomie des Menschen und schließlich jener Konzeption des Übermenschen hinaufzusteigern, von der in der Praxis zum Unmenschen nur ein kurzer Schritt war."[21]

---

[14] Ib., S. 21.

[15] Die antike Humanität, 1897. Vgl. Rieks, S. 17.

[16] Er ist zuerst belegt bei dem Auctor ad Herennium, der um 84/83 v. Chr. anzusetzen ist (vgl. Rieks, S. 13). Freilich soll bereits Aristippus den Begriff „ἀνθρωπισμός" gebraucht haben: Es sei besser, ein Bettler zu sein als ein Ungebildeter, denn jenem fehle es zwar an Geld, diesem aber an der Menschlichkeit („ἀνθρωπισμός"). So berichtet Diog. L. II, 70 (den Hinweis verdanke ich Rieks, S. 19, Anm. 29).

[17] Vgl. dazu Rieks, S. 24.

[18] 1963, 1965², vgl. Rieks, S. 23 ff. und ferner W. Jaeger, Humanism and Theology (Humanistische Reden und Vorträge, 1960, S. 300—324).

[19] Schadewaldt stützt sich vor allem auf die Arbeit von F. Dirlmeier, Apollon, Gott und Erzieher des hellenischen Adels (ARW XXXVI, 1940, S. 277—299).

[20] Schadewaldt, S. 5 ff.

[21] Ib., S. 9 f.

Schadewaldt unterscheidet in den europäischen Hauptsprachen zwei Bedeutungen des Wortes „menschlich“: zunächst das „Menschlich-Hinfällige und Verzeihliche“[22] und dann „menschlich“ als „Zielbegriff und Leitbild von höchster *Observanz*“ in dem Sinne, „daß der Mensch, anders als das Tier, sich nicht lediglich gegeben, sondern als Mensch aufgegeben“ ist[23]. Beide Begriffe von „Menschlichkeit“ gehen auf die griechische Antike zurück.

Überraschend ist nun, daß nach Schadewaldt die zuerst genannte Bedeutung des „nur Menschlichen“, die man in der älteren Forschung zugunsten des anspruchs- und verheißungsvolleren „Idealmenschlichen“ übersehen hatte, „die eigentlich tragende Grundlage unserer Vorstellungen vom Menschlichen ist und sein muß, die Grundlage, über der sich dann die Pyramide bis zu jener Höhe der höchsten Dignität des Menschen im Geistigen und im Geistigsten aufgipfeln mag“[24]. Die Vorstellung vom „nur Menschlichen“ als dem „wesentlich Menschlichen“ führt Schadewaldt dann auf dem Wege über Aussprüche Menanders, Pindars, Homers, Sophokles’, Sokrates’ und Platons auf die alte delphische Theologie zurück[25]. Er zeigt, daß sowohl die „Delphischen Sprüche“ als auch die sog. „Delphischen Legenden“ eine in sich kohärente Auffassung vom Menschen enthalten. Diese Anthropologie beschreibt, was menschliche Existenz ausmacht in dem Doppelsinne des Indikativischen und Imperativischen: „Die Grundbedeutung des Begriffs des ‚Menschlichen‘ offenbart sich von seinem Ursprung in der Religion des delphischen Gottes her als das *Sterbliche*. Das Sterbliche in seinem Abstand, seiner Begrenztheit vor dem unsterblichen Gott, das eben ist das ‚Menschliche‘. Apollon, der Gott von Delphi, der göttlichste Gott, verweist den Menschen nicht nur: er entwirft ihn auf die Begrenztheit seiner Sterblichkeit und fordert, daß der Mensch dieser inne sei und sich in seinem Fühlen, Trachten, Denken nach Maßgabe dieser sterblichen Begrenztheit *verhalte*. Dieses Verhalten ist dann ‚menschliches‘ Verhalten.“[26]

Was bedeutet das für die Humanitätsidee? Der delphische Gott bringt den Menschen „zu echtester Identität mit sich selbst und weist ihm den ihm zukommenden Ort als Mensch in der großen Ordnung von Himmel und Erde an (die Sterblichkeit ist der ‚Ort‘ des Menschen), setzt ihn in der *conditio humana* in das rechte Verhältnis zu dem, was über ihm, was um ihn und was er an sich selbst ist. Das ... dem Menschen abgeforderte Innesein seiner Sterblichkeit erst gibt dem Menschen die Universalnorm, das Grundwissen und gleichsam das *Urmeter*, von dem her alle anderen Maße des Menschlichen geeicht sind. Und so, in der Selbstbegrenzung der

---

[22] Ib., S. 7. Zur menschlichen Hinfälligkeit vgl. WEHRLI, ΛΑΘΕ ΒΙΩΣΑΣ, S. 3 ff.

[23] SCHADEWALDT, S. 8.

[24] Ib., S. 10.

[25] Ib., S. 11 ff.

[26] Ib., S. 17.

Sterblichkeit und der festgehaltenen Distanz vom Göttlichen, kann der Mensch am meisten Mensch sein, seine volle Kraft entbinden, um die ihm eigene Dignität in der Möglichkeit zur Freiheit und Persönlichkeit zu verwirklichen. Das ist schließlich die Bedeutung der griechischen Ethik des Maßes, die keine Ethik der Mäßigkeit ist. Sie nahm nicht allein von Delphi ihren Ausgang, gewann aber durch die delphische Theologie erst das scharfe und überzeugende Gepräge und die Strahlkraft auf das ganze Leben, Dichten und Denken der Hellenen"[27].

Es hat den Anschein, als träten wir heute in eine Zeit ein, in der für diesen griechischen Gedanken der Humanität neues Verständnis erweckt werden kann. Die Überzeugungskraft, die ein so kritischer Analytiker der Zeitsituation wie K. Löwith in seinem Aufsatz über „Natur und Humanität des Menschen"[28] entfaltet, ist alles andere als nur Zufall. Löwith analysiert kritisch das uns geläufige, aber seiner Meinung nach zu Ende gehende Verständnis des „geschichtlichen Denkens" und der „geschichtlichen Existenz". Noch ist es aber, so meint Löwith, unzeitgemäß, nach einer anderen Lösung zu suchen. „Der Versuch, den Menschen aus seiner allgemeinen und immer gleichen Natur zu bestimmen, ist – aus jener [sc. der von Löwith kritisierten] metaphysischen Perspektive beurteilt – eine naturalistische Banalität."[29]

Tatsächlich wollen seine Darlegungen aber auf nichts anderes hinaus, als den Menschen biologisch und kosmologisch wieder als „Naturwesen" sichtbar zu machen. „Der Mensch lebt als Lebewesen zwar auch nach natürlichen Regeln. Er kann nicht anders leben und atmen, sich ernähren und fortzeugen, als er von Natur aus muß. Aber zugleich existiert er in einer Weise, die weitgehend unfestgelegt und offen für unabgeschlossene Möglichkeiten ist. Die Nähe des Menschen zum tierischen Lebewesen, ineins mit seiner Entferntheit von ihm, macht den Menschen schon biologisch zu einem Rätsel, das sich nicht einfach, nach der einen Seite des allgemeinen Lebens oder nach der anderen Seite der je eigenen Existenz, simplifizieren und auflösen läßt. Er ist ein Naturwesen und zugleich zur Humanität bestimmt."[30]

Die Frage ist zu stellen, wie sich das „Naturwesen" zur „Humanität" verhält. Löwith argumentiert gegen Heidegger, daß „Humanität" zur menschlichen „Natur" gehören und ihr nicht erst sekundär und künstlich aufgesetzt werden muß. Er will „die Frage nach der Humanität des Menschen in die nach seiner Natur zurückstellen und auf diese Weise die menschliche Natur vom außermenschlichen Leben des Tieres abheben und abgrenzen"[31]. Dieses Programm deutet Löwith dann in großen Zügen

[27] Ib., S. 20 f.

[28] In: Ders., Gesammelte Abhandlungen, 1960, S. 179–207; vgl. auch H. Albert, Traktat über kritische Vernunft, 1968, S. 134 ff.

[29] Ib., S. 182. [30] Ib., S. 188 f. [31] Ib., S. 196.

an: „Man kann sich aber ... keinen Menschen vorstellen, welcher dieser physischen Welt, zu der er gehört, *fraglos* angehört. Der Mensch befragt die Welt und wird sich damit selber fraglich. Obgleich der Mensch die ganze Welt und sich selbst in Frage stellen kann, ist und bleibt er doch von Natur aus ein Geschöpf dieser fraglos gegebenen, natürlichen Welt. Er ist ein verschwindender Organismus im Ganzen des Universums und zugleich ein Organ, für welches es Welt gibt. Er *ist* eine Natur, aber er *hat* sie als Mensch, und *seine Natur ist darum von Anfang an menschlich.*"[32]

Hier finden wir die alte griechische Anthropologie in einer modernen Interpretation wieder. Diese scheint dadurch ermöglicht, daß der Mensch im Gefolge geschichtlicher Erfahrungen sowie kosmischer und biologischer Erkenntnisse wieder mit seiner „Natur" konfrontiert wird. Er beginnt wieder zu begreifen, daß die menschliche Existenz nicht nur bestimmt ist von der durch ihn geschaffenen und manipulierten „Welt", sondern von einer stärkeren Wirklichkeit, die ihm bestimmte Möglichkeiten einräumt und bestimmte Grenzen setzt, denen er sich nicht entziehen kann. Neu und verwirrend ist es für ihn, daß er sich zum ersten Mal seit langer Zeit unausweichlich gezwungen sieht, sich mit dieser seiner „naturhaften" Wirklichkeit konfrontieren zu lassen und sein Verhalten auf diesem Planeten danach auszurichten.

Wie dies im einzelnen auszuführen ist, kann nicht Aufgabe unserer Untersuchung sein. Es sollte lediglich deutlich geworden sein, daß die Frage neu und in Offenheit gestellt werden kann und gestellt werden muß, wie sich dieses neue Verständnis von Humanität zum christlichen Verständnis menschlicher Existenz verhält.

Um zu dieser Frage nun zurückzukehren: wir hatten in unserer Darstellung zu zeigen versucht, wie Paulus von seiner Kreuzeschristologie her die Möglichkeit geboten ist, nicht nur die Lehre von der menschlichen „οὐδενία", sondern auch daraus abgeleitete ethische Verhaltensweisen aufzunehmen. Als „μιμητὴς τοῦ Χριστοῦ" stellt er sich also hinein in die Tradition des griechischen Humanismus und versteht sich mit dieser Tradition im Kampfe befindlich gegen das Programm der „Sophisten".

Dieser Tatsache gegenüber muß nun auffallen, daß Paulus nicht der Meinung ist, die „Humanisierung" der menschlichen Existenz erfolge schon dadurch, daß der Mensch sich seiner Nichtigkeit bewußt wird und sich entsprechend verhält. Die Vorstellungen des Apostels in diesem Punkte sind ungleich komplizierter. Die andere Seite der menschlichen Nichtigkeit bildet für Paulus das Christusereignis, durch das im letzten Grunde menschliche Existenz für Paulus „humanisiert" wird. Der Name „Christus" zeigt in seiner Christologie einmal eine göttliche und zum anderen eine

[32] Ib.

geschichtliche Dimension auf. Das „Christusereignis" ist als eine von Gott ausgehende und in die geschichtliche Existenz des Menschen eingegangene „Kraft", die sog. „Kraft Christi" (2Kor 12,9; 13,4) zu verstehen. Daß sie eine „göttliche" Kraft ist, heißt nach antikem Verständnis: sie hat ihren Ursprung nicht in der begrenzten menschlichen Wirklichkeit, sondern in der Gesamtwirklichkeit, innerhalb deren sich menschliches Leben abspielt. Aber damit ist die Anthropologie des Paulus noch nicht erfaßt. Zwar ist „das Menschliche" für ihn der Bereich, in dem sich menschliches Leben abspielt. Die „Kraft Christi" ist demgegenüber aber nichts dem Menschlichen Fremdes[33], denn den Christus bezeichnet er ja ausdrücklich als „ἄνθρωπος ἐξ οὐρανοῦ" (1Kor 15,47)[34]. Dieser „himmlische Mensch" ist in den Bereich des „nur Menschlichen" eingetreten und hat *in ihm* Platz gemacht für dessen „Humanisierung". Wer am „Leibe Christi" teilhat (vgl. 2Kor 10,7), dem ist eine Möglichkeit menschlicher Existenz im „nur Menschlichen" eröffnet, die durch das Christusereignis bestimmt ist. Solche Teilhabe manifestiert sich als „Humanisierung" oder, um in der Terminologie von 2Kor 10–13 zu bleiben, als „ἀγάπη" (vgl. 2Kor 12,15 und oben S. 136 f.)[35], als „πραΰτης καὶ ἐπιείκεια" (2Kor 10,1) und als „ἁπλότης" (2Kor 11,3)[36]. Im Verständnis des Paulus wird menschliche Existenz also nicht schon dadurch humanisiert, daß der Mensch sich auf seine Nichtigkeit besinnt und sich in seinem Verhalten danach ausrichtet, sondern, ohne jenes erste aufzuheben, dadurch, daß er teilnimmt an einer innerhalb der Geschichte aufgetretenen Variation menschlicher Existenz. Diese Variation ist nicht zufällig aufgekommen, sondern ist der den Menschen insgesamt bestimmenden Wirklichkeit entsprungen; in diesem Sinne ist es möglich zu sagen, daß diese Variation seiner „Natur" entstammt.

Man wird sagen müssen, daß für Paulus der Bereich des „nur Menschlichen" ein vielschichtiges Gebilde ist. Der Mensch bewegt sich darin nicht nur, indem er sich seine Nichtigkeit, Sterblichkeit und Verlorenheit bewußt macht und sein Verhalten danach ausrichtet. Sondern darüber hinaus nimmt der Mensch innerhalb des „nur Menschlichen" teil an den das

[33] Wie etwa das göttliche πνεῦμα, von dem im Fragment 10–13 nur in 11,4; 12,18; 13,13 die Rede ist. Das Problem, wie sich πνεῦμα und ἀγάπη zueinander verhalten, bleibt bei Paulus offen. Vgl. zu diesem Problem E. SCHWEIZER, ThW VI, S. 428 ff.; E. BRANDENBURGER, Fleisch und Geist (WMANT, 29, 1968), passim; E. KÄSEMANN, Zur paulinischen Anthropologie (Paulinische Perspektiven, 1969, S. 9–60). Es sei auch darauf hingewiesen, daß die griechische Lehre von der unsterblichen Seele eine Seelenvorstellung bietet, in der die Seele ein dem „nur Menschlichen" gegenüber fremdes Wesen darstellt. Diese Lehre spielt aber offenbar weder für Paulus noch für seine Gegner eine Rolle.

[34] Vgl. oben S. 136 sowie L. SCHOTTROFF, Der Glaubende und die feindliche Welt (WMANT, 37, 1970), S. 115 ff.

[35] Vgl. auch Röm 5,5.8; 8,35.39; 2Kor 5,14; Gal 2,20 und dazu R. BULTMANN, Theologie des Neuen Testaments, § 32,3.

[36] Vgl. oben S. 106.

menschliche Leben bewegenden vielfältigen „Kräften". Dabei ist für Paulus nicht nur die Seite der Nichtigkeit „evident", sondern in gleichem Maße die andere Seite: daß nämlich das nichtige „nur Menschliche" sein Leben empfängt durch es bestimmende „Kräfte". „Was hast du nicht, das du nicht empfangen hast?" (1Kor 4,7). Menschliche Nichtigkeit lebt vom Empfangenhaben. Die eigentliche Heilsgabe, die die Korinther empfangen haben, ist aber nichts anderes als die göttliche „ἀγάπη" selber[37]. Es ist die Meinung des Paulus, daß all dies – wenigstens für die korinthischen Christen – „evident" ist. Sie haben sein eigenes Beispiel vor Augen, wie er durch die tiefsten Tiefen des „nur Menschlichen" hindurchgegangen ist und dennoch, oder besser im Sinne des Paulus: dadurch, die Kraft der „ἀγάπη" entbindet. „Wo ist einer schwach, und ich bin es nicht auch? Wer hat Grund zur Empörung, und ich stehe nicht in Flammen?" (2Kor 11,29; vgl. 13,3 f.). Sie haben ihre eigene Gemeinde, die Geschichte ihrer Erfahrungen mit dem Christusereignis vor Augen. Sie wissen selbst, daß das „nur Menschliche" auch durch die Versprechungen der „Überapostel" nicht überwunden worden ist (vgl. 2Kor 12,20). Sie wissen selber, daß, wenn sich überhaupt irgend etwas „Nützliches" (2Kor 12,1) für sie ereignet hat[38], es nur die „Humanisierung" ihrer „nur menschlichen" Existenz durch die „ἀγάπη" gewesen sein kann.

---

[37] Vgl. auch Betz, Nachfolge und Nachahmung, S. 182 ff.

[38] Vgl. oben S. 72, 90.

AUTORENREGISTER

REGISTER DER BIBELSTELLEN